贵州财经大学经济学研究文库

黔南"落后乡村"改造与社会重构研究

（1954—1956）

李飞龙 / 著

中国社会科学出版社

图书在版编目（CIP）数据

黔南"落后乡村"改造与社会重构研究：1954－1956/李飞龙著．—北京：中国社会科学出版社，2016.11

（贵州财经大学经济学研究文库）

ISBN 978－7－5161－9639－7

Ⅰ.①黔…　Ⅱ.①李…　Ⅲ.①农村社会学—研究—黔南布依族苗族自治州—1954－1956　Ⅳ.①C912.82

中国版本图书馆 CIP 数据核字（2016）第 325787 号

出 版 人	赵剑英
责任编辑	卢小生
责任校对	周晓东
责任印制	王　超

出　　版	中国社会科学出版社
社　　址	北京鼓楼西大街甲 158 号
邮　　编	100720
网　　址	http：//www.csspw.cn
发 行 部	010－84083685
门 市 部	010－84029450
经　　销	新华书店及其他书店

印　　刷	北京君升印刷有限公司
装　　订	廊坊市广阳区广增装订厂
版　　次	2016 年 11 月第 1 版
印　　次	2016 年 11 月第 1 次印刷

开　　本	710×1000　1/16
印　　张	15
插　　页	2
字　　数	224 千字
定　　价	58.00 元

凡购买中国社会科学出版社图书，如有质量问题请与本社营销中心联系调换

电话：010－84083683

目　录

导　论

　　21 世纪伊始，中国乡村社会变动就十分频繁，时而让人欣喜充满期待，时而让人陷入不安于困境之中。社会各界人士对它或是谈论，或是冀求，或是反对，或是害怕，有时他们甚至试图赋予它某种意义。无论如何，社会变动已经成为不可逆转、不可抗拒的趋势，也是不可消除的时代符号。尤其是改革开放以来，传统乡村向现代社会不断转型，反映出社会关系转型轨迹下中国乡村政治结构、经济发展和社会心理的实质性分化，即乡村社会呈现出利益格局多元化的趋势。文化氛围的转变和科学文化知识的增长使农民的意识从"身份取向"向"权力取向"和"利益取向"变动，进而形成了乡村社会特殊的治理格局。在这其中，国家权力的退出成为其中最重要的诱因。从 20 世纪 80 年代的撤社建乡到税费改革，再到取消农业税，中国乡村出现了从治理性危机到伦理性危机的转换。在此危机和困境下，国家权力的重新介入被一些学者所提及。

　　我们应该如何去认识国家权力的介入与乡村社会之间的复杂关系？国家权力的介入又如何把握这个度？国家权力介入以后，农民的日常生活又有哪些变动？这是一个巨大的题目，当前已有多方面的讨论和总结作为支撑。比较清晰的结论是新中国成立以后，特别是实行人民公社以后，国家权力深入到了农村社会的最基层。[1] 在此期间，共产党领导的土地改革和农业集体化运动就是其中最重要的两个环节，也是最能体现国家权力与农村社会关系的典型事件。土地改革旨在实现农民土地所有制，帮助农民翻身做主，集体化则

---

　　① 黄宗智：《长江三角洲小农家庭与乡村发展》，中华书局 1992 年版，第 137 页。

是要将土地私有制改造为集体所有制，两者显然代表了乡村社会变迁的不同方向。这两者之间如何转换？如何在一个遍布小农经济的国度顺利实现合作化？即便是诸多研究者已经从不同的角度提出了不同的解释框架，也仍存在提升的空间。我们在考察这种转变时，发现在1954—1956年为了推动合作化的发展，中央曾在全国范围内推行了被称为改造落后乡运动的"土改补课"。而此运动即成为本书研究国家权力与乡村社会互动关系的切入点。

一　乡村社会秩序的重构：论题及研究路径

在历史学、人类学、社会学乃至整个人文社会科学当中，社会秩序都是一个常用的概念。但它又具有多个层面的含义，研究者往往会根据分析的侧重点和倾向对其进行不同的界定。不过，尽管如此，其基本含义还是相对确定的，就是指人们在社会活动中必须遵守的行为规则、道德规范、法律规章，表示动态有序平衡的社会状态，是社会学范畴。社会有序状态或动态平衡主要表现在一定社会结构的相对稳定，各种社会规范得以正常施行和维护，把无序和冲突控制在一定的范围之内。通常情况下，由于规范体系是各种社会功能自发形成的关系所构成的一个确定形式，所以，通过规范确定各种平衡条件的细节，形成牢固关系，失范状态就不可能发生。[1]社会秩序可以从三个层面得以理解：在宏观层面，是指政治、经济、文化等系统的状态；在中观层面，是指社会群体活动的规则；在微观层面，是指个体之间的关系模式。

这里注重中观和微观层面的社会现象，关心的是不同农民群体和个体的日常生活状态。乡村社会秩序是一个有机整体，任何方面的变动都会或多或少地影响到社会秩序的重构，这里将研究重点放在国家权力介入而导致的乡村政治、经济、社会风气的变化上，尤其是改造"落后乡村"运动这一事件上。为什么将改造落后乡村运动作为研究乡村社会秩序的切入点呢？这里，有两点可以做出解释：一是可以体现国家权力与乡村社会的复杂关系，改造落后乡村

---

① 　涂尔干：《社会分工论》，生活·读书·新知三联书店2000年版，第388页。

运动既是中共革命史上诸多政治运动中重要的组成部分，也是扫除合作化运动障碍的关键事件，从中展示了国家与社会复杂的变动关系。二是改造落后乡村运动是一次重要的社会变革，且带有明显的外力色彩，这将有助于在历史长时间段中考察社会变革与强制性外力的关系。根据这种解释和判断，本书将重点讨论改造落后乡村运动中所反映的国家与乡村的关系，以及改造后所引发的乡村社会重构，而这种关系和重构将置于近现代中国发展的长时间段之中。

（一）国家权力与乡村社会关系的演变

在传统的乡村社会中，中国有一套系统、完善而发达的集权化行政科层体制，在此之下是无数分散的小农。费孝通认为，中国经济的基本结构是一个个并存排列在无数村子里的独立小农。[①] 在小农经济社会中，小农家庭自主经营和财富的分散掌管是其基本特征，国家基本不干预小农家庭的经济运行，因而出现了"皇权不下乡"的乡村治理格局。和大庄园相比，由于小农是较易控制的税收源泉，在政治上对中央集权政治的威胁也很小，因而历代新朝的开始，多扶植小自耕农的发展。[②] 这样就形成了国家、乡绅和小农三者之间稳定均衡的状态。"王朝高居于地方官僚统治之巅，而在官僚统治下面则通过宗族关系和绅士领导集团的忠诚来维持对地方的控制。"也可以说，"传统的中国在地方一级是受扩大了的家庭或者说受宗族的支配"。[③] 在国家、乡绅和小农的互相制约下，乡村社会形成了超稳定的结构。不过，近代以来，随着科举制度的废除和新式学堂的创立，传统的乡绅阶层发生了根本性变化，一部分乡村继续传统的仕途之路，更多的则是向工、商、学、军等阶层流动。同时，由于城市化进程的加速，更多的乡村绅士开始向城市迁移。关于这一点，费孝通早就指出，在"传统的乡土文化中，人才是分散在地方上的"，"原来在乡间的，并不因为被科举选择出来之后就脱

---

① 费孝通：《费孝通文集》第四卷，群言出版社1999年版，第328页。

② 黄宗智：《华北的小农经济与社会变迁》，中华书局1986年版，第86页。

③ 费正清：《剑桥中国晚清史》上卷，中国社会科学出版社1993年版，第25—27页。

离本乡"。① 而近代化以后，这种局面就被彻底转变。乡村绅士阶层的分化和外流引起了乡村治理格局的根本变化：乡绅流入城市以后，乡村社会的治理就留下了真空，包括豪强、恶霸一类的边缘人开始把持乡村权力的中心，加之国家与军阀对乡村的勒索加剧，先前那种保护人型的村庄领袖纷纷隐退，村政权较为普遍地落入另一类型的人物之手。村公职不再是炫耀领导才华和赢得公众尊敬的场所；相反，被视为同衙役胥吏、包税人、盈利型经纪一样，充任公职是为了追求实利。② 至此，乡村社会矛盾就变得十分尖锐，社会各阶层关系急剧恶化。不仅如此，小农经济日益贫困化，民国时期，"农民们没有粮食吃，没有房子住，处境极其悲惨。他们不得不扶老携幼弃家出走，逃难的浪潮就像无尽的波涛，无论时间流逝多久，同样的情景依旧发生"。③ 应该说，此时的乡村社会结构已经严重失衡，社会秩序遭到极大的破坏，乡村社会陷入极其严重的治理危机之中。

　　新中国成立以后，国家权力开始全面进入乡村社会，甚至直接介入农民的私人生活领域，以期实现对乡村社会的全面改造与彻底整合。面对乡村社会较强的排外动机和能力，首先进入村庄的是带有武装力量的中国共产党工作队。④ 工作队一方面动员积极分子，发展党员和团员，选举新的基层干部，培育出一批拥护新政权的政治精英；另一方面通过剿灭土匪，镇压反革命，达到打击和镇反反动势力的目的。以此为改造乡村提供强大的政治压力。此外，大量资源都被控制在国家手中，国家可以通过资源分配的倾斜，对小农

---

① 费孝通：《费孝通文集》第四卷，群言出版社1999年版，第357页。
② 杜赞奇：《文化、权力与国家》，江苏人民出版社1994年版，第149页。
③ 费正清：《剑桥中华民国史》第二部，上海人民出版社1992年版，第290页。
④ 李里峰专门撰文讨论过工作队，他认为，作为国家与乡村社会之间的新型中介机制和国家权力的非常规运作机制，工作队在土地改革运动中扮演了重要角色。工作队的介入改变了村庄社区的权力结构，重塑了国家与乡村社会之间的关系，帮助党和国家实现了民众动员、精英监控、乡村治理的目标。但是，这种做法又破坏了科层化党政机构的日常运作，增加了国家的统治成本，从而使运动式乡村治理模式难以长期维系。参见李里峰《工作队：一种国家权力的非常规运作机制——以华北土改运动为中心的历史考察》，《江苏社会科学》2010年第3期。

进行引导。比如，农业贷款的发放和导向就十分明确。宣传也是乡村社会整合的有力武器。"为确保经营方向正确，激发爱国主义精神，合作社开始订阅省和全国性的新闻报纸。"① 乡村宣传员将国家的各项政策，用通俗易懂的方式告诉农民，并且借助各式各样的宣传工具②，激发农民的热情，从而形成有助于改造的氛围。对此，周晓虹的观点较为全面。他认为，国家通过向互助组或合作社提供农业贷款、新式农具、良种以及日常生活用品等稀缺资源的经济性调控，通过划分阶级成分、使用"积极分子"和"落后分子"的标签等政治性压力，通过强大的宣传手段和动员技巧，直接或间接地诱发小农入社动机。③ 至此，传统社会中，国家、乡绅和小农的三角关系，被新的国家与小农的双边关系所取代，国家完成了对乡村社会的初步整合，"强国家、弱社会"的关系逐渐形成。

进入人民公社以后，国家权力深入到了农村社会的最基层，从而将基层乡村社会建设成为全能的国家主义模式。国家利用其强大的整合动员能力，打破了以往乡村社会固有的人际关系，用强制性手段，加强了乡村与乡村之间的联系，以血缘关系为基础的乡村共同体逐渐被超血缘关系的劳动组织和行政统一指挥的生产经营活动所代替，国家取代了家庭的部分功能，深入影响到私人生活领域。应该说，人民公社"增加国家的直接影响，扫除基于财产和地方积累起来的权力之上的权威，把对血亲的忠诚转向对新发展起来的法人团体和集体的忠诚"。④ 在意识形态上，阶级意识成为农民日常生

① 弗里曼等：《中国乡村、社会主义国家》，社会科学文献出版社2002年版，第170页。

② 新中国成立初期，农村传播媒介是国家和基层民众之间互动的桥梁，当时的主要媒介包括人际传播媒介（包括宣传员、传授站、会议、农民俱乐部、剧团、剧场）和大众传播媒介（包括报纸、杂志、书籍、电影、广播）。在国家和媒介的关系上，国家较强地控制了媒介；在媒介和基层民众的关系上，媒介自身的性质和宗旨决定着受众的导向。参见李飞龙《建国初期农村传播媒介述论》，《古今农业》2009年第1期。

③ 周晓虹：《1951—1958：中国农业集体化的动力——国家与社会关系视野下的社会动员》，参见周晓虹、谢曙光主编《中国研究》第一期，社会科学文献出版社2005年版。

④ 吉尔伯特·罗兹曼：《中国的现代化》，江苏人民出版社1995年版，第513页。

活的重要组成部分。因为公社需要把平淡的日常生活纳入政治轨道，需要接二连三地开展阶级斗争。总之，公社需要具有超经济强制力的、足以有效地规范农民行为的意识形态。[①] 在经济上，资源高度集中于国家层面，基层的大公社囊括了工农商学兵诸方面。"生产经营、收益分配等项权利都由公社支配，严重挫伤农村基层和社员的生产积极性，对农业生产产生了巨大的破坏作用。"小公社以生产队为基本核算单位，"它名义上保持了生产队所有权的相对完整性和独立性，但其政社合一的体制特征为国家全面控制和干预生产队的经营活动提供了制度保障"，由此造成的"生产队所有权的残缺"，是中国农村经济长期徘徊不前的主要原因。[②] 在政治上，公社实行严格的户籍制度[③]，对农民的人身进行控制。政治分层和户籍制度的逐渐强化，使整个乡村社会处于十分紧张的政治关系之中，城乡二元结构十分严重。实际上，在传统乡村向现代化发展过程中，国家与社会的关系一直是一个重要而敏感的问题。农村的发展需要国家的干预、帮助和引导，但国家的过度干预又可能遏制社会的进步，这里的关键问题是掌握适当的尺度。公社的贡献在于建立了强有力的农村地方党政权力，弊端在于党政权力对农村经济和社会生活的过度干预——这种干预不仅是全面的、强制的，而且是僵硬的、不顾实情的。[④]

20世纪80年代初期，全国各地普遍实行撤社建乡，国家行政权力开始在制度上退出村庄公共权力领域，因而乡村社会的政治控制力逐渐削弱，社区的整合动员能力也开始下降。伴随着经济制度的变革，乡村社会逐渐呈现出独立发展的态势，国家与乡村社会的

---

① 张乐天：《人民公社制度研究》，上海人民出版社2005年版，第400页。

② 辛逸：《农村人民公社所有制述论》，《山东师大学报》2001年第1期。

③ 1958年国家颁布《户口登记条例》，其中，第十条规定，公民由农村迁往城市，必须持有城市劳动部门的录用证明，学校的录取证明，或者城市户口登记机关的准予迁入的证明，向常住地户口登记机关申请办理迁出手续。参见《中华人民共和国户口登记条例》（1958年1月9日全国人民代表大会常务委员会第91次会议通过），《人民日报》1958年1月10日。

④ 张乐天：《人民公社制度研究》，上海人民出版社2005年版，第400页。

关系随即发生变动，出现了"乡政管理与村民自治二元并存"的现象。① 从国家与社会的角度看，整合模式逐步裂解并演化为"弱国家、弱社会"的整合方式。从20世纪90年代末开始，中国的"三农"进入了一个危机时期。正如斯科特曾描述过的一样，"有些农村人口的境况，就像一个人长久地站在齐脖深的河水中，只要涌来一阵细浪，就会陷入灭顶之灾"。② 实际上，这种危机的诱发因素也是由于国家权力的退出带来的乡镇权力增大。为了解决乡镇财政开支，"乱收费、乱摊派"现象严重，基层政权和干部从农民身上过度地收取税费和其他财政资源，从而恶化了干群关系，滋生了政治上的强制和权力滥用。③ 这种乡村混乱的税费关系导致了乡村治理的失序。为此，国家进行了调整赋税体制的税费改革，国家权力对乡村社会的治理也不再是"全覆盖"式的治理模式，而是朝着多元治理、间接治理和依据法律与契约治理的方向发展。与此同时，政府开始从财政上支持公共项目建设，一定程度上使国家治理在公共领域方面走出了危机和困境。不过，这种危机和困境并未消除，转而出现在婚姻家庭、宗教信仰、精神文化生活等基础层面。贺雪峰认为，在国家权威式的干预减弱后，潜藏着灰色势力的触角无处不在，村民价值观念也在社会转型时期受到没有防御的侵袭，错误引导下的享乐观念和异化价值理念不断地涌入村庄，带来了农村高度的信仰危机和集体生活的缺失，导致了传统的礼、孝文化的丢弃。因而，当前乡村治理的重心应该是社会基础层面。④ 阎云翔也认为，新中国成立以来，个人权利不断增长，但义务责任却不断下降，出

① 徐勇：《徐勇自选集》，华中理工大学出版社1999年版，第135页。
② 詹姆斯·斯科特：《农民的道义经济学：东南亚的反叛与生存》，译林出版社2001年版，第1页。
③ 项继权：《短缺财政下的乡村政治发展——兼论中国乡村民主的生成逻辑》，《中国农村观察》2002年第3期。
④ 贺雪峰：《生活与乡村治理研究》，《读书》2006年第11期。

现了"无公德个人"。① 可见，中国乡村出现了从治理性危机到伦理性危机的转换，因而国家权力的介入再次被提出。

（二）乡村社会的变革和发展路径

伴随着工业化、城市化乃至现代化的历史进程，近代乡村社会变革成为中国社会发展的主题之一。从 20 世纪初开始，这种乡村社会的变革就在不断的发展和争论之中。② 在西方开埠通商政策的强烈冲击下，中国知识分子中逐渐兴起了一种"以商敌商"的思想，继而中国几千年来的"重农抑商"政策终被"重商"思想所代替，这主要表现在：1903 年成立了商部，打破了原有"六部为纲"的政务格局，商部开始在国家政务中占据重要地位。19 世纪 70 年代，上海附近的南浔，仅丝商就有数百家，其中，既有财产百万元以上的巨富，也有四五十万元以上的"中富"。③ 商人主体意识开始觉醒，逐渐地将时代的责任和救国救亡的使命纳入自身的价值体系之中。可以说，重商主义思潮是近代社会结构和"商"的地位发生根本性变化的时代先声，是中国社会由农本经济向近代商品经济转变的启蒙思想之一。④ 不过，同时强调发展农业，以农业为本的论调也较为普遍。该论调主要强调发展农业、农业教育、乡村社会问题等几个方面。由此产生了泾渭分明的两派，争论不休。前期，由于晚清仍是一个完整的国家，工商立国论有广阔的空间，因而占优；清朝覆亡以后，军阀混战、局势动荡、民不聊生，农业立国论的社会环境变得更加宽松，吕瑞庭的《农业立国意见书》即主张农业立

---

① 他们只强调个人的权利，却无视应有的义务与责任。参见阎云翔《私人生活的变革：一个中国村庄里的爱情、家庭与亲密关系（1949—1999）》，上海书店出版社 2006 年版，第 257—261 页。

② 应该说明的是，真正探求中国乡村社会发展路径的起始点也是在 20 世纪初。美国历史学家马若孟指出，"20 世纪 20 年代以前很少有作者关心中国的农村，也几乎没有写出关于农村的学术著作"。参见马若孟《中国农民经济——河北和山东的农民发展（1890—1949）》，江苏人民出版社 1999 年版，第 13 页。

③ 彭泽益编：《中国近代手工业史资料（1840—1949）》第二卷，中华书局 1962 年版，第 83 页。

④ 王先明：《走近乡村——20 世纪以来中国乡村发展争论的历史追索》，山西人民出版社 2012 年版，第 13 页。

国，列举十大理由，并对近代立国理论和发展道路的选择进行
检讨。

　　民国时期，政治急剧动荡，社会变乱四起。"中国农业前途日
趋于危殆。使整个的中国农业经济破产，即整个中国经济破产。所
以，解决农民问题，安定农业经济，为中国一切问题当中的第一个
重要问题。"① 从 19 世纪 60 年代洋务运动开始出现并逐渐主导社会
的重商主义，此时被"农村、农业、农民"的"三农"问题所取
代，农业成为社会各界关注的焦点。乡村危机的一个非常重要的表
现就是"劣绅论"的形成以及成为时代性的共识。"劣绅论"是农
村革命和农民运动兴起的基本依据，共产党人面对农村社会的危
机，将改造中国的基本路径定位于农村，将中国农民的解放落实于
中华民族解放的认识，在 20 年代末已经取得广泛共识，并由此引发
了"改造乡村、复兴乡村"的社会运动，梁漱溟和晏阳初的乡村建
设无疑具有一定的代表性。梁漱溟本着乡村救济、乡村自救、积极
建设和重建中国新的社会构造，从培植乡村力量和重建乡村社会组
织结构入手，积极从事山东邹平县的乡村建设运动实践，他以中国
传统社会的"乡约"和乡农学校为主要内容建立新社会组织构造②，
从社会关系的调整入手寻求政治问题的解决，以建立社会化的新解
决构造来实现解决建设，最终以教育完成社会改造，梁漱溟认为：
"教育改造之根本意义在教育完成社会改造"。③ 晏阳初的河北定县
平民教育实验运动是乡村建设的又一次尝试，这场乡村建设运动是
教育方式谋求乡村问题彻底解决的乡村改造运动，其基本着眼点是

---

① 文公直：《中国农民问题的研究》，上海三民书店 1929 年版，第 33 页。
② 乡农学校不仅仅是一个学校，而是一个组织，它的构造有四部分——校董会、校长、教员和乡民，构成一定范围内的社会。在梁漱溟的设计中，乡农学校是组织乡村、解决乡村问题的基础，通过乡农学校，实现农村民众自觉与外来知识分子促动的结合，实现乡村社会的组织化。参见梁漱溟《乡村建设理论》，载《梁漱溟全集》第 2 卷，山东人民出版社 1990 年版。
③ 梁漱溟：《乡村建设理论提纲初编》，载《梁漱溟全集》第 5 卷，山东人民出版社 1990 年版，第 1049 页。

教育。他将四大教育①与乡村建设相提并论，希望实现乡村教育与乡村建设改造一体化，并注重培养农民知识力、生产力、强健力与团结力的新民观念。实际上，平民教育是将职业教育、民众教育、社会教育与乡村社会改造密切联系起来的乡村改造理论与实践。应该说，梁漱溟和晏阳初的乡村建设都是使中国农村走向复兴的一种尝试。20世纪二三十年代，乡村手工业的道路问题成为乡村社会改造路径和模式争论的又一焦点。李景汉和乔启明等提出，通过农业技术改造、发展工业、向西部移民，以及通过节育来减少人口，以达到解决人口过密化的问题；梁漱溟提出，乡村工业化的一般路径是把乡村建设视为农村社会由散而合、从农到工的过程；费孝通的调查表明，在江南乡村工业中，工厂工业取代家庭手工业的变迁过程，在当时已是一个普遍的过程，它预示着乡村工业的未来。可以说，在当时走非资本主义道路来实现工业化，是中国知识界一种相当普遍的主张。

20世纪30年代前期，中国农村发生了一场规模空前、影响深远且原因复杂的农业恐慌。这场农业恐慌于1931年以突发性态势暴发，此后一直持续到1935年，由此导致了40年代对农业恐慌和农业危机的讨论与分析。导致这次农业恐慌的原因完全不同于传统时代的乡村危机，一方面是基于传统社会矛盾的演化积累，如人口压力、人地矛盾、统治者的横征暴敛；另一方面又基于现代化、工业化与城市进程中新矛盾的催生和积累，因而具有传统危机与现代危机的二重性特征。围绕这次农业危机和恐慌的讨论，主要集中于乡村工业化和土地问题，试图在此讨论的基础上探寻乡村社会的出路。由于20世纪40年代中国工业化和城市化进程对乡村社会形成的压力日益增大，使传统乡村工业崩溃，农民生活更加贫困化。费

---

① 晏阳初认为，四大教育就是针对着多数民众的四大病象——愚、穷、弱、私而设立的，"愚、穷、弱、私"即是晏阳初对乡村民众与乡村问题进行认识改造的起点。参见王先明《走近乡村——20世纪以来中国乡村发展争论的历史追索》，山西人民出版社2012年版，第115页。

孝通就提出，发展乡村工业，走中国自己的工业化道路。① 这种走社会合作的道路和发展乡村工业，成为当时众多知识分子的共同取向。对土地问题的讨论主要集中在三个方面：一是中国土地与人口的不相匹配；二是中国土地的集中和分配不均；三是中国土地制度，具有封建的特质，整个社会经济关系落后。此外，土地问题还有政治实践的意义，地主土地所有制成为中国农村问题的制度性根源。陈翰笙指出："就理论的观点而言，共产党和国民党的土地政策大同小异，都是根据孙中山的平均地权和耕者有其田的思想。唯一的分别是国民党对于把地主的土地转移到农民的时候采取和平的方法，而共产党则断然地没收地主的财产……国民党倡导多于实行。"② 最终，中国共产党在所控制的区域实行了土地改革，为改造中国乡村社会的生产关系和社会结构做出了探索，并在制度建构上形成了具有特色的发展道路。当然，战时的制度建设具有明显的政治动员色彩和目的，这使经济变革注入了太多的政治意识。这种传统和路径依赖不能不深刻地影响着新中国成立后农村社会建设的走向。

新中国的成立也标志着民族国家权威的建立，并以此为社会、经济、文化的发展提供了强大的权力支持，因而此时对乡村社会的变革和发展路径具有明显的"革命史"倾向，农业合作化和农业现代化的讨论无疑是最具代表性的。其实，中国共产党在土地改革以后，直接面对的就是乡村社会的重构，"如何改造落后的小农经济，开始成为土地改革以后的主要问题。中国共产党始终认为土地改革只解决了反封建问题"，但是，没有解决小农经济的落后、分散和

① 费孝通提出了"乡土工业"的概念，包括五个基本要素：一个农家可以不必放弃他们的农业而参加工业；所有地点是分散在乡村里或乡村附近；这种工业的所有权是属于参加这种工业的农民的，所以应当是合作性质的；这种工业的原料主要是由农民自己可以供给的；最重要的是这种工业所得到的收益是能最广泛地分配给农民。参见费孝通《乡村重建》，载《费孝通文集》第四卷，群言出版社1999年版，第384—385页。

② 陈翰笙：《中国的土地改革》，载中国社会科学院科研局组织编写《陈翰笙集》，中国社会科学出版社2002年版，第207页。

生产率低下问题，更不用说耕地少和人口多的问题。[①]不过，面对如何解决小农经济的问题，存在着诸多不同的看法，具体来说，包括以下六个方面：

一是由于新民主主义社会理论的不完善性、模糊性和不确定性，使中共党内对新民主主义社会性质和过渡的认识产生了理论分歧。

二是对新民主主义社会的主要矛盾和主要任务的不同认识。

三是对农民阶级与农村阶级分化的认识。

四是对农业合作化前提条件的争论。

五是对农业合作社的目标选择。

六是对农业合作化的速度。

也正是因为上述对乡村社会改造和农业发展模式的不同认识和最终的博弈，中国的乡村社会才发生了根本性的变化，在农业生产、农民收入、阶层流动、权力结构等诸多要素上都产生了重要的影响。由此，影响着乡村社会的关键性结果得以呈现，如农民协会逐渐退出历史舞台，贫雇农的政治优势得以重现，农村党团成为绝对的权力中心，宗族的影响在衰退，甚至农民的私人生活领域都受到严重的影响。20世纪六七十年代，农业现代化既成为乡村社会讨论的焦点，也成为影响乡村社会变革的主要因素。不过，在"运动"主导下的社会、经济、政治与文化改造中，乡村社会的现代化进展不大。

"文化大革命"结束以后，中国共产党率先在农村实施改革，试图以推行农村生产责任制为突破口，改变过去那种高度集中的生产方式和管理体制，实现以家庭为核心的农业生产经营方式。此后，农民自主生产的愿望和积极性得以发挥，农业生产率得到提高，农业剩余劳动力转移也日渐明朗。不过，此时对乡村社会的变革路径仍存在不同的争论，比如，农业是不是国民经济的基础问题、"包产到户"问题、农村雇工问题、农村土地所有权问题、农

---

① 武力：《中国共产党和20世纪的三次农民高潮》，《河北学刊》2005年第3期。

村土地经营权问题、社会主义地租问题、农业规模经营问题、农业剩余劳动力转移问题，等等。这些问题都会指向中国的乡村社会改造是属于资本主义性质还是社会主义性质，甚至是国家根本走向的问题。到目前为止，这些问题中的大部分已经逐渐淡化。不过，关于农业的经营规模问题一直还在讨论之中，因为即便是 20 世纪 80 年代以后形成了以均田承包为主要特征的家庭承包制，仍表现出不能适应城市化要求的特征，土地分割所造成的规模效益低下始终无法解决。只是考虑到农村大量的剩余劳动力无法安置，农民对土地的独特感情，政府也无法贸然将土地进行集中。时至今日，在现代化建设的巨大推动下，乡村社会的变革与走向再次成为社会各界关注的焦点，土地问题、农村土地流转问题、农村劳动力流动问题、农村宗族问题、农村自治问题、农业产业化问题、农民增收问题，可以说目前的"三农"问题极其复杂，要想从根本上解决"三农"问题绝非易事，"三农"问题绝不仅仅是农业本身、农民内部和农民自己的事情，而是关系到我国经济社会的发展、关系到全面建成小康社会、关系到我国现代化建设、关系到我国和谐社会构建的全局性问题，任重而道远。

二　"熟地"与"生地"之间：文献综述

1954—1956 年，中央为了推动农业合作化的发展，在全国范围内推行了被称为改造落后乡村运动的"土改补课"。本书立足于这场运动的历史考察，重点分析改造落后乡运动所带来的乡村社会重构，因而涉及乡村社会研究的诸多方面。因为是"土改补课"，所以关系到土地改革；因为是土地改革后乡村社会重构，所以与土地改革后乡村社会现状密不可分；因为黔南地区为民族地区，所以又联系到国家对民族地区的改造。总体来看，这些领域已产生大量研究成果，属于"熟地"；但是，对于这场运动本身还未有专门的讨论，属于"生地"。

（一）土地改革的研究

对土地改革史的回顾，用时间的线索来梳理可能更为清晰。最初对土地改革的研究主要着眼点是论证土地改革的合法性和合理性，并且呈现出由访谈、感想、评论、宣传向学术研究不断转变的特点。这类研究主要分为两类：一类是土地改革过程中编辑出版的工作总结和经验分析，属于资料性质。[①] 另一类是各类学者的访谈、感想和评论。[②] 两类论著主要以资料记录为主，部分学者开始涉及土地改革的合法性和合理性问题。

改革开放以来，随着地权变动所带来的巨大影响，土地改革重新成为学术研究的焦点，这一时期的研究成果注重对资料的收集和整理，从总结中国革命经验的角度出发，对土地改革问题进行了全方位的讨论。[③] 近年来，随着土地改革研究的深入，革命史的叙事形式逐渐被打破，研究水平也有很大的提高，主要体现在两个方

---

① 此类资料主要有江西土地改革委员会编辑出版的《土地改革手册》（1951 年），中南军政委员会土地改革委员会编辑出版的《土地改革中重要文献与经验汇编》（1951 年），人民出版社编辑出版的《土地改革重要文献汇集》（1951 年），中共中央西南局农村工作部编辑出版的《西南地区土地改革资料选编》；华东军政委员会土地改革委员会编辑的《江苏省农村调查》（1952 年）《安徽省农村调查》（1952 年）《浙江省农村调查》（1952 年）《福建省农村调查》（1952 年）《山东省华东各大中城市郊区农村调查》（1952 年）《上海市郊区苏南行政区土地改革画集》（1952 年）；人民出版社编辑的《新区土地改革前的农村》（1951 年）；新华书店华东总分店编辑出版的《土改后农村新景象》（1950 年）《土改后农民的文化生活》（1950 年）；等等。

② 根据研究者身份的不同，可以分为民主党派和无党派人士的论著及中国共产党学者的论著。前者有：潘光旦、全慰天：《苏南土地改革访问记》，生活·读书·新知三联书店 1952 年版；陈体强等：《从土改中学习》，新建设杂志社 1950 年版；陶大镛等：《土地改革与新民主主义革命》，展望周刊社 1950 年版；吴景超等：《土地改革与思想改造》，光明日报出版社 1951 年版。后者主要有中国经济选编辑委员会编辑的《1950 年中国经济论文选》，生活·读书·新知三联书店 1951 年版；经济资料编辑委员会编辑的《1953 年中国经济论文选》，中国财政经济出版社 1955 年版；薛暮桥、苏星、林子力的《中国国民经济社会主义改造》，人民出版社 1959 年版，许涤新的《中国过渡时期国民经济的分析（1949—1957）》，人民出版社 1962 年版等。

③ 代表性的论著主要有：郭德宏：《中国近现代农民土地问题》，青岛出版社 1993 年版；成汉昌：《中国土地制度与土地改革》，中国档案出版社 1994 年版；赵效民：《中国土地改革史（1921—1949）》，人民出版社 1990 年版；张永全、赵泉均：《中国土地改革史》，武汉大学出版社 1985 年版；董志凯：《解放战争时期的土地改革》，北京大学出版社 1987 年版；罗平汉：《土地改革运动史》，福建人民出版社 2005 年版；杜润生主编：《中国的土地改革》，当代中国出版社 1996 年版，等等。

面：一是越来越重视对原始资料特别是档案资料的使用①；二是研究方法不仅是与经济学、社会学、人类学的融合，而且新史学的分析范式也被大量使用，概念史学、计量史学、记忆史学也被成熟地应用到土地改革的研究中。总体来说，有以下几个方面的研究值得关注。

1. 区域史的视角

随着学界逐渐从农民日常生活的话语与道德逻辑来认识土地改革，土地改革的区域研究逐渐成为热点。比较著名的是秦晖提出的"关中无地主、关中有封建"的"关中模式"，引起了学界的广泛讨论。② 张一平则是通过比较苏南土地改革前后地权形态变化，认为土地改革后确立的农民地权注入了国家权力意志，并且以前所未有的气势对乡村社会进行了重构。③ 张学强的《乡村变迁与农民记忆：山东老区莒南县土地改革研究》（社会科学文献出版社 2006 年版）、

---

① 姜义华的《革命与乡村》丛书与《李良玉教授与其博士生文丛》的大部分选题都是从档案资料的利用出发，结合区域研究，对包括土地改革在内的乡村革命进行讨论。姜义华主持的《革命与乡村》丛书，包括黄琨：《从暴动到乡村割据（1927—1929）：中国共产党革命根据地是怎样建立起来的》，上海社会科学院出版社 2006 年版；王友明：《解放区土地改革研究（1941—1948）：以山东莒南县为个案》，上海社会科学院出版社 2006 年版；陈益元：《建国初期农村基层政权建设研究（1949—1957）：以湖南省醴陵县为个案》，上海社会科学院出版社 2006 年版；黄荣华：《农村地权研究（1949—1983）：以湖北省新洲县为个案》，上海社会科学院出版社 2006 年版；田锡全：《国家、省、县与粮食统购统销制度（1953—1957）》，上海社会科学院出版社 2006 年版。《李良玉教授与其博士生文丛》也出版了包括莫宏伟的《苏南土地改革研究》（合肥工业大学出版社 2007 年版）、张慧卿的《乡村民众的利益调整与秩序变迁：以福建漳州岩兜村为个案》（合肥工业大学出版社 2007 年版）、黄家信的《壮族地区土司制度与改土归流研究》（合肥工业大学出版社 2007 年版）在内的大量学术成果。

② 秦晖：《封建社会的"关中模式"——土改前关中农村经济研析》，参见杨念群主编《空间·记忆·社会转型——"新社会史"研究论文精选集》，上海人民出版社 2001 年版；秦晖：《田园诗与狂想曲：关中模式与前近代社会的再认识》，中央编译出版社 1996 年版。近年来，胡英泽对"关中模式"的资料代表性提出质疑，参见胡英泽《流动的土地与固化的地权——清初至民国关中东部地册研究》，《近代史研究》2008 年第 3 期；胡英泽：《近代地权研究的资料、工具与方法——再论"关中模式"》，《近代史研究》2011 年第 4 期。

③ 张一平：《地权变动与社会重构——苏南土地改革研究（1949—1952）》，上海世纪出版集团 2009 年版。

张佩国的《山东"老区"土地改革与农民日常生活》（《二十一世纪》2003 年 4 月号）都是对山东土地改革实践与农民日常生活进行的讨论和分析。华北也是土地改革研究的重点区域，张鸣通过对华北地区土地改革的动员结构与运动模式的分析，认为土地改革实际上是中国共产党为了与国民党争天下进行社会动员的手段，也是革命取得迅速成功的关键。李金铮从乡村社会，尤其是农民大众的心态、行为及其与土地改革的互动关系出发，重点讨论了农民传统心态的激荡和改造。① 李里峰则从政治学角度讨论了华北土地改革与基层政权建设的关系。②

2. 口述史与微观村落研究

对口述史与微观村落的考察，目前已引起了国内外学者的普遍关注。海外较早访问革命根据地或在当地生活过的是海外新闻记者和观察家，如韩丁、贝尔登、克鲁克夫妇等。韩丁的《深翻》和《翻身》是作者以亲历者的角度对山西张庄的土地改革和共产党实践进行的记录与审视。③ 克鲁克夫妇的《十里店》（二）是其作为观察员采访河北十里店村土地改革复查和整党运动的纪实性作品，

---

① 张鸣：《华北地区土地改革运动的运作（1946—1949）》（《二十一世纪》2003 年 4 月号）；李金铮：《土地改革中的农民心态：以 1937—1949 年的华北乡村为中心》，《近代史研究》2006 年第 4 期。

② 围绕华北的土地改革问题，李里峰发表了一系列学术论文，将土地改革中出现的诸多问题用政治学理论进行了分析。如《变动中的国家、精英与民众：土地改革与华北乡村权力变迁（1945—1953）》，南开大学历史学院博士后报告；《阶级划分的政治功能——一项关于土地改革的政治社会学分析》，《南京社会科学》2008 年第 1 期；《土改与参军：理性选择视角的历史考察》，《福建论坛》（人文社会科学版）2007 年第 11 期；《不对等的博弈：土改中的基层政治精英》，《江苏社会科学》2007 年第 6 期；《土改中的诉苦：一种民众动员技术的微观分析》，《南京大学学报》（哲学人文科学社会科学版）2007 年第 5 期；《华北土地改革运动中的贫农团》，《福建论坛》（人文社会科学版）2006 年第 9 期；《党组织、党员与群众——华北土改期间的整党运动》，《安徽史学》2012 年第 1 期；工作队：《一种国家权力的非常规运作机制——以华北土改运动为中心的历史考察》，《江苏社会科学》2010 年第 3 期；《运动式治理：一项关于土改的政治学分》，《福建论坛》（人文社会科学版）2010 年第 4 期；《经济的土地改革与政治的土地改革——关于土地改革历史意义的再思考》，《安徽史学》2008 年第 2 期。

③ 韩丁：《翻身：中国一个村庄的革命纪实》，北京出版社 1980 年版；韩丁：《深翻：中国的一个村庄的继续革命纪实》，国际文化出版公司 2008 年版。

该书勾画出了活生生的人物、复杂的事件和动态的历史过程。① 还有论者从租佃制度与土地改革的关系入手，对土地改革的实际效果进行评价。如珀金斯认为，"土地的再分配不一定会提高生产力"。② 马若孟也认为，"土地改革与其说是促进不如说是阻碍了农民生产力和产出的增长"。③ 弗里曼等人也持相同的观点，土地改革不但没有解放农民，给贫困农民以权力，而是使"最具报复心理的人变成村里新的掌权者"。④ 在国内，较早关注口述史和微观村落的是北京大学社会学系。他们对 20 世纪下半叶农村社会生活口述资料的收集，主要集中于陕北的骥村和河北的西村，并形成了一系列成果，如李康的《西村十五年》、方慧容的《"无事件境"与生活世界中的"真实"》、李放春的《历史、命运与分化的心灵》、任道远的《革命形势下的阶级斗争》等。⑤

3. 话语—权力理论下的土地改革表达与实践研究

话语—权力理论的形成源于结构主义以来对知识本身的持续反思，福柯将其发展成为一套理论体系。该理论对之后的"新历史主义"和"后殖民主义"形成产生了重要影响，表达与实践就是在其影响下对土地改革领域的拓展和延伸。黄宗智的《中国革命中的农村阶级斗争》不仅从阶级斗争视角对土地改革中的"表达性实现"和"客观性事实"的关系进行论证，而且将新中国成立以后包括土

---

① 克鲁克夫妇：《十里店（二）：中国一个乡村的群众运动》，北京出版社 1982 年版。

② 德怀特·希尔德·珀金斯：《中国农业的发展（1368—1968）》，上海译文出版社 1984 年版，第 140 页。

③ 马若孟：《中国农民经济——河北和山东的农民发展（1890—1949）》，江苏人民出版社 1999 年版，第 2 页。

④ 弗里曼、毕克伟、赛尔登：《中国乡村、社会主义国家》，社会科学文献出版社 2002 年版，第 376 页。

⑤ 这一系列成果主要都是博士、硕士论文，如李康：《西村十五年：从革命走向革命——1938—1952 年冀东村庄基层组织机制变迁》，博士学位论文，北京大学，1999年）；方慧容：《"无事件境"与生活世界中的"真实"——西村农民土地改革时期社会生活的记忆》，硕士学位论文，清华大学，1997 年；李放春：《历史、命运与分化的心灵：陕北骥村土地改革的大众记忆》，硕士学位论文，北京大学，2000 年；任道远：《革命形势下的阶级斗争——从农民行动的角度看土改时期的阶级斗争》，硕士学位论文，四川大学，2002 年等。

地改革和"文化大革命"在内的诸多实践联系起来。张小军从土地
的象征资本化、划阶级的象征权力、群众运动的象征资本生产和乡
民的阶级习性四个角度，探讨了"阶级"生产中不同资本之间相互
转换和象征资本再生产的逻辑，并就象征资本理论对理解中国社会
的意义进行了思考。李放春认为，"革命"与"生产"是有着复杂
关联的话语和历史实践，其中的关系并非协调一致，而是充满紧
张、错位乃至"斗争"，这一关联所蕴含的结构化张力深刻地影响
了中国革命现代性的实践形态。[①]

（二）土地改革后乡村社会的研究

对土地改革后乡村社会变动的研究更多地表现为对土地改革所
引起效果的分析，主要集中于土地改革对乡村社会带来的政治经济
变革，并考察这场运动对乡村社会政治权力及社会结构所产生的
影响。

1. 土地改革后的乡村发展

讨论主要集中在阶级关系、农业生产力与农民物质生活水平的
变动上，中农化、粮食产量、劳动力流动、农民购买力、农民生活
水平等各个方面都有所涉及。比如，对于土地改革后农村阶级变化
的研究，传统观点认为是出现了两极分化的趋势。不过，改革开放
以后，学者逐渐提出农村未出现两极分化而是出现中农化的观点，
苏少之、王瑞芳等的研究都证明了这一点。[②]张静对乡村地权市场

---

①　黄宗智：《中国革命中的农村阶级斗争——从土改到文革时期的表达性实现与客观性显示》第二辑，商务印书馆 2003 年版；张小军：《阳村土改中的阶级划分与象征资本》，载《中国乡村研究》第二辑，商务印书馆 2003 年版；李放春：《北方土地改革中的"翻身"与"生产"——中国革命现代性的一个话语——历史矛盾溯考》，载《中国乡村研究》第三辑，社会科学文献出版社 2005 年版。

②　参见高化民《买卖土地的数据不等于就是两极分化》，《党史研究》1982 年第 1 期；李伯雍：《土地改革后农村阶级变化的趋向》，《中共党史研究》1989 年第 1 期；王瑞芳：《新中农的崛起：土改后农村社会结构的新变动》，《史学月刊》2003 年第 7 期；王瑞芳：《新中农崛起后中共阶级政策的调整》，《安徽史学》2004 年第 2 期；刑乐勤：《论土改后中国农村社会阶层的分化》，《浙江学刊》2003 年第 3 期；杨娜：《1949 年至1956 年的中国农民阶级分化》，《中共党史研究》2005 年第 2 期；苏少之：《论我国农村土地改革后的"两极分化"问题》，《中国经济史研究》1989 年第 3 期。

的讨论也涉及中农比例的问题，她认为，到 1954 年，湖北、湖南等
6 省中农总户数的比重均为 60% 左右。① 这与《1954 年全国农村收
支调查资料》的统计基本吻合，即中农在此时占全国总户数的
62.1%，占总人口的 65.1%，占土地占有量的 68.22%，占主要耕
畜的 74.2%，占主要农具的 73.37%，占总收入的 68.71%。② 土地
改革后的借贷也是乡村发展的重要内容，常明明以现代经济学理论
为基本分析工具，结合历史学及其他相关学科理论，依凭丰富、翔
实的资料，以中南区为中心，对 20 世纪 50 年代前期的农村私人借
贷关系进行了探讨。此后，他又将研究视野拓展到农家收支。③

　　土地改革后的农业改进技术也有涉及。陈廷煊认为，"一五"
期间政府实行了有利于农业生产发展的经济政策，推广新的农业生
产技术，从而促进了农业生产的发展。④ 常明明也认为："'土改'
后，在人民政府的领导下进行了建立农业技术推广网络体系、推广
农作物良种、改进耕作技术、改进作物病虫害防治及推广和使用新
式农具等一系列的农业技术改进活动，农业技术改进对于提高农业
生产效率、增加农民收入及缓和工农业发展矛盾都有积极的作用，

---

①　张静：《建国初期长江中下游地区乡村地权市场探微》，中国社会科学出版社
2011 年版，第 128 页。

②　国家统计局编：《1954 年全国农家收支调查资料》，1956 年 5 月。

③　常明明：《中国农村私人借贷关系研究——以 20 世纪 50 年代前期中南区为中
心》，中国经济出版社 2007 年版；苏少之、常明明：《建国前后人民政府对农村私人借贷
政策演变的历史考察》，《中国经济史研究》2005 年第 3 期；苏少之、常明明：《1952—
1954 年湖北省农村私人借贷关系的历史考察》，《当代中国史研究》2005 年第 3 期；常明
明：《绩效与不足：建国初期农村信用合作社借贷活动的历史考察》，《中国农史》2006
年第 3 期；常明明：《土改后农村私人借贷形式及利率的历史考察》，《中国经济史研究》
2007 年第 1 期。常明明：《建国初期国家农贷的历史考察》，《当代中国史研究》2007 年
第 3 期；常明明：《私人借贷与农村经济和农民生活关系研究》，《中国农史》2007 年第 2
期；常明明：《20 世纪 50 年代前期中国农家收支研究》，《中国经济史研究》2008 年第 1
期；常明明：《20 世纪 50 年代前期中国乡村借贷方式比较研究》，《中国农史》2008 年第
3 期；常明明：《20 世纪 50 年代前期农村私人借贷利率探析》，《中国农史》2009 年第 2
期；常明明：《建国初期农村私人借贷的停滞及缓解措施的历史考察》，《中国农史》2010
年第 1 期。

④　陈廷煊：《1953—1957 年农村经济体制的变革和农业生产的发展》，《中国经济史
研究》2001 年第 1 期。

也加快了农业现代化建设步伐。"① 在生产要素流动方面，研究者也注意到了其产生的积极作用。张一平认为，土地改革后发生的土地买卖和租佃、雇佣、借贷等关系，有利于恢复农业生产、活跃农村经济，帮助农民克服了生产生活的困难。②

2. 土地改革后的乡村政治格局

对这方面的讨论主要集中在土地改革后富农政策的演变、农民的思想政治教育，以及基层干部的动员上。土地改革后，中国农村社会结构发生了重大变化，其中比较突出的现象是，富农成为农村最有经济势力的阶层，且日益成为限制和斗争的主要对象。王瑞芳对土地改革后农村富农及其经济状况做了系统的梳理，分析了中共对待富农政策的转变及其内外原因，并着力考察富农在土地改革及合作化运动中的复杂心态。③ 苏少之在考察土地改革后富农的规模与分布之后认为，从土地改革结束到农业集体化高潮前夕，新富农的出现从全国范围来看是稀少而缓慢的。他进而判断富农是具有较大的生产规模和最高的生产率，积极从事运输业、商业，是农村中最具活力的阶层，他们的出现是农村经济恢复和发展的表现，是新的历史条件下农业走向规模经营和发展商品经济的新起步。④

关于农民的思想政治教育，中国共产党主要是通过运动式的政治和文化教育对广大农民进行广泛的教育动员，进而使农民在传统型向现代转型的进程中适应国家改造农村社会的需要。⑤ 关于"李四喜思想"⑥ 的讨论则成为农民思想政治教育的典型案例，王瑞芳认为，这次讨论基本弄清了李四喜思想产生的原因、危害及克服这

---

① 常明明：《土改后农业技术改进初探》，《中国经济史研究》2010 年第 4 期。

② 张一平：《苏南土改后的农村生产要素流动》，《中国农史》2008 年第 2 期。

③ 王瑞芳：《土改后的中国富农：从保存、限制到消灭》，《河南社会科学》2004 年第 5 期。

④ 苏少之：《新中国土地改革后农村新富农经济的经营结构与经营方式》，《中国经济史研究》2007 年第 2 期。

⑤ 李飞龙：《20 世纪 50 年代农民业余文化教育述论》，《当代中国史研究》2009 年第 3 期；李飞龙：《新中国成立初期乡村的教育动员与社会变迁》，《古今农业》2009 年第 4 期。

⑥ 李四喜思想是指土地改革以后出现的农民和乡村基层干部的松气思想。

种思想的途径和方法，是新中国成立后中国共产党第一次真正意义
上对农民自私、狭隘思想的批评运动。在这场讨论中，中国共产党
逐步积累了用民主教育、典型示范、改进领导方法、切实解决乡村
干部实际困难等方式来解决农民思想问题的成功经验。①

　　土地改革后的乡村干部也逐渐成为学界关注的焦点。美国学者
徐维恩认为，乡村政治精英和传统乡绅一样，都将忠于乡村的共同
体作为第一选择。② 戴慕珍也认为，农村社区中存在干部与群众间
的庇护—被庇护关系，在毛泽东时代，曾经削弱过国家在农村地区
的政策执行能力。③ 韩敏也赞成这一说法，她认为，生产队干部对
社员的生活和社会流动机会的控制是干部与公社社员之间委托—代
理关系形成的主要原因。④ 不过，也有学者持相反的观点。萧凤霞
主张，地方基层干部已经完全为国家权力所同化，成为党和国家在
乡村的代理人。⑤ J. 瓦特（Watt）也认为，“地方”只不过是由县
衙门任命并直接对其负责的乡间代理人，它们并不代表乡村社会，
也不是乡村利益的保护者。⑥ 而杜赞奇则更强调地方精英人物自身
的独立性和利益诉求。⑦

　　3. 土地改革后的乡村社会

　　乡村社会的研究主要有婚姻习俗的变革、农村陋习的改造等。

---

　　① 王瑞芳：《严重的问题是教育农民——建国初期中共克服“李四喜思想”的成功
经验》，《当代中国史研究》2006 年第 4 期；王瑞芳：《“李四喜思想”讨论：建国初期中
共教育农民的尝试》，《史学月刊》2006 年第 9 期。

　　② Vivienne Shue，*The Reach of the State*：*Sketches of the Chinese Body Politics*，Stanford：
Stanford University Press，1988.

　　③ Jean Oi，*State and Peasant in Contemporary China*：*The Political Economy of Village
Government*，Berkeley：University of California Press，1989.

　　④ 韩敏：《回应革命与改革：皖北李村的社会变迁与延续》，江苏人民出版社 2007
年版，第 130 页。

　　⑤ Helen Siu，*Agents and Victims in South China*：*Accomplices in Rural Revolution*，New
Haver：Yale University Press，1989.

　　⑥ Watt，John R.，*The District Magistrate in Late Imperial China*，New York：Columbia U-
niversity Press，1972.

　　⑦ 杜赞奇：《文化、权力与国家——1900—1942 年的华北农村》，江苏人民出版社
1995 年版。

王跃生和阎云翔都从历史的长时段出发，分别以冀南与东北村庄为中心，讨论了社会变迁与婚姻家庭变动的关系。① 王瑞芳则概括了土地改革后乡村社会的整个面貌，她认为，伴随着土地改革运动中的反封建斗争，新生的人民政权对旧农村的社会污垢进行了猛烈涤荡，封建迷信受到批判，巫婆、神汉遭到取缔，早婚、溺婴等许多恶习得到革除，婚姻自由之风开始盛行，"二流子"得到改造，劳动光荣、崇敬人民领袖的农村新民俗开始形成，农民的社会价值观念开始转变，一个迥异于旧社会的新农村逐渐呈现在人们面前。②

4. 合作化运动的推进

中国共产党领导下的国家政权如何在一个遍布小农经济的国度顺利实现合作化？诸多研究者从不同的角度给予了关注。关于转变的原因，凌志军认为，工业的现代化建设和朝鲜战争促使国家发动农业集体化建设。③ 张乐天则强调，利益诱导、权力制约和文化氛围这种心理因素才是转变的根本动力。④ 庄孔韶认为，政党领袖的思想意识才是发动集体化的基础，即毛泽东的"平均""大同"思想。⑤ 李里峰认为，从土地改革走向集体化，存在着阶段论、条件论和替代论三种相互关联的转化机制，土地改革后的乡村社会变动为这种转化提供了动力和合法性。⑥ 而对实现途径，周晓虹认为，国家通过向互助组或合作社提供农业贷款、新式农具、良种以及日常生活用品等稀缺资源的经济性调控，通过划分阶级成分、使用

---

① 王跃生：《社会变革与婚姻家庭变动：1930—1990 年的冀南农村》，生活·读书·新知三联书店 2006 年版；阎云翔：《私人生活的变革：一个中国村庄里的爱情、家庭与亲密关系（1949—1999）》，上海书店出版社 2006 年版。

② 王瑞芳：《农村土改后恶风陋俗的革除与新民俗的形成》，《当代中国史研究》2009 年第 1 期。

③ 凌志军：《历史不再徘徊：人民公社在中国的兴起和失败》，人民出版社 1997 年版。

④ 张乐天：《告别理想：人民公社制度研究》，东方出版中心 1998 年版。

⑤ 庄孔韶：《银翅：中国的地方社会与文化变迁》，生活·读书·新知三联书店 2000 年版。

⑥ 李里峰：《土改结束后的乡村社会变动——兼论从土地改革到集体化的转化机制》，《江海学刊》2009 年第 2 期。

"积极分子"和"落后分子"的标签等政治性压力，通过强大的宣传手段和动员技巧，直接或间接地诱发小农入社动机。①

（三）民族地区社会改造与治理的研究

国家对民族地区社会改造与乡村治理也有大量的研究成果，包括社会学、政治学、人类学、民族学、历史学等各个学科都有所涉及。这里梳理的主要是国家与民族地区乡村社会的关系，尤其围绕新中国成立初期民族地区（特别是西南地区）的改造与治理展开。

1. 国家与民族地区乡村社会关系的理论研究

早在 20 世纪 30 年代，国内就出现了一批具有独到分析视角的个案研究。比如，林耀华的《凉山彝家》，综合考察了彝族社会的政治、经济、文化的特征，尤其是分析了家支制度的起源、结构、功能和特点。② 随后，费孝通、张之毅的《云南三村》，重点分析了民族地区村社的农业、手工业和商业的发展。③ 改革开放以来，学术界围绕国家与民族的关系出版了一系列成果，如《民族政治学》《民族与国家——民族关系与民族政策的国际比较》《中国少数民族政治分析》《民族政治学导论》《当地中国民族问题》《民族主义》《边疆少数民族地区的政治发展与政治稳定》等。周平在《民族政治学导论》中专门讨论了民族村社的政治体系，他认为："村社权力不是由某种上级权力机关自上而下地授予的，不是国家政治体系中的地方权力，而是村社中内生的、传统的权力。"④ 付春在《民族权利与国家整合》中，力图从政治学角度研究中国现代化过程中国家建设与少数民族之间的内在关系，他认为："国家的整合过程与国家维护少数民族的权利过程是有机统一的互动过程，国家整合是在不断维护少数民族权利的过程中得以实现的，而这个过程的现实

---

① 周晓虹：《1951—1958：中国农业集体化的动力——国家与社会关系视野下的社会动员》，参见周晓虹、谢曙光主编《中国研究》第一期，社会科学文献出版社 2005 年版。

② 林耀华：《凉山彝家》，云南人民出版社 2003 年版。

③ 费孝通、张之毅：《云南三村》，社会科学文献出版社 2006 年版。

④ 周平：《民族政治学导论》，中国社会科学出版社 2001 年版，第 96 页。

推动力量是中国的现代化发展。在中国这样的多民族国家，保持国家的统一、整合与稳定，时刻不能忽视对少数民族权利的保障和维护。"① 此外，大量学者还参与到族际政治的讨论中，朱伦、周平、常士闇等学者都对国家与民族之间的关系进行了深入的研究。②

2. 关于新中国成立初期西南民族地区的改造与治理

西南地区的民主改革是当代西南史研究的焦点之一，郑长德等通过对四川彝族、藏族和羌族民主改革的考察，较为详细地展示了少数民族民众的日常生活。他们的研究成果如下由四个部分组成：（1）"民主改革历史资料"是从社会调查、文献资料、基本措施及主要历程反映四川民主改革的由来、方式、经过及后果。（2）"民主改革口述历史"是对四川民主改革的领导者、参与者、民族宗教上层人士及普通群众的多次采访，收集了 120 余万字口述资料，在此基础上，整理及选编具有代表性的资料。（3）"民主改革与四川民族地区的经济发展"是依据相关资料及调查数据，就民主改革对四川彝族地区、藏族地区及羌族地区的经济发展开展研究，说明民主改革的必要性与必须性，在于改变了民族地区旧的不合理的生产

---

① 付春：《民族权利与国家整合》，天津人民出版社 2007 年版。

② 朱伦：《民族共治论——对当代多民族国家族际政治事实的认识》，《中国社会科学》2001 年第 4 期；《论民族共治的理论基础与基本原理》，《民族研究》2002 年第 2 期；《先进的民族政治文化及其理论和制度创新》，《民族研究》2001 年第 6 期；《"跨界民族"辨析与"现代泛民族主义"问题》，《世界民族》1999 年第 1 期。常士闇的《政党权威与制度建设：当代中国的族际政治整合》，《马克思主义与现实》2011 年第 3 期；《市场经济与民族融合进程》，《马克思主义与现实》2012 年第 4 期；《和谐理念与族际政治整合》，《政治学研究》2009 年第 4 期；《异中求和：当代族际和谐治理的新理念》，《中国行政管理》2009 年第 7 期；《族际政治整合的多维构成分析》，《马克思主义与现实》2010 年第 2 期；《当代中国多元一体格局的转变与族际政治整合建设》，《当代世界与社会主义》2010 年第 2 期；《发展协商民主，完善中国特色的族际政治整合》，《民族研究》2010 年第 4 期；《东南亚国家政治认同的转折与政治建构》，《山东大学学报》（哲学社会科学版）2010 年第 5 期。周平：《国家视阈里的中国边疆观念》，《政治学研究》2012 年第 2 期；《多民族国家的政党与族际政治整合》，《西南民族大学学报》（人文社会科学版）2011 年第 5 期；《边疆治理视野中的认同问题》，《云南师范大学学报》（哲学社会科学版）2009 年第 1 期；《对民族国家的再认识》，《政治学研究》2009 年第 4 期；《中国民族政策价值取向分析》，《当代世界与社会主义》2010 年第 2 期；《民族国家与国族建设》，《政治学研究》2010 年第 3 期。

关系，解放了生产力，极大地促进了经济的发展。（4）"民主改革与四川民族地区的社会文化变迁"从制度层面、思想观念及文化变迁等方面认识民主改革对四川彝族、藏族及羌族等社会变革、思想解放的重要促进及广泛影响，揭示民主改革实现了四川民族地区的制度统一、思想解放及文化发展，等等。①

此外，张晓琼以云南少数民族为考察中心，对西南边疆民族地区的分类指导政策进行了梳理，旨在说明国家对民族地区改造的成功。② 常明明对云南德宏傣族景颇族自治州傣族地区和平协商土地改革的研究，强调这种温和改革方式的积极之处。"避免了民族隔阂和宗教纠纷，团结了少数民族上层社会，减少了民主改革的阻力，较好地保护了生产力，有利于该地区的经济发展，同时，维护了民族地区和边疆的稳定，促进了各民族和谐发展，树立了党和人民政府在民族地区的威信。"③ 但并不是所有的论者都认可这种社会转型，周本贞认为，到1958年人民公社广泛建立以前，西南少数民族地区大量传统的民族社会组织结构并没有发生本质的转变，社会治理机制中具有相同的共性，传统社会治理机制仍起到重要作用。④

---

① "民主改革历史资料"的成果有：西南民族大学西南民族研究院：《川西北藏族羌族社会调查》，民族出版社2008年版；秦和平：《四川民族地区民主改革资料集》，民族出版社2008年版；秦和平、冉琳闻：《四川民族地区民主改革的大事记》，民族出版社2008年版。"民主改革口述历史"的成果有：杨正文：《四川民族改革口述历史集》，民族出版社2008年版；杨正文：《四川民主改革口述历史资料选编》，民族出版社2008年版。"民主改革与四川民族地区的经济发展"的成果有：郑长德：《民主改革与四川彝族经济发展研究》，民族出版社2008年版；郑长德、周兴维：《民主改革与四川藏族经济发展研究》，民族出版社2008年版；郑长德、刘晓鹰：《民主改革与四川羌族经济发展研究》，民族出版社2008年版。"民主改革与四川民族地区的社会文化变迁"的成果有：蒋彬：《民主改革与四川羌族地区社会文化变迁研究》，民族出版社2008年版；根旺：《民主改革与四川藏族地区社会文化变迁研究》，民族出版社2008年版；蒋彬、罗曲、米吾作：《民主改革与四川彝族地区社会文化变迁研究》，民族出版社2008年版。
② 张晓琼：《建国初期党在西南边疆少数民族地区的分类指导政策》，《云南民族大学学报》（哲学社会科学版）2010年第4期。
③ 常明明：《云南德宏傣族景颇族自治州傣族地区和平协商土地改革研究》，《中国经济史研究》2011年第4期。
④ 周本贞：《1949—1957年西南少数民族地区社会治理问题研究》，《云南师范大学学报》（哲学社会科学版）2012年第1期。

大量西南民族地区乡村史的个案也提供了无可缺失的实证研究。曾芸对 20 世纪贵州屯堡地区农业和农村变迁进行了考察，详细地分析了新中国成立后中国共产党农业政策在屯堡地区的适应性。① 刘芳对川滇黔交界处民族散杂区的苗族进行了长时间段的社会文化研究，力图多角度地发掘和考察各民族在"大杂居、小聚居"居住环境下文化间的互动和影响，以及在此前提下民族文化的自我调适功能和作用。②

通过上述对土地改革、土地改革后乡村社会的重构，以及国家对民族地区的改造等方面研究成果的梳理，可以看出，目前已经涌现了大量的研究成果。不过，学术研究总是站在前人的肩膀上进行前进，哪怕这种进步仅仅是微不足道的。本书的研究对象是黔南地区改造落后乡村运动，而改造落后乡村运动本身还未有学者关注，是学术研究的"生地"。为此，本书则希望通过对这场运动的解读，达到丰富上述研究的目的。

三 黔南乡村：研究方法与对象

（一）研究方法

跨学科研究和理论方法的多元化，既是当代学术发展的基本特征和主导趋势，也是中国当代乡村史研究的鲜明特点。社会学、人类学、法学、生态学等众多学科的理论与方法被引入到当代乡村史研究中，促使学者从不同的角度认识和阐释当代中国乡村问题。在此过程中，默顿主张的中间层次理论适用十分宽广，这种处于宏观与微观之间的中层理论是社会理论"实用化"的桥梁，指导着人类的实践。

1. 传统和现代理论框架

传统和现代的关系，是学术界一直关注的焦点之一。关于传统和现代的概念，希尔斯认为："几乎任何实质性内容都能够成为传

---

① 曾芸：《二十世纪贵州屯堡农业与农村变迁研究》，中国三峡出版社 2009 年版。

② 刘芳：《枧槽高山苗：川滇黔交界处民族散杂区社会文化变迁个案研究》，中央民族大学出版社 2006 年版。

统。人类所成就的所有精神范畴、所有的信仰或思维范式、所有已
形成的社会关系范型、所有的技术惯例，以及所有的物质制品或自
认物质，在延长的过程中，都可以成为延传对象，成为传统。"① 按
照他的理解，精神、制度、物质，只要是能延传的，都可以划入传
统的范畴。而现代则是与传统相对应的，标志着当前时期特征的一
种文明形式。需要指出的是，现代性是一个包罗万象、多阶段、多
层次、多动态的社会历史过程，也就是说，今天的现代到了明天可
能已成为传统。对于两者之间的关系，在现代化理论产生之时，比
较普遍地存在着将两者的关系极端化的倾向。这种倾向很难解释传
统文明和现代化相融合的历史现象。随着社会的进步，研究者已经
用实证和理论证明：传统和现代并不是互相对立和排斥的两个极
端，在任何社会中既不存在纯粹的传统性，也不存在纯粹的现代
性。② 这一论点在王铭铭和唐力行③的研究中也得到了证明。新的认
识框架给当代乡村史研究中的诸多现象提供了解释的可能，比如有
些越是经济发达的农村，农民反而特别注重婚姻的传统礼节；越是
农村现代化程度高的地区，宗庙和祠堂反而修建的越多。

2. "国家与社会" 理论框架

国家权力在中国现代化的启动和最初运转中扮演了指挥、管理
的重要角色。国家政策的推行过程，也就是国家权力从中央到基层
得到强化的过程。④ 新中国成立以后，中国共产党就开始利用强有
力的国家权力全面控制了乡村社会，形成了典型的 "强国家、弱社
会" 的关系。这种 "国家与社会" 关系格局持续数年之久，"大跃
进""人民公社化运动""文化大革命" 等运动都是国家权力和国

---

① 希尔斯：《论传统》，上海人民出版社 1991 年版，第 21 页。
② 周晓虹：《传统与变迁——江浙农民的社会心理及其近代以来的嬗变》，生活·
读书·新知三联书店 1998 年版，第 21 页。
③ 王铭铭：《现代的自醒——塘东村田野考察和理论对话》，参见潘乃谷、马戎
《社区研究与社会发展》（中），天津人民出版社 1996 年版；唐力行：《商人与中国近世社
会》，浙江人民出版社 1993 年版。
④ 孙晓莉：《中国现代化进程中的国家与社会走向》，《教学与研究》2000 年第 8
期。

家意志的直接表现，此时的民众对国家权力有种强烈的附属感，未能形成对国家权力相应的制衡。改革开放以后，伴随着农村自治组织的不断建构，农村社会的宗族势力也日渐强大，逐渐成为能够和国家对话的独立载体，"国家和社会"互动范式在乡村社会中正逐渐形成。"国家与社会"理论框架的发展路径与上述实践基本吻合。始于20世纪80年代末的"国家与乡村社会"关系是"国家与社会"理论框架在乡村社会的应用与发展。早期的国家与乡村社会研究，或者强调国家政策的作用，或者倾向于民众的力量，或者着眼于国家与社会之间的对抗。而现在的"国家与社会"关系研究开始关注国家与社会之间复杂的互动关系，均衡地强调两者的作用。特别是"市民社会"理论的出现，开始批判那种"自上而下"的一元性"国家"分析范式，构建"自下而上"和"自上而下"的双轨性"国家和社会"互动范式[1]，标志着"国家与社会"理论框架的日臻完善。

3. 日常生活史视角

日常生活史研究在考察乡村社会时，重视研究对象的微观化，采取"目光向下"的观察角度，它的研究对象包括吃、穿、住、行等各个方面，并且强调在研究过程中采用"他者"立场（"他者"立场，即站在历史当事人的位置上，"设身处地地感觉和体会"。并认为，研究历史最重要的是理解，理解了古人也就理解了自己。[2]）这种研究方法正是乡村史研究所必不可少的。近年来，日常生活史研究日渐为学者所重视，孙立平指出："我们对日常生活的强调……不是将普通人的日常生活看作是一个完全自主的领域，而是看作普通人与国家相遇和互动的舞台。因此，我们……强调自上而下和自下而上两种视角的均衡和整合。"[3] 美国学者怀特也认为：

---

① 亚历山大、邓正来：《国家与市民社会》，上海人民出版社2006年版，第2页。
② 刘新成：《日常生活史：一个新的研究领域》，《光明日报》2006年2月14日。
③ 孙立平：《实践社会学与市场转型过程分析》，《中国社会科学》2002年第5期。

"要理解惊人的事件，就必须联系日常的生活模式来认识它。"① 黄宗智还特别强调，到最基本的事实中去寻找最强有力的分析。② 不过，目前对当代农村日常生活史的研究还十分薄弱，视角和方法较为单一，代表性的成果也比较少。实际上，日常生活就是每个人正在经历和即将经历的生命过程的共同特征，即生老病死，这方面可挖掘的内容十分丰富。比如"生"的含义，一是生存，在这个意义上说，它包括村庄中的村民与其家庭成员为了满足自己生存的需要所采取的所有行动；二是生育。③ 这两种解释都属于乡村史研究的范畴，前者所讲的饮食起居是最能反映农村生活水平的标尺，也是分析农村收入和消费的重要标准；后者对于家族的绵延相连，以及父母和子女的互动及代际关系都息息相关。在这种现象的背后是制度对农村的规范、限制与约束，因此需要研究者关注"小人物"的生活和事件背后的故事，从"走向民间"角度，考察乡村社会的基本情况。

4. 基层社会研究视角

基层社会研究也是当代乡村史研究的重要视角。伊格尔斯在《从科学的客观性到后现代的挑战》一书中认为，在过去的 25 年里，在历史研究中发生了很多变化，其中最重要的表现就是"从宏观历史转移到微观历史"。④ 新中国成立以前，中国的学者就已经开始农民调查和农民研究了，例如社会学家李景汉、费孝通的理论著作。国外也有大批学者在中国从事农村基层社会的研究，如波特夫妇、弗里德曼等。这些调查研究为 20 世纪二三十年代中国农村社会的研究奠定了良好的基础。对于新中国成立初期的农村，国外的研究成果显得更为成熟。20 世纪 60 年代，简·迈德尔和昆·凯瑟尔

---

① 怀特：《街角社会——一个意大利贫民区的社会结构》，商务印书馆 1994 年版，第 7 页。

② 黄宗智：《认识中国——走向从实践的社会科学》，《中国社会科学》2005 年第 1 期。

③ 杨善华、刘小京：《日常生活：农村社会学研究的切入点》，《中国社会科学报》2009 年 8 月 6 日。

④ 伊格尔斯：《二十世纪的历史学：从科学的客观性到后现代的挑战》，辽宁教育出版社 2003 年版，序言。

到陕北的柳林村，进行了详细的田野调查，出版了《一个中国乡村的报告》，该书是关于柳林村村民生活变革的民族志记录①；1973年迈德尔又出版了《中国：继续革命》一书，记录下了柳林村"文化大革命"的经过。② 此外，威廉·韩丁的《深翻》和《翻身》，弗里曼、毕克伟和赛尔登的《中国乡村社会主义国家》和《毛时代之后的中国家庭》，黄宗智的《长江三角洲小农家庭与乡村发展》等，都是基层社会研究的代表性著作。目前，国内的研究成果主要有张乐天的《人民公社制度研究》，曹锦清、张乐天、陈中亚的《当代浙北乡村的社会文化变迁》等，前者从普通农民的生存方式切入，展示了人民公社制度下浙北小社区的基本生存方式，后者是对浙北当代乡村社会的全面解读。

5. 社会延续和历史长时段视角

在当代乡村史研究中，学术界关注的主要是社会和文化的变迁。实际上，中国农村的社会和文化具有相当强烈的延续性。改革开放以后，波特夫妇在广州曾埠田野调查之后，认为新中国成立后虽然有很多表面上的流动和变化，但是，印象最深的还是显著的延续性。婚姻模式有一些改变但不是根本的改变；家庭和宗族的形式大致上仍然保持原来的样子。③ 在当代乡村史研究中，还需要强调历史的延续性，应用长时段的方法，打破习惯上将当代乡村史划分为几个阶段的做法。关于这一点，已为学界所重视。布罗代尔曾指出："杂事反复发生，经多次反复而取得一般性，甚至变成结构。它侵入社会的各个层次，在世代相传的生存方式和行为方式上刻下印记。"④ 勒高夫也认为："历史的发展时快时慢，但推动历史发展

① Jan Myrdal, *Report From a Chinese Village*, New York: New American Library, Inc., 1965.

② Jan Myrdal, Gun Kessle, *China: The Revolution Continued*. London: Chatto and Windus, 1971.

③ Potter, *China's peasants: The Anthropology of a Revolution*, Cambridge: Harvard University Press, 1990.

④ 布罗代尔：《15 至 18 世纪物质文明、经济和资本主义》，生活·读书·新知三联书店 1992 年版，第 27 页。

的力量却只在长时段中起作用和可被琢磨。经济和社会制度的变化只能是慢吞吞的。"① 行龙强调："社会史研究要重视长时段分析方法，要打通近现代史的分期框架，将中国社会史研究下延至集体化时代，注重现代社会史的研究。"② 阎云翔的《私人生活的变革》是历史长时段视角下的代表作，该书重点论述了黑龙江下岬村长达半个世纪私人生活领域的变与不变。③

6. "整体史"观视角

"整体史"观盛行于 20 世纪末，它反映了 20 世纪以来，特别是五六十年代以后世界的变化，即世界的整体性和全球化趋势，这种全球化趋势必然反映到学术研究领域。在当代乡村史研究中，如何将具体与抽象、微观与宏观很好地衔接起来，正是学术界所必须面临的问题。从当代农村社会的状况看，整体观所倡导的从整体把握、观察和研究事物的思想，符合目前的研究现状和农村社会的实际情况。不仅因为组成农村社会的政治、经济、文化、教育相互关联，而且中国农村中存在着大量的恒定因素，这些变化不大的生活习惯和细节将帮助我们把握农村社会的整体状况。史学家黄仁宇也认为，需要"将宏观及放宽视野这一观念引入到中国历史研究里去"。实际上，只有从整体角度来看农村社会中生产、消费、婚姻、家庭等各个具体部分，才能更清楚、更准确地认识各个部分以及部分与整体的关联，从而更加深入地了解当代乡村社会发展的基本脉络。

（二）黔南乡村

本书的研究对象和区域是黔南乡村，即当前行政区划的黔南布依族苗族自治州。考虑到研究内容的需要，这里有必要对黔南地区的历史、地理、气候、民族等问题作简单交代。而 1952—1956 年黔南地区与当前行政区划也有不同，也需要做出说明。

---

① 雅克·勒高夫：《新史学》，《史学理论》1987 年第 1 期。

② 行龙：《二十年中国近代社会史研究之反思》，《近代史研究》2006 年第 1 期。

③ 阎云翔：《私人生活的变革：一个中国村庄里的爱情、家庭与亲密关系（1949—1999）》，上海书店出版社 2006 年版。

黔南布依族苗族自治州，位于云贵高原东南部边缘的斜坡地带、贵州省中南部。地处东经106°12′—108°18′和北纬25°04′—27°29′，总面积为26197平方公里。东西最大宽度207.9公里，南北最长处269.5公里。东与黔东南苗族侗族自治州接壤，南与广西河池、百色地区相连，西邻安顺，北、西北与贵阳和遵义毗邻。地域轮廓呈"凸"字形。北部教窄，中南部较宽，全州地势西北高，东南低，地貌类型多样，山地、丘陵、盆地（俗称坝子）和河谷犬牙交错。高山、峡谷和丘陵占全州总面积的97%以上，山间盆地约占2%。黔南现辖都匀市、独山县、平塘县、荔波县、福泉县、瓮安县、贵定县、龙里县、惠水县、长顺县、罗甸县以及三都水族自治县，共计12县、自治县、市。自治州首府在都匀市。

1. 行政区域

1949年11月15日，都匀县城解放，设专员公署于都匀县城，辖原国民党时期第二行政督察区的12个县，即都匀县、独山县、平塘县、罗甸县、三都县、荔波县、平越县、黎平县、丹寨县、榕江县、从江县等。当时，瓮安县、贵定县、龙里县、惠水县和长顺县5县隶属贵阳专区。1951年，罗甸县划归贵阳专区。1952年12月，贵州省人民政府通知，独山专区改称都匀专区；贵阳专区改称贵定专区，专属移驻贵定县。同年，贵州省人民政府通知，撤销惠水县，建立惠水县夷族苗族自治区（原为彝族，实为布依族，为避免与彝族混淆引起误会，改彝为夷）。1953年6月，贵州省人民政府通知，平越县改称为福泉县。1954年1月，西南行政委员会办公厅通知，惠水县夷族苗族自治区改称为惠水县布依族苗族自治区。同年，罗甸县建立罗甸县布依族自治区。1955年12月，内务部指示：惠水县布依族苗族自治区改称惠水县布依族苗族自治县，罗甸县布依族自治区改称罗甸布依族自治县。至1956年8月建立黔南布依族苗族自治州前夕，都匀县、三都县、独山县、平塘县、荔波县和福泉县6县隶属都匀专区；贵定县、龙里县、瓮安县、长顺县、惠水县和罗甸县6县隶属贵定专区。1956年8月8日，黔南布依族苗族自治州成立，同时撤销都匀、贵定2个专区，并相应地撤销惠水、罗甸 2 个自治县，改为县，隶属于黔南州。建州时，黔南州辖原都匀专区所属的都匀、独山、平塘、荔波和三都 5 县，原贵定专区所属的长顺、惠水和罗甸 3 县，原安顺专区所属的紫云和镇宁 2 县，以及原兴义专区所属的望谟、册亨、安龙和贞丰 4 县，共 14 个县。[①] 本书考察的黔南主要是新中国成立初期都匀（之前为独山）专区的 12 个县，即都匀、独山、平塘、罗甸、三都、荔波、平越（福泉）、黎平、丹寨、榕江和从江等。

2. 民族状况

黔南布依族苗族自治州是一个多民族地区，至 1990 年，全州的汉族、布依族、苗族、水族、毛南族、侗族、壮族、瑶族、彝族、回族、蒙古族、维吾尔族、满族、朝鲜族、白族、土家族、哈尼族、黎族、傈僳族、畲族、高山族、拉祜族、纳西族、景颇族、土族、仫佬族、羌族、仡佬族、锡伯族、德昂族、京族、独龙族、鄂伦春族、珞巴族、傣族等 36 个民族的总人口为 3279781 人，其中，少数民族人口 1731046 人，占总人口的 52.8%。新中国成立后，各民族关系发生了很大的变化，原来一些"鸡犬之声相闻，老死不相往来"的村寨，携手并肩修建起水沟、水库。同时，培养了大量的少数民族干部，到 1956 年，第一届黔南州人民代表大会代表中，少数民族代表 177 人，占 64.84%。少数民族聚居的乡村，大多于 1951—1952 年分批分期进行了土地改革（只有荔波县瑶麓乡于 1955 年才进行土地改革）。在土地改革过程中，土地改革工作队严格执行了民族政策，允许少数民族留有少量的"姑娘田""棉花土""蓝靛土"等，对少数民族实行特殊照顾。[②]

3. 气候状况

黔南州的气候属副热带东亚季风区，气候资源十分丰富，季风气候明显，四季比较分明；多数地区冬无严寒，夏无酷暑；热量丰

---

① 黔南布依族苗族自治州志编撰委员会编：《黔南布依族苗族自治州志》，贵州人民出版社 2007 年版，第 141 页。

② 参见黔南布依族苗族自治州史志编纂委员会编《黔南布依族苗族自治州志》第 4 卷"民族志"，贵州民族出版社 1993 年版，第 1—7 页。

富，无霜期长，与广西接壤的红水河边无霜期达 340 天，有"天然温室"之称；多阴雨、少日照；雨量丰沛，雨热同季，常年降水量为 1100—1400 毫米；高山、田坝之间的气候差异较大，小气候多，"山下桃花山上雪，坡前下雨坡后晴"的现象屡见不鲜。雨季期间，也是州内日照最多、气温最高的季节，这种光、热、水同季的气候特点对发展农业十分有利。但气候灾害也十分频繁，对农业生产威胁较大的有干旱、冰雹、低温阴雨和洪涝。干旱是黔南的主要气候灾害。1952 年，独山县冬春降水多，春季局地有涝害，夏秋降水少；干旱较重。罗甸县，5 月降水量偏多，为 200 多毫米，初夏出现"洗手干"现象；平塘县，有水灾发生；都匀市，7 月 10 日降大暴雨，使剑江河暴发洪水，为 20 年一遇的大洪水。1953 年，独山县"倒春寒"天气较重，夏季降水少，夏旱严重；罗甸县春夏气温偏低，降水较少，春旱、夏旱较严重；平塘县，有干旱发生。1954 年，独山县，冬季气温低，12 月出现强"寒流"，秋干明显；罗甸县，降水分布不均，冬春明显偏少，春末到初秋明显偏多，5—7 月多暴雨，为重水灾年，群众称"百年大水"。1955 年，罗甸县夏旱明显；平塘县有水旱灾发生。1956 年 1 月气温低，北部地区出现较强的凝冻天气。夏季多数县降水少，发生较严重的旱灾，有些地区接着发生秋旱。平塘县有水灾发生。[①] 总体来看，新中国成立初期的黔南地区虽自然灾害频发，不过，未有多年未遇之罕见的自然灾害，这也在一定程度上保障了黔南农业经济的恢复与发展。

（三）资料的使用

当代史研究最核心的问题是档案文献史料的开放与刊布。20 世纪 80 年代前半叶，中国的改革开放曾经极大地冲击了中国的档案学界和档案保管部门，促成了《中华人民共和国档案法》的诞生。在此背景下，中共党史上的诸多问题得到澄清，比如"富田事变"的研究、西路军问题的研究、"皖南事变"的研究，包括许多重要的

---

① 黔南布依族苗族自治州史志编纂委员会编：《黔南布依族苗族自治州志》第 8 卷 "气候志"，贵州民族出版社 1994 年版，第 88—89 页。

历史人物，如张闻天的生平研究等，都得益于档案资料的开放。大量历史档案资料，包括历史回忆的开放，甚至是公开出版，都给研究者提供了大量的档案资料和研究领域。近年来，学者开始关注底层档案资料的利用，在此方面，一些高校和团队已经做出示范。如山西大学中国社会史研究中心对山西村级档案的收集与整理，南开大学历史文化学院对华北乡村档案的利用，上海交通大学历史系对20世纪50年代县级档案的关注，以及大批研究者对省级、县级档案资料的充分发掘。

　　不过，就档案的利用效果看，可谓是参差不齐。一些研究者往往只是将档案资料进行翻读，未能从资料中分析出原有本相。这种现象产生的原因可能取决于两个方面的因素：一是研究者未能了解到事件的整个过程就仓促下笔，以致其研究只能展示历史发展的一个断面；二是研究者未能领会档案资料背后的故事，其研究仅是档案资料所记录的结果。有鉴于此，本书试图通过档案资料的解读，在掌握整个事件来龙去脉的前提下，对黔南地区改造落后乡的进程及所导致的社会结构变化进行讨论。

　　当然，除档案资料以外，当代史研究的资料来源还有多个方面，既可以是口述史的访谈，也可以是年鉴的统计资料，也可以是报纸、杂志，还可以是出版的书籍、回忆录等。因此，本书在利用黔南地区各种地方志的同时，还收集了部分报纸、杂志和书籍，以此作为档案资料的补充。

第一章　黔南土地改革及土地改革后的乡村社会

新中国成立初期，中国农村不仅完成了从地主土地所有制向农民土地所有制的巨大转变，实现了数千年来农民梦寐以求的"耕者有其田"的梦想，而且带来了整个农村社会巨大的变化。其中，不仅有乡村社会结构、组织形式和社会政治结构的变动，也有农民生产、生活方式和习俗的变化，涉及政治、经济、社会、教育等诸多方面，这种变化可谓是"翻天覆地"。

第一节　黔南土地改革的实践

一　近代黔南乡村地权与经济

长期以来，不论是革命的阶级分配土地方法，还是乡村经济史对农民土地占有关系的研究，都是采用将农村社会进行阶级划分的方法，即把农民分为地主、富农、中农、贫农和雇农等各个不同的阶级阶层。这是一种综合了土地占有、使用和剥削关系的方法。正如陈翰笙所强调的那样，只有用阶级分析的方法，才能真正地对农村土地分配关系进行科学的分类。[①] 根据阶级分配土地的分析架构，革命家的经典论述是中国农村的地权分配极为不均，即占乡村人口不到10%的地主、富农占有70%—80%的土地，而占乡村人口

---

　① 陈翰笙：《解放前的地主与农民——华南农村危机研究》，中国社会科学出版社1984年版，第5—9页。

90% 以上的雇农、贫农、中农及其他阶层却只占有 20%—30% 的土地。①

20 世纪 80 年代以来，这种土地占有高度集中和土地使用极端分散的判断，逐渐发生改变。随着对近代土地关系研究的深入，郭德宏、章有义、史建云、赵冈、李金铮、曹幸穗、史志宏、张佩国、黄道炫等学者提出，土地分配并非传统观点认为的那么集中，而是相对分散。如郭德宏认为，中国地域广阔，情况复杂，但就多数地区看，约占人口总数 10% 的地主、富农，占有土地总数的 50%—52%，约占人口总数 90% 的劳动人民，占有土地总数的 48%—50%。在近代中国，各地区地权变化的情况十分复杂，但总的来说，地权是越来越分散，并非越来越集中。② 黄道炫也认为："江西、福建是 20 世纪 30 年代中国南方苏维埃运动的中心区域，从当时各种调查材料提供的数据综合来看，这一地区地主、富农占地约 30%，贫雇农占地约 20%。就更大规模的东南地区而言，该数据也有相当的代表性。"③ 但是，并非所有学者都认同这种观点，马俊亚就认为："近代淮北是以分散的小农为主要成员的传统社会，不少地区土地高度集中，贫富极端分化。一般由大地主充当的圩寨寨主，多集经济、军事、司法、行政和宗教权力于一身，成为一个区域的实际统治者，对佃农操生杀予夺之权。"④ 分析以往争论的原因，除政治意识形态的影响外，研究时段和地域选择的差异都可能是导致争论的因素，很多学者把某一特定时段特定地区形成的观点，扩大到整个近代地权分配关系中，进而得出具有普遍意义的观点，以特殊性代替普遍性，从而引发不同学术观点的争论。为此，

① 毛泽东：《目前形势和我们的任务》，载《毛泽东选集》第四卷，人民出版社 1991 年版，第 1251 页；刘少奇：《关于土地改革问题的报告》，《人民日报》1950 年 6 月 30 日。
② 郭德宏：《旧中国土地占有状况及发展趋势》，《中国社会科学》1989 年第 4 期。
③ 黄道炫：《1920—1940 年代中国东南地区的土地占有——兼谈地主、农民与土地革命》，《历史研究》2005 年第 1 期。
④ 马俊亚：《近代淮北地主的势力与影响——以徐淮海圩寨为中心的考察》，《历史研究》2010 年第 1 期。

只有更多的特殊性方能逐渐形成普遍性。应该说，黔南地区改造落后乡村运动的考察意义也在于此。

新中国成立后，黔南地区曾对农村各阶层土地改革前占有的耕地情况做了详细的调查。据都匀、独山、平塘、荔波、三都、福泉、瓮安和罗甸 8 县统计，占人口不到 10% 的地主阶级占有 30% —40% 的耕地。[①] 独山县和罗甸县的土地占有非常集中，仅 5% 左右的地主就占 70% 的土地，50% 的贫雇农只占有 5%—10% 的土地。而三都县、荔波县、瓮安县的土地占有就相对分散，约 10% 的地主、富农占有 50% 以下的土地，这个比例比郭德宏对全国的判断还低。就粮食的人均占有量而言，则呈现较大的不均现象，地主的人均粮食占有量一般为贫农的 10—15 倍。较高的瓮安县地主阶层人均占有耕地常年产量在 1500 公斤左右，而占人口 50% 左右的贫雇农，仅占耕地的 15% 左右，人均占有耕地常年产量仅在 100 公斤左右。从土地占有的区域看，地主阶级所占的耕地多在平坝地区和村寨附近，生产条件好，产量水平高。具体见表 1 – 1 和表 1 – 2。

表 1 –1　都匀等八县（市）土地改革前几个主要阶层占有耕地情况

单位:%

县名	地主		富农		贫雇农	
	占人口比例	占有耕地比例	占人口比例	占有耕地比例	占人口比例	占有耕地比例
都匀县	9.10	51.20	4.30	9.90	43.90	6.10
独山县	5.00	70.00	4.50	12.30	50.00	5.00
平塘县	5.30	24.40	—	—	47.00	17.50
荔波县	5.13	29.40	3.74	7.20	47.22	20.50
三都县	6.30	26.30	3.80	10.00	47.00	21.10
福泉县	7.07	35.10	—	—	39.89	9.33
瓮安县	6.80	39.60	3.80	6.10	34.53	5.55
罗甸县	4.44	70.00	—	—	50.00	10.00

资料来源：黔南苗族布依族苗族自治州史志编撰委员会编：《黔南布依族苗族自治州志》第 15 卷"农业卷"，贵州人民出版社 1998 年版，第 82 页。

---

① 黔南苗族布依族苗族自治州史志编撰委员会编：《黔南布依族苗族自治州志》第 15 卷"农业卷"，贵州人民出版社 1998 年版，第 85 页。

表 1-2   都匀等八县（市）土地改革前几个主要阶层人均

占有耕地常产（粮食）情况　　　　单位：公斤

县名	地主	富农	贫农	雇农
都匀县	1334.5	835.0	102.0	37.0
独山县	1809.0	853.0	127.0	43.5
平塘县	1559.0	945.0	157.5	76.0
荔波县	1333.3	582.5	134.0	—
三都县	1890.0	117.0	187.5	77.5
福泉县	1999.5	—	94.5	—
瓮安县	1651.0	684.0	12.0	13.0
都匀县	1273.5	697.5	133.0	80.0

资料来源：黔南苗族布依族苗族自治州史志编撰委员会编：《黔南布依族苗族自治州志》第15卷"农业卷"，贵州人民出版社1998年版，第83页。

以独山县各阶层占有土地量为例，地主共有7421人，人均占有粮食产量为1809公斤；贫农58939人（占据人口的大多数），人均占有粮食为127公斤；雇农9066人，人均占有粮食为43.5公斤。地主人均占有粮食是贫农的14倍，是雇农的42倍。在生产资料的占有上，三都县的数据可以说明一定问题。地主和富农占总人口的10.2%，占全部耕地的36.3%，占全部耕牛的17.2%，占全部马匹的46.6%，占全部犁耙的23.1%，占有全部水车、风车的16.6%。客观地说，三都县的地主不论是在土地的占有方面，还是在生产资料的占有方面，都不能用高度集中来形容，具体见表1-3和表1-4。

表 1-3   独山县土地改革前各阶层占有土地情况

阶层	户数（户）	人口（人）	占有土地常年产量（公斤）	每人平均常年产量（公斤）
地主	1679	7421	13417445	1809
半地主式富农	160	889	881187	991
富农	1168	6280	5357749	853

续表

阶层	户数 （户）	人口 （人）	占有土地常年 产量（公斤）	每人平均常年 产量（公斤）
佃富农	13	76	24709	425
小土地出租	617	1147	978941	853
富裕中农	1385	7823	4118111	562
中农	8988	41062	15166241	369
佃中农	1713	8083	1369127	169
贫农	14160	58939	7501220	127
雇农	2093	9066	745220	43.5
小手工业者	3799	10033	435813	32
小商贩	1267	1487	129411	87
贫农	735	991	34842	35
自由职业者	103	127	18717	147
手工业工人	249	412	26411	64
宗教职业者	38	85	27527	323
其他	579	695	613302	1032

注：常年产量指正常年景亩产粮食，中等稻田亩产稻谷 300 公斤。

资料来源：黔南苗族布依族苗族自治州史志编撰委员会编：《黔南布依族苗族自治州志》第 15 卷"农业卷"，贵州人民出版社 1998 年版，第 83 页。

表 1 - 4　　　　三都县土地改革前各阶层占有生产资料情况

阶层	户口		占有耕地			占有耕畜农具			
	户	人	总面积	占耕地 数比例 （%）	人均占 有面积 （公顷）	牛 （头）	马 （匹）	犁耙 （件）	水车、风 车（件）
合计	19147	98675	149277	100	1.51	29380	279	32782	2927
地主	1112	6220	39204	26.3	6.3	3503	104	6010	266
富农	648	3846	14945	10	3.9	1516	26	1557	219
富裕中农	1463	7052	17087	11.4	2.4	2305	33	2732	613
中农	6154	29046	40685	27.2	1.4	13939	68	10294	1046
贫农	5449	38425	28949	19.4	0.75	7058	35	10674	717
雇农	2626	8000	2485	1.7	0.31	784	—	1084	42
其他	1695	6086	4197	2.8	0.68	275	13	431	24
公学田	—	—	1725	1.2	—	—	—	—	—

资料来源：黔南苗族布依族苗族自治州史志编撰委员会编：《黔南布依族苗族自治州志》第 15 卷"农业卷"，贵州人民出版社 1998 年版，第 84 页。

　　由于黔南地区是一个以布依族和苗族为主聚居的区域，为了更好地说明解放前土地占有关系的真实情况，这里将以苗族聚集区为考察中心，对苗家经济进行分析。由于资料的限制，考察的范围或许会超出黔南地区，不过，即便如此，这个考察仍能反映出解放前黔南民族地区的真实图景。

　　（一）土地占有

　　土地是农民繁衍生息的首要要素，既是乡村政权结构、社会经济的基础，也是中国革命的根本问题。关于苗族聚居区地权问题的典型调查显示，新中国成立前，苗家的土地占有情况大致可以分为如下几种类型：第一类是贫雇农人数比较多的地区，这类地区人口占 10% 以内的地主占有土地约为 50%；第二类是阶级分化虽然已达到一定程度，但土地集中不及一类地区，这些地区约 10% 的地主占有 25% 左右的土地，中农相当多，约占 50%，占有土地率达 40% 左右；第三类地区地主人口只占 0.4%，土地占 2.5% 左右，富农也不多，绝大多数是贫农和中农。[①] 这些数据说明，即使是一类地区，地主占有土地也仅是 50% 左右，其他地区的土地占有更呈分散之势。费孝通等的调查也得出相似的论证："苗家男女普遍的劳动，就是有土地的，甚至有多余土地出租的，也不脱离劳动，因之，除了个别的地主外，至多是地主式富农。比如黄平的谷陇区 4100 户，占人口 95% 的苗族，没有地主，仅有半地主式的富农 10 户和富农 50 户，中农占大多数并占土地的大部分。"[②]

　　除土地占有相对分散外，土地占有的数量也并不多。由于苗族农民主要生活在贵州、湖南、云南、广西等地的山区，土地资源有限，人多地少成为常态。据 1948 年贵州省台江县反排苗族统计，在 137 户 539 人中，劳动力有 264 人，占总人口的 49%。以劳动力

---

　　①　中国科学院民族研究所、贵州少数民族社会历史调查组编：《苗族简志》（第二次讨论稿），1959 年，第 17 页。

　　②　费孝通等：《贵州苗族调查资料》，贵州大学出版社 2009 年版，第 6 页。

264 人计，全寨有稻田 5210 挑①，平均每个全劳动力仅有耕种稻田 20 挑，折合 3.3 亩。② 如果是人均占有土地，则只有 1.6 亩。贵州省雷山县大塘区桥港乡掌披苗族拥有 140 户 677 人，占有土地 522911.6 斤③，每人平均占有土地 772.3 斤，人均占有土地不超过 2 亩。从阶层户均、人均占有土地计算，掌披苗族地主 13 户 63 人，占有土地 131568 斤（约 329 亩）；富农 10 户 59 人，占有土地 76363.1 斤（约 191 亩）；中农 68 户 324 人，占有土地 251151.2 斤（约 628 亩）④，那么地主户均占有土地 25.3 亩、人均占有 5.2 亩，富农户均占有土地 19.1 亩、人均占有 3.2 亩，中农户均占有土地 9.2 亩、人均占有 1.9 亩。不论从人均占有土地，还是各阶层的占有情况看，土地占有量并不高。

（二）生产工具和生产设备的水平占有

生产工具和生产设备的水平和占有情况也是苗族农家经济状况的一个重要表现。"苗家的生产工具和汉族并没有什么差别。"⑤ 所使用的主要工具有犁、耙、挖锄、钉耙、摘刀、镰刀等铁质农具和挞斗、炕笼、箩、粪筐等竹木质农具。灌溉设备有沟、堰、枧；储藏设备有谷仓、粪棚；晾晒设备有晒台、晒席、禾晾；粮食加工设备有水碾、臼、风车等。在耕畜工具的占有方面，各地区苗族的情况大致相同。根据四川泸州专区枧槽乡的统计，没有苗族地主；平均每户富农占有耕畜 1.8 头；中农占有耕畜 1.4 头，各种农具 9.4 件；贫农占有耕畜 0.6 头，各种农具 6 件。⑥ 四川省叙永县文化乡兴复苗族，不仅没有苗族地主，富农也没有；中农占有大农具 165

---

① 新中国成立前，苗疆还未出现亩的面积单位，他们常使用"度"、"挑"、"斤"等进行替代。"斤"是一般年成土地出产粮食的斤数，各地换算也不一致。贵州江台县的换算可以作为例证，上等田 516 斤，中等田 437 斤，下等田 266 斤，整合估算亩产量为 400 斤左右，也可推算掌披苗族，人均占有土地不超过 2 亩，下文计算相同。

② 贵州省编辑组：《苗族社会历史调查》（一），贵州民族出版社 1986 年版，第 118 页。

③ 贵州省编辑组：《苗族社会历史调查》（二），贵州民族出版社 1987 年版，第 209 页。

④ 同上书，第 302 页。

⑤ 费孝通等：《贵州苗族调查资料》，贵州大学出版社 2009 年版，第 6 页。

⑥ 中国少数民族社会历史调查资料丛刊修订编辑委员会编：《四川省苗族傈僳族傣族、白族、满族社会历史调查》，民族出版社 2009 年版，第 7 页。

件，占大农具总件数的20.63%，小农具85件，占小农具总件数的11.71%；贫农占有大农具249件，占大农具总件数的31.12%，小农具356件，占小农具总件数的49.73%。其余多为汉族的地主、富农、中农和贫农所有。总体来看，生产工具和生产设备的占有比较分散，占全村总户数5.59%的地主，占有全村大农具的8.25%，占小农具的5.83%，地主农具的占有量与地主所占人口比例基本相等。①

　　尽管和汉族的生产工具没有什么差别，苗民的农业生产还是受到生产工具和生产设备的制约。一方面，这些工具更新速度缓慢。比如犁（旧式犁，苗语叫"当堪"），贵州台江县巫脚交苗寨80%的人家拥有犁，但是，除铧是铁质的以外，其余都是木质的，样式与外地相同，铁铧是由台江城或革东场上买来，木架由本寨自制。但犁的样式和功能，新中国成立前近五六十年都没有改变，只是在1935年将犁泥部分由4寸左右，改为5寸。② 再如灌溉设备，巫脚交苗寨的主要作物是水稻，而稻田约90%都在坡上，它顺着山势迂回曲折，一层一层，像阶梯一样，从海拔1000米处绕到1220米的高坡上去。仅有一条小山涧流经山谷里，只能灌溉涧边的不到10%的"冲田"。从坡脚到坡顶的水、旱田，就完全靠泉水灌溉，从泉口挖一条宽一二尺、深5寸左右的小沟，把水引到田里去。这里最长的沟，从水源到田里长约5000米，可以灌溉1000亩面积的水旱田。但1920年被山洪冲坏，以后的30年里都没起到灌溉的作用。直到1951年，经过干部发动，用了700多个人工才把它修复。③ 另一方面，农民家庭的生产工具占有率也不高。新中国成立前，贵州省剑河县久仰乡必下寨苗族草柴刀只有10%的家庭才有，砍柴刀只

---

　　① 中国少数民族社会历史调查资料丛刊修订编辑委员会编：《四川省苗族傈僳族傣族、白族、满族社会历史调查》，民族出版社2009年版，第24页。

　　② 贵州省编辑组：《苗族社会历史调查》（一），贵州民族出版社1986年版，第7页。

　　③ 同上书，第4页。

有 30% 的家庭才拥有。① 巫脚交苗族整个乡的生产设备才有禾晾 1
架、水碾 3 架、风车 4 架、山地犁 1 架、打谷机 1 台。② 犁、耙、挞
斗、镰刀等生产工具和生产设备严重不足，具体见表 1 – 5。

表 1 – 5　　新中国成立前巫脚交公社两个生产队生产工具和
生产设备使用调查

| | 名称 | 第二、第五两个生产队（53 户）已使用年限的情况 | | | | | 备　注 |
		3 年以下	3—5 年	6—10 年	10 年以上	合计	
共有的	犁	4	10	13	18	45	其中：15 年的 1 架，20 年的 2 架，30 年的 2 架
	耙	4	12.5	15.5	17	49	其中：20 年的 3 架，30 年的 2 架，40 年的 1 架，50 年的 4 架，60 年的 2 架，100 年的 1 架
	挞斗	8.5	5	15	7	35.5	
私有的	镰刀	61	17	1	1	80	
	钉耙	7	17	20	9	53	其中：30 年的 1 把，40 年的 1 把，50 年的 1 把，60 年的 1 把
	锄头	19	21	10	13	63	
	箩	25	31	19	20	95	其中：20 年的 1 对，30 年的 1 对，40 年的 1 对，50 年的 1 对，70 年的 1 对
	晒席	2	11	1	1	15	
	摘刀	13	46	14	19	92	其中：20 年的 1 把，30 年的 2 把，50 年的 2 把
	粪筐	30	16	11	—	57	

资料来源：贵州省编辑组：《苗族社会历史调查》（一），贵州民族出版社 1986 年版，
第 10 页；贵州省编辑组：《苗族社会历史调查》（一），民族出版社 2009 年版，第 8 页。

---

① 贵州省编辑组：《苗族社会历史调查》（二），贵州民族出版社 1987 年版，第 149 页。
② 贵州省编辑组：《苗族社会历史调查》（一），贵州民族出版社 1986 年版，第 10 页。

从巫脚交苗族生产工具和生产设备使用情况看，全社共有的生产工具一半以上使用年限已经超过了 5 年，耙的使用年限更长，7架超过 50 年，甚至有 1 架已经成为"百岁老人"。私有部分的工具更新要稍快于共有部分，可能由两个原因所致：一是私有部分的工具较小，如镰刀、钉耙等，更新起来成本较低；二是共有部分的财产属于集体所有，涉及利益群体较多，很难做好协调。从整体上看，苗族聚居区不仅生产工具更新速度缓慢，而且家庭占有率不高，生产工具和生产设备严重不足。

（三）雇佣关系

从雇佣关系看，苗族地区的雇工种类基本上可以分为两类：一种是农业生产范围内的雇佣关系；另一种是搬运的挑夫。在农业生产范围中的雇工分为长工和短工（零工）两种。贵州省从江县加勉苗寨自 1938 年到新中国成立前当过长工者共计 31 人次，其中，外出做工者 28 人次，在本寨做工者 3 人次。有的是种田，有的是放羊，后一种情况多数是未成年的儿童，前一种占 67.7%，后一种占32.3%。[1] 在待遇上，长工成员有男女之别、大小之分。成年男长工，每年的工资一般为 12 元（大洋，吃饭除外），如果是好年成，可多达 20—22 元，在不好的年成里，每年工资只有 6—7 元，遇到灾荒之年，苗民为了活命，只吃饭不拿工资的长工也不少见。此外，还有女长工和小孩长工，她们的工资，一般每年只有两三元，尤其是小孩长工，甚至没有工钱。长工工资，在一年内分别作四五次付清。[2] 除工资外，雇主每年还给长工一两套旧衣服，但当长工离开雇主家时则要归还。在社会地位上，雇主的态度比较和缓，一般很少出现打骂雇工的现象。逢本民族或本寨节日时，雇工也休息。但仍然要挑柴、挑水。吃饭时，雇主与雇工在一起吃，吃同样的饭食。[3] 比较而言，苗族地区零工更有优势，因而短工占的比重

① 贵州省编辑组：《苗族社会历史调查》（二），贵州民族出版社 1987 年版，第 35页。

② 同上书，第 170 页。

③ 同上书，第 35 页。

较高。从剥削率计算，短工的剥削率更高，长工的剥削率一般为 43%—45%；雇零工的剥削率为 76.9%（新中国成立后规定 120 个零工等于一个长工）。[①] 不过，考虑到短工的灵活性，出卖短工更为普遍，必下苗寨甚至连中农都出卖短工，几乎占总户数的 50%。短工工资在新中国成立前 20 年里，一般男工每天给谷子 10 斤，女工 5 斤，灾荒年一般都只管饭吃，不给工资。[②] 根据 1952 年土地改革时的统计，加勉苗寨每户地主除极个别时间雇佣长工外，大部分都雇佣零工，零工数量相当于 2.6 个长工，每户雇农被雇佣零工平均数相当于 1.5 个长工。[③] 有些苗族地区还存在月工，在必下苗寨，较好年份月工的工资可达 3 元，一般为 2 元，做月工的报酬是按天支付。[④]

此外，挑夫完全是外出工作，出乡、出县、出省，主要工作是挑木炭或搬运货物，工资按重量及道路远近计算。[⑤] 从雇佣关系看，苗族地区的雇工经营占据很大比例，这也基本印证了黄宗智对华北平原和江南的研究，他认为，经济相对落后的华北平原，靠雇工经营的经营式农场占耕地总面积的 9%—10%[⑥]，而在商品经济较为发达的长江三角洲根本不存在这种农场，仅有少数相对较小的富农雇用帮工。[⑦] 即经济越是发达，雇工经营的经营式农场就越少。

（四）租佃关系

从租佃关系看，大部分苗族地区的租佃关系并未得到充分的发展，出租田土的数量不多。根据加勉苗族土地改革时的统计，全寨 130 户，共有田产面积 344412 斤，出租田数 45300 斤，占全寨总面

① 贵州省编辑组：《苗族社会历史调查》（二），贵州民族出版社 1987 年版，第 34—35 页。
② 同上书，第 175 页。
③ 同上书，第 35 页。
④ 同上书，第 174 页。
⑤ 同上书，第 35 页。
⑥ 黄宗智：《华北的小农经济与社会变迁》，中华书局 1986 年版，第 81 页。
⑦ 黄宗智：《长江三角洲小农家庭与乡村发展》，中华书局 1992 年版，第 59—60 页。

积的 13.1%。出租田者共 18 户，占 130 户的 15.6%，其中，贫农 4 户，中农 4 户，富农 3 户，地主 3 户，小地主出租者 4 户。租入田的共 38 户，共佃种田 18840 斤（一部分是外寨的），其中，贫农 21 户，雇农 6 户，中农 10 户，小手工业者 1 户。[①] 必下苗族的地主，出租田也极少，即便出租，也都是远田或坏田。以 1940 年为例，该寨共有 49 户，其中相当于地主的有 13 户，全寨共有田 2533 挑，地主共占有 1210 挑，占出租总田面积的 47.6%，其中，出租田只有 85 挑，占地主总田数的 7%。[②] 贵州省雷山县掌披出租土地也只占全部土地的 15.9%（见表 1 - 6）。

表 1 - 6　贵州省雷山县大塘区桥港乡掌披自耕及出租土地情况

	自耕部分				出租部分			
	田（斤）	土（斤）	合计（斤）	占本阶级土地的比例（%）	田（斤）	土（斤）	合计（斤）	占本阶级土地的比例（%）
地主	61685.0	2486.5	64171.5	48.8	67396.5	—	67396.5	51.2
富农	64748.5	675.0	65423.5	85.7	10939.6	—	10930.6	14.3
中农	243548.5	5697.0	249245.5	99.2	1905.7	—	1905.7	0.8
贫农	52540.0	4215.5	56755.5	98.8	634.8	—	634.8	1.2
雇农	5239.5	1199.5	6439.0	100.0	—	—	—	—
合计	427761.5	14273.5	442035.0	—	80876.6	—	80876.6	—

注：计算土地面积用"斤"，是一般年成土地出产粮食的斤数，土地改革材料是土地改革时由农民评定。

资料来源：贵州省编辑组：《苗族社会历史调查》（二），贵州民族出版社 1987 年版，第 209 页。

地租形态一般是实物地租，"苗族内部平常都是活租制，只有很少是定租制，一般没有押金。租额一般是平分，较少数有在分租前抽 10% 上等粮。除帮地主少量的无偿劳动外，并没有其他残酷的超经济剥削"。[③] 活租率是每当秋收时，佃户请地主亲自到田间去监

[①] 贵州省编辑组：《苗族社会历史调查》（二），贵州民族出版社 1987 年版，第 38 页。

[②] 同上书，第 170 页。

[③] 费孝通等：《贵州苗族调查资料》，贵州大学出版社 2009 年版，第 9 页。

督收割谷子，所收稻谷挑回家后，按地主和佃户各半分配。稻田除种稻谷外，不种别的作物，所有交付的实物地租全为稻谷，田赋由地主负担。有的贫困农民由于无地可种，也向地主富农租种一块山坡来种小米，收成时交纳一些小米作为土地的报酬，但数量无统一规定，必下苗族一两亩山坡大致要交5—15斤的小米穗。除地租外，佃户还要承担一些额外负担，如帮工或送礼。佃户每年必须给地主帮工，这是一种只供饭吃、无报酬的无偿劳动，帮工的多少，没有一个统一的规定。必下苗族租地主10挑田，佃户每年要帮工半个月。送礼在苗族地区也普遍存在，必下苗族佃户佃耕的田中，若养有鱼，须送给地主一两条（1斤以下），并由地主亲自挑选。佃耕的田中如没有养鱼，本寨地主可以不送，外寨地主还是要照例送。[①]从上述租佃关系可以看出，苗族聚居区基本上是一个以自耕农为主的社会，和汉族地区的封建经济形态相比，苗族聚居区的地主数量较少。其实，早在20世纪二三十年代，金陵大学农学院卜凯就提出了类似的观点。[②]自耕农占有的比例不可忽视。

通过上述分析，我们可以得出如下结论：新中国成立前，苗族聚居区封建经济并不发达。在地权分配中，苗族聚居区土地占有相对分散，雇佣关系较之租佃关系明显占优，自耕农占有很大比例。耕地、生产工具和生产设备的严重不足，影响了农业生产的发展，一定数量的家庭副业和手工业虽然转移了苗族农村中的部分劳动力，但苗族聚居区的大部分人口处于绝对贫困之中。这些结论与传统的革命范式有较大的差异，苗疆土地占有不再严重集中，苗族内部的阶级矛盾不再尖锐，正如学者所言，中国主佃关系可以概括为"有剥削而无尖锐斗争"。[③]那么，苗家贫困的根源是什么？答案可能是多方面的，主要受到资源禀赋（自然环境、人口压力）、要素

① 贵州省编辑组：《苗族社会历史调查》（二），贵州民族出版社1987年版，第170页。

② 卜凯：《中国农家经济》，商务印书馆1936年版，第195—196页。

③ 李金铮：《20年来中国近代乡村经济史研究的新探索》，《历史研究》2003年第4期。

流动（农家负债数额、公有土地比例）及社会分工（商业化程度、国家赋税征收）等因素的影响。① 民族地区的地权关系，还涉及各民族之间的复杂关系。

1. 各苗族聚居区拥有大量土司残余和外族地主

新中国成立前，由于少数民族经济十分落后，很多地区存在强大的土司势力。在云南金平县，据 20 世纪 50 年代对金平第一区（今城关、十里村区）部分村寨的调查，土地主要为土司所有，大量的水田被土司及其直系家族、外戚、寨官、爪牙亲信以领地、职田等形式占有，广大农民仍然是土司的永佃户。在猛拉坝的新勐村，占总人口数 12% 的土司和直系家属，占有水田总面积达到 61.7%；占总人口 17% 的外戚、臣属和爪牙，占有水田总面积为 24.3%；占总人口 71% 的农民仅占水田总面积的 9.4%。② 彝族汉族地主势力庞大。新中国成立前，杂居的苗族除个别占有极小量的土地，大部分农民都是无地的佃农，总数在 80% 以上。③ 四川省古兰县麻城乡寨和东园两村，共有苗族 63 户（佃耕中农 10 户，佃耕贫农 53 户），占全村总户数的 26%，完全佃耕汉族地主的土地。④ 因而很多地方用"老鸦无树桩，苗族无地方"的谚语来形容苗族农民的无地生活。为此，费孝通曾认为，是"汉族封建势力罩住了苗族，汉人地主有着政治权力压迫着苗族，使苗族本身不易生长出地主阶级"。⑤

2. 苛捐杂税、抓兵拉夫等外力

国民党政府对苗族地区的农民征收苛捐杂税和抓兵拉夫，致使中农下降为贫农佃农，土地逐渐走向集中。在贵州炉山县凯棠乡，

---

① 张一平：《近代租佃制度的产权结构与功能分析——中国传统地权构造的再认识》，《学术月刊》2011 年第 10 期。

② 金平县概况编写组：《金平苗族瑶族傣族自治县概况》，云南民族出版社 1990 年版，第 51 页。

③ 费孝通等：《贵州苗族调查资料》，贵州大学出版社 2009 年版，第 263 页。

④ 中国少数民族社会历史调查资料丛刊修订编辑委员会编：《四川省苗族傈僳族傣族白族满族社会历史调查》，民族出版社 2009 年版，第 5 页。

⑤ 费孝通等：《贵州苗族调查资料》，贵州大学出版社 2009 年版，第 9 页。

该乡在 1938 年被迫种植鸦片烟以及当权县长疯狂抓兵、派款之后，大量中农下降为佃农贫农。① 新中国成立前，广西省隆林县乌革的杨阿济家，生活中等以上。不过，乡长杨福昌征他的大儿子去当兵，其子不愿去，杨就抓他到乡府吊起来打，扬言要 600 块法郎（法国货币，广西南部俗称"七角鬼"，在这一地区发行并正式流通的一种银币）才放人。杨阿济家卖了在小德峨的 5 亩地，保上了 5 亩水田，革乌的 10 多亩地，共得 185 块法郎，又卖了两匹大驴和两头大牛，还卖了一些零碎东西，还只得 580 块，交钱后，才把人赎回来，而杨阿济从此就倾家荡产了。②

如此，苗族农家经济贫困的根源是外族和政治的压迫，而非阶级矛盾，因而也就有了苗族民众的反抗与起义。正如费孝通所论证的那样："当苗家农民经济势力上升到一定程度，也就发生了武装起义。""经过一度战争后，苗族又被屠杀，土地又被霸占。"贵州流行着一句话："苗族三十年一次小反，六十年一次大反。"这也许正是苗家经济贫困的无奈之举。也因为如此，土地改革也就成为历史的必然。

二 土地改革的推行

中国共产党领导的土地改革实际上从减租减息就已经开始，只是未冠以土地改革之名。其实，减租减息政策所造成的地权变动十分显著。

（一）从减租退押开始的地权变动

早在 1945 年 4 月 24 日，毛泽东就在论述减租减息政策时指出，"这个政策，如果没有特殊阻碍，我们准备在战后继续实行下去，首先在全国范围内实行减租减息，然后采取适当方法，有步骤地达到'耕者有其田'"。③ 随后，伴随着国内战争的爆发，共产党为了

---

① 费孝通等：《贵州苗族调查资料》，贵州大学出版社 2009 年版，第 263 页。
② 中国科学院民族研究所、广西少数民族社会历史调查组：《广西隆林苗族社会历史调查报告》，1964 年，第 19 页。
③ 毛泽东：《论联合政府》，载《毛泽东选集》第三卷，人民出版社 1991 年版，第 1076 页。

有步骤、有计划地动员农民，在老解放区内进行了大规模的土地改革。对新解放区，中国共产党则对土地政策做出了灵活的调整，提出了以减租减息作为过渡。特别是 1949 年 4 月 25 日发布的《中国人民解放军布告》"约法八章"中规定："农村中的封建的土地所有权制度，是不合理的，应当废除。但是废除这种制度，必须是有准备和有步骤的。一般地说，应当先行减租减息，后行分配土地，并且人民解放军到达和工作一个相当长的时期后，方才谈得到认真地解决土地问题，农民群众应当组织起来，协助人民解放军进行初步的改革工作。同时，努力耕种，使现有的农业生产水平不致降低，然后逐步加以提高，借以改善农民生活，并供给城市人民以商品粮食。"[1] 由此判断，中国共产党是将减租减息作为土地改革前的准备，土地改革也需要建立在减租减息和发动群众的基础上。

新中国成立以后，清匪、反霸、减租、退押和征粮成为贵州最主要的五大任务。在减租运动中，独山地委注意到了本地区民族聚居的特点。1950 年 10 月 14 日，独山地委根据贵州省委《关于少数民族地区减租问题的指示》精神，针对黔南地区的实际情况，提出了三条具体意见：一是少数民族地区的汉族地区一律按章减租；二是对少数民族地主，一般不减，如地主自愿减租，可与佃农双方协商，政府不加干涉；三是如少数民族地主坚持不减者，政府应说服佃农不减。[2] 这些意见有助于黔南地区的减租退押在相对缓和的环境中进行。在减租退押（含减息、废债、清算工粮）等经济斗争中，农民得到了大量地主退还的稻谷、耕牛、农具和衣物。据 1951 年 9 月 7 日，在独山专区第一届各族各界人民代表会议上，中共都匀地委发布了《关于农村群运概况及土地改革问题的报告》（以下简称《报告》），该《报告》强调，自 1950 年 9 月根据省政府委员会决议开展"五大任务"开始，至 1951 年 4 月在北部各县大部分

---

① 《毛泽东、周恩来关于发表新区土改征粮指示给刘少奇的电报》，载《建国以来重要文件选编》第一册，中央文献出版社 1992 年版，第 126 页。

② 中共黔南州委党史研究室编：《中共黔南州历史大事记（1930—1989）》，1996 年，第 40 页。

地区基本完成，黔南地区的9县共减租、退押、清退帮工、帮粮稻谷4656万公斤，贫苦农民平均每户得到清退的粮食347公斤。在发动群众的基础上，超额完成了1950年的公粮征收任务。①

独山专区1951年3月对4县1乡和32个村的调查资料显示，有38900多农户，通过减租获得稻谷1100多万斤，平均每户304斤。据都匀等三县的统计，农民迫使地主退帮工帮粮500多万斤。②1951年3月统计，都匀县通过减租、退押、废债等工作，全县农民获得各种利益折稻谷711.15万公斤。如原文明、德化和星阁3个乡，在减租退押中，地主退还农民稻谷34.6万公斤。这些退还物品，使3个乡的农民购买了耕牛179头，农具1900多件，肥料4500多挑，还有大批衣物、物品。明英乡鸡贾村地主王举才在清退贫雇农帮工粮中，赔偿群众银元3180块，稻谷2350公斤。③

关于减租减息和减租退押政策所引起的地权变动，毛泽东早在1944年7月14日同英国记者斯坦因的谈话中就已经讲得十分清楚，通过实行减租政策，"就可能把现在处于封建剥削制度下的一切土地逐步地和平地转移给耕种者"。④ 日本研究者田中恭子也认为："在减租政策之下，中共确实进行了土地改革。"⑤ 通过减租，逐渐地将土地和财富从富裕者身上转移到贫困者手中，这也是弗里曼等称为的"静悄悄的革命"。⑥ 实际上，在整个解放战争的初期，各解放区普遍采取没收和分配大汉奸土地、减租后地主自愿出卖或转让土地、通过清算迫使地主出卖土地等多种方式，部分地实现了土地

---

① 黔南苗族布依族苗族自治州史志编撰委员会编：《黔南布依族苗族自治州志》第15卷"农业卷"，贵州人民出版社1998年版，第85页。

② 黔南布依族苗族自治州概况编写组：《黔南布依族苗族自治州概况》，贵州民族出版社1985年版，第52页。

③ 中共贵州省都匀市委党史研究室：《中共都匀市历史（1931—1978）》第一卷，贵州人民出版社2006年版，第79页。

④ 毛泽东：《毛泽东文集》第三卷，人民出版社1996年版，第185页。

⑤ 田中恭子：《四十年代中国共产党的土地政策》，参见南开大学历史系编《中国抗日根据地史国际学术讨论会论文集》，中国档案出版社1985年版，第500页。

⑥ 弗里曼等：《中国乡村社会主义国家》，社会科学文献出版社2002年版，第13页。

所有权的转移。① 减租减息和减租退押政策的实践，在实际效果上达到了以渐进方式实现地权由地主、富农向贫雇农转移的目的，进而"出现了某种程度上的社会均衡"②，起到了土地改革的作用。

（二）土地改革的推行

中国共产党在新区的土地改革政策经历了一个从认真准备和充分酝酿，再到完整实践的过程。③ 实际上，新中国成立以后，恢复和发展国民经济的任务就凸显在中国革命者面前。也正是因为如此，此时的土地改革，主要着眼点不仅仅是农民的"翻身"，农村生产力发展也得到前所未有的重视。

1. 土地改革进程

黔南地区的土地改革开始于 1950 年冬至 1951 年春，最先在都匀县膏腴乡进行土地改革试点。④ 此后，为了更好地推进土地改革工作，黔南各级党委和政府认真学习了 1950 年 2 月颁布的《关于在新解放区开始土地改革运动的指示》、中央人民政府 1950 年 6 月颁布的《中华人民共和国土地改革法》，以及政务院 1950 年 7 月公布的《关于划分农村阶级成份的决定》等文件，研读了中共中央、中共西南局和贵州省委的文件精神，并召开了干部大会、农村积极分子大会，进行了广泛的动员，举办了多期农训班，对农村土地改革的骨干进行了培训。不仅如此，还印发了大量《土地改革手册》，仅都匀县就印发 5000 份，以供基层参考。为了保障土地改革工作的顺利进行，都匀县委先后抽调 1200 多人组成 120 多个土地改革工作

---

① 《中共中央关于土地问题的指示》（1946 年 5 月 4 日），参见中央档案馆编《解放战争时期土地改革文件选编》，中共中央党校出版社 1981 年版，第 4 页。

② 黄宗智：《中国革命中的农村阶级斗争——从土改到文革时期的表达性现实与客观性现实》，《中国乡村研究》第 2 辑，商务印书馆 2003 年版，第 78 页。

③ 关于这一过程的详细考察，参见张一平《地权变动与社会重构——苏南土地改革研究（1949—1952）》，上海世纪出版集团 2009 年版，第 129—142 页。

④ 在膏腴乡试点过程中，都匀地委集中 120 个干部，由于在试点过程中实行过多的包办政策，使得土地改革干部撤离后，当地干部无法掌握形势。参见《中共独山地委副书记金风在贵州省秋收前第一期土地改革总结会议上关于发动群众问题的发言》（1951 年 8 月），贵州省档案馆编：《解放初期贵州土地改革档案文献选编》，贵州人民出版社 2011 年版，第 141 页。

队分赴农村，具体指导土地改革工作。①

从土地改革的进程看，黔南地区的土地改革主要分为四期：

第一期为试点，除荔波和罗甸两县外，其他 10 个县均有试点。1951 年 5 月初开始，6 月底结束，时间为 45—50 天。为了培养土地改革的力量，第一期组织参加土地改革的干部较多，平均每村 10—13 人。不过，由于使用运动式的方式进行土地改革，所以土地改革中出现的问题较多。平越县黄丝乡某干部私自划阶级，结果将一农民划成地主，此人当夜即吊死；平越城关有一富农被划成地主而跳崖；平越马场坪的区长被狗咬了，他就大发脾气，下一道命令要老百姓把狗打死，结果打死十多条狗，群众十分满意；牛场区两个农民参军，被区里将其和犯人关在一起；牛场区 1950 年 10 月有两个通讯员背着枪当土匪抢人。②

第二期土地改革于同年 7 月开始，至秋收结束，第一期未进行土地改革的荔波和罗甸两县也开始进行。第二期土地改革 39 个乡322 个村 261900 人，截至 1951 年 11 月 5 日，仅剩 4 个乡和 7 个村未完成，持续 50—70 天。在此过程中，地主受到严重打击。据都匀县二区和四区的坝固乡、墨阳乡 6 个村，良亩乡 1 个村，城郊 4 个村的地主 855 户统计，赔偿较彻底者 654 户，僵局者 201 户。四区划出的 366 户地主，分为大地主 48 户，中地主 136 户，小地主 152户，恶霸 103 户，直接为匪者 45 户；土地改革中破坏违法者 87 户，一般守法者 131 户；打击情况是杀 51 人，判刑 42 人，管制 22 人。③通过土地改革，贫雇农领导核心基本形成。从都匀县 12 个乡发动贫雇农的情况看，贫雇农 17232 人，已发动 10503 人，占 61.0%。这些人都能直接面对面地斗争地主；半发动者 5194 人，占 30.1%，

---

① 中共贵州省都匀市委党史研究室：《中共都匀市历史（1931—1978）》第一卷，贵州人民出版社 2006 年版，第 79 页。

② 《中共独山地委青年工作委员会书记方士新在贵州省秋收前第一期土地改革总结会议上对领导问题和干部问题的发言》（1951 年 8 月），贵州省档案馆编：《解放初期贵州土地改革档案文献选编》，贵州人民出版社 2011 年版，第 117—118 页。

③ 《金风关于都匀第二期土改情况的简报》（1951 年 11 月 5 日），贵州省档案馆编：《解放初期贵州土地改革档案文献选编》，贵州人民出版社 2011 年版，第 199—200 页。

这部分人虽然不能直接面对面地批判，但斗争还算积极；没发动者1350人，占7.8%；另有185人保留地主的财产，占1.07%。① 总体上看，第二期土地的乡村基本达到了发动贫雇农、斗倒地主的目的。

第三期土地改革的范围最为广泛，黔南各县根据地委的安排，于1952年1月先后召开干部大会，在总结交流了前两期的经验教训后逐步展开。第三期土地改革在8个县同时进行，共组织了地委干校900人，训练少数民族卫生干部50人，并从都匀、麻江、平越、独山、平塘、三都抽调农民村干部350人，地、专机关抽调干部120人，共计1400人，组成了土地改革大队。除麻江、都匀和丹寨三县外，大部分分配到独山、平塘、三都等县，而黎平、榕江则有西南局和省委土地改革工作团包干。每县土地改革干部均在300人左右，加上本县参加土地改革的干部，共约3500人。这样，使土地改革村庄均拥有一定数量的土地改革干部，如独山县统计，每村有干部6—7人，平均每148名群众中就有1名干部。② 不过，土地改革中仍出现了斗争面过大的问题，错划阶级现象十分突出。如平塘县牙舟二村，共134户，就划出地主16户、富农8户，打击面过宽，阶段斗争严重扩大化。后经过审查和修正，最终确定了4户地主和2户富农。③

第四期土地改革主要在独山、平塘、三都和荔波4县的边远少数民族地区进行，这期土地改革的少数民族占少数民族总人口的98.8%。第四期土地改革共有7个县81个乡524个村558235人，

①　《中共独山地委关于第二期土地改革的情况（报告）》（1951年11月11日），贵州省档案馆编：《解放初期贵州土地改革档案文献选编》，贵州人民出版社2011年版，第201页。

②　《中共独山地委三期土地改革初步情况简报》（1952年2月4日），贵州省档案馆编：《解放初期贵州土地改革档案文献选编》，贵州人民出版社2011年版，第218—219页。

③　《张欣如、赵振邦对平塘、独山、荔波、三都土改准备情况的报告》（1952年3月1日），贵州省档案馆编：《解放初期贵州土地改革档案文献选编》，贵州人民出版社2011年版，第227页。

参加土地改革的干部共有 4023 人。其中，西南土地改革工作团 260 人，省土地改革工作团 410 人，都匀地委从中心县抽调干部 77 人，农民积极分子、社会力量 1059 人。由于这期土地改革少数民族占有多数，因而落实民族政策就尤为重要。7 县 558235 人的土地改革人口中，有侗族 173223 人，占 31%；汉族 122363 人，占 21.9%；彝族 113781 人，占 20.4%；苗族 87665 人，占 15.7%；水族 53490 人，占 9.6%；瑶族 7714 人，占 1.4%；壮、藏族 472 人，占 0.1%。7 个土地改革县中，独山、平塘、三都和榕江 4 县较早，1952 年 8 月底基本完成，其余地区在稍晚时间，也基本完成。①

1952 年 5—8 月，黔南地区的土地改革全部结束。至此，黔南乡村彻底废除了封建的土地所有制。在土地改革中，参与土地改革的干部群体十分庞大，有西南局、贵州省委派下来的土地改革工作团，有地委、专署抽调的机关干部，有地委干校和民族卫生训练班学员组成的土地改革工作队，他们分别到各县去参加土地改革。各县除从机关抽调干部外，还从较早进行土地改革的乡村抽调贫雇农积极分子组成帮翻队，到新区帮助贫雇农翻身搞土地改革。黔南地、县两级党委还组织了城市中的民主人士、工商界人士、文教界工作者、医务工作者到农村参观这场农村社会的大变革。各级土地改革卫生工作队，巡回各村寨免费为群众送药治病。可以说，参观团、工作团、工作队的帮翻和参观，都体现了土地改革参与的广泛程度。

在土地改革中，各级党委、政府认真贯彻执行了中共中央关于"依靠贫雇农，团结中农，中立富农，有计划地消灭封建剥削制度，发展生产的土地改革"的总路线。在具体操作中，不侵犯中农利益，保存富农经济，保护工商业不受侵犯，对于地主分给同样一份土地，以使其靠自己的劳动维持生活，并在劳动中改造自己等政策得以贯彻。在少数民族地区，还认真执行了党的民族政策，根据中

---

① 《金凤在边沿区土改工作会议上关于独山地区第四期土地改革运动情况及问题的总结报告》（1952 年 8 月 2 日），贵州省档案馆编：《解放初期贵州土地改革档案文献选编》，贵州人民出版社 2011 年版，第 227 页。

央"慎重稳进"的方针和"有利于发展生产,有利于民族团结"的原则,土地改革工作的每个步骤都召开各民族代表座谈会,以增进民族团结,进而团结各民族中与人民群众有密切关系的公众领袖和自然领袖。乡土改委员会吸收了比较开明的、拥护土地改革的地主参加,争取和教育地主阶级中无多大恶迹、民愤不大的地主分子守法。除对破坏土地改革、继续顽抗的,又有较大恶迹的地主分子发动群众揭发斗争外,一般采取了和平的方法协商土地改革。对少数民族的特殊用地,如"端坡""斗牛场""跳月圹""姑娘棉花地""麻园地""兰靛地",都予以了保留,未作分配。土地改革结束以后,基本上实现了各民族按人口的多寡来占有土地的份额。在榕江县车江乡,土地改革后,侗族、汉族、苗族、水族和彝族都平等地分得了自己的一份土地,实现了土改地占有的均化(见表1-7和表1-8)。土地改革还充分尊重民族自愿,秉承一村同意改一村、一户同意改一户的精神,瑶族聚居的荔波县瑶麓乡,直到1955年,根据瑶族人民的要求,才进行土地改革。①

表1-7 独山地委榕江县车江乡各民族土地改革前后
土地占有情况

项目	侗族	汉族	苗族	水族	彝族	合计
总户数（户）	1118	261	80	16	11	1486
分田产数（亩）	772	229	75	16	11	1103
百分比（%）	69.1	87.7	93.8	100	100	
本族分田总数（亩）	12685.87	3716.9	1191.18	308.94	249.2	18152.09
百分比（%）	71.4	19.4	6.2	1.6	1.4	100

资料来源:《中共独山地委关于榕江县车江乡土地改革实验几个问题的报告》(1952年4月20日),贵州省档案馆编:《解放初期贵州土地改革档案文献选编》,贵州人民出版社2011年版,第237页。

---

① 黔南布依族苗族自治州《概况》编写组编:《黔南瑶族简介》第9辑,1983年,第51页。

表 1 - 8　　　　　　　　独山地委榕江县车江乡各民族土地改革
前后土地占有情况

项目	侗族		汉族		苗族		水族		彝族		总计
	田土（石）	比例（%）	田土（石）	比例（%）	田土（石）	比例（%）	田土（石）	比例（%）	田土（石）	比例（%）	
土地改革前	33008.37	88.9	3445.89	9.5	468.99	1.2	66.61	0.17	31.74	0.13	37121.6
土地改革后	35077.79	80.5	6185.98	14.2	1642.66	3.7	373.79	0.85	280.15	0.75	43560.37

资料来源：《中共独山地委关于榕江县车江乡土地改革实验几个问题的报告》（1952年4月20日），贵州省档案馆编：《解放初期贵州土地改革档案文献选编》，贵州人民出版社2011年版，第238页。

2. 方法步骤

对土地改革方法步骤的考察，李里峰曾通过诉苦这一技术手段做出了详尽的分析。"诉苦领导者通过通俗而有力的政治口号，确立了诉苦光荣的舆论空间，这是话语的力量；通过集体开会和典型示范，清除了农民群众的种种顾虑，这是组织的力量；通过苦主选择和会场布置，营造了苦大仇深的氛围，激发了农民的愤怒与仇恨，这是情感的力量；通过诉苦与分配、诉苦与算账相结合，打破了可能出现的僵局，这是理性的力量；通过追挖苦根和道德归罪，使农民的苦难有了宣泄的对象，这是逻辑的力量。"[1] 从黔南地区土地改革的进程看，各地土地改革的步骤大多按照上述几个环节展开。

具体而言，黔南的土地改革大致可以分为三个步骤：

第一步：宣传土地政策，进行阶级教育。工作队进村后，立即召开各种会议，宣传《土地改革法》，把土地改革的政策和精神传播给占人口绝大多数的贫雇农。工作队通过访贫问苦，培养苦大仇深的典型，清算地主的剥削账。召开血泪控诉会，激发贫苦农民对地主的阶级仇恨，提高贫雇农的思想觉悟，消除各种思想顾虑，发

---

[1]　李里峰：《土改中的诉苦：一种民众动员技术的微观分析》，《南京大学学报》（哲学人文科学社会科学版）2007年第5期。

动贫雇农积极投入土地改革运动中。在都匀县星阁乡，通过诉苦教育，贫雇农开始向地主索要土地。该乡分片举行了共有 1.3 万人次参加的土地改革游行示威大会，标语贴满各村寨，口号声震彻山谷，形成了声势浩大的群众运动。[1] 黔南地区的各乡村通过多种形式，启发贫雇农"挖穷根、倒苦水"，诉无田无地受冻挨饿的苦；诉父辈被地主恶霸逼死的仇；诉高利重租弄得妻离子散的悲惨遭遇等。最终使广大贫雇农对剥削制度深恶痛绝，从而达到广泛动员群众的目的。

第二步：组织起来斗地主。当农民被发动起来以后，立即开始揭发地主的种种恶行，诸如造谣、威胁、挑拨离间、行贿、使用美人计等，都成为地主罪大恶极的罪证。俗淳乡雇农罗绍斌在 800 多人参加的斗争会上检举了企图收买农民的不法地主罗、石两人，并当场拿出地主分散财产的证据。德化乡八村 23 个贫雇农在群众大会上揭发了罗姓地主藏地契，把即将分给农民的田土逐块进行登记。地主肖孟氏在深夜将银元、粮食等财产带到坡上埋藏，并宣称："我是穷地主，要命有，要钱要粮没有，任你们斗争几年几月。"最后是该乡的姐妹团和民兵把她分散埋藏的浮财挖出来，并召开批斗大会进行斗争。在对地主的斗争中，黔南地区重点是打击有血债、有破坏活动的恶霸地主。明英乡地主龙贵昭在乡间怨气极大，在减租退押时应赔偿群众稻谷 3 万斤，只交了 300 多斤，全乡就此人召开了 7 次斗争大会，揭发他私设公堂、拷打农民、打家劫舍的罪名。[2]

第三步：查田评查，划分阶级，分配土地。查田评产，主要是按照原有田土面积，再通过群众重新评议，分出等级，确定面积产量。在查田评产中，仍有大量黑土黑田被查出。划分阶级是通过土地改革斗争，形成以贫雇农为优势的农民队伍，划分阶级成分，为土地分配做准备。都匀地委确定划分阶级成分的主要原则有六个方面：

---

① 中共贵州省都匀市委党史研究室：《中共都匀市历史（1931—1978）》第一卷，贵州人民出版社 2006 年版，第 83 页。

② 同上书，第 83—84 页。

（1）拥有大量土地、不劳而食，靠剥削为生的以地主论；

（2）拥有相当数量土地和生产资料，经常雇请长工，还将多余土地出租剥削，剥削数量超过其收入的 25%，而且家庭富裕的以富农论；

（3）拥有土地的革命军人家属、烈士家属、工人、职员、自由职业者、小贩以及从事其他职业或因劳动力不足而出租土地，如没有土地收入家庭生活困难不能维持者，以小土地出租论；

（4）自有土地自己耕种，拥有一定数量的生产资料，或租有部分土地，一般不请雇工，基本没有剥削，以中农或佃中农论；

（5）有少量土地或没有土地，只有少量农具，靠租人土地经营，农闲时外出帮工以维持生活的即为贫农；

（6）既无土地又无农具，在农业上靠帮长工维持生活的即为雇农。在以上原则下，土地改革从查田评产入手，划出阶级成分，没收地主的土地。按土地的优劣评出登记，计算产量，进行分配。土地分配时，也留给地主一份。都匀全县共划出地主 2101 户，人口 11465 人；划出富农 925 户，人口 5430 人。地主、富农共计 3026 户，占全县总户数的 9.9%；人口 16895 人，占全县总人口的 12.6%。共没收地主的土地 78382 亩，耕畜 5498 头，农具 9294 件，房屋 14199 间，粮食 4000 多万公斤；征收富农的土地 6948 亩。[①] 至此，黔南地区农村社会的阶级关系发生重大改变，地主作为一个阶级不复存在。

（三）土地改革结果

经过土地改革，新解放区实现了《中华人民共和国土地改革法》所规定的"废除地主阶级封建剥削的土地所有制，实行农民的土地所有制，借以解放农村生产力，发展农业生产，为新中国的工业化开辟道路"的要求。黔南州 90 多万无地少地的农民分得 100 多万亩土地，42000 多头耕牛，7 万多间房屋，430 多万公斤

---

① 中共贵州省都匀市委党史研究室：《中共都匀市历史（1931—1978）》第一卷，贵州人民出版社 2006 年版，第 83—84 页。

粮食以及大量的农具用具等生产生活资料。农民解决了土地、耕畜等生产资料后,激发了生产积极性,农业生产有了很大发展,土地改革结束后的 1953 年与土地改革开始时的 1951 年相比,耕地面积由 2762196 亩增加到 2845976 亩;粮食作物播种面积由 271.45 万亩增加到 290.11 万亩;经济作物播种面积由 31.54 万亩增加到 41.23 万亩;粮食总产由 38966.6 万公斤增加到 45169.1 万公斤;油菜籽总产量由 269.0 万公斤增加到 452.2 万公斤;大牲畜存栏由 35.81 万头增加到 39.48 万头,生猪存栏由 30.82 万头增加到 36.54 万头。[①]

　　土地改革最重要的结果是实现了土地、粮食产量和生产资料的平均占有,根据都匀、独山、平越 3 县 8 个乡土地改革前后各阶层占有土地的比较:土地改革后,富农占有粮食产量 598 公斤,为各阶层最高;其次为富裕中农的 547 公斤、半地主式富农的 483 公斤和中农的 433 公斤。这里最为明显的是富农的经济地位,其次为中农,这与当时保护富农政策有密切联系。在年均产量上,独山县占有土地最高的是小土地出租者,为 561 公斤,其次为富农的 461 公斤和富裕中农的 460 公斤,人均年产量与各阶层粮食常年产量基本保持一致。在土地占有量上,最高的是富农的 3.4 亩,其次为小土地出租者的 2.4 亩和富裕中农的 2 亩。从上述的数据中可以看出,土地改革刚刚结束之时,富农无疑成为农村社会中最富有的阶层(见表 1 - 9、表 1 - 10 和表 1 - 11)。

表 1 - 9　　都匀、独山、平越(福泉)8 个乡土地改革前后
各阶层占有土地常年产量统计　　　　单位:公斤

阶层	地主	半地主式富农	富农	小土地出租	富裕中农	中农	佃中农	贫农	佃贫农	雇农
土地改革前人均占有	1675.5	2165.5	832.3	687	457	298	87.5	144.5	55.8	2

---

　　① 黔南苗族布依族苗族自治州史志编撰委员会编:《黔南布依族苗族自治州志》第 15 卷"农业卷",贵州人民出版社 1998 年版,第 85—87 页。

续表

阶层	地主	半地主式富农	富农	小土地出租	富裕中农	中农	佃中农	贫农	佃贫农	雇农
土地改革后人均占有	290	483	598	422	547	443	394	321	326	380
备考	大季产量	小季	小季	小季	小季	小季	小季	小季	小季	小季

资料来源：黔南苗族布依族苗族自治州史志编撰委员会编：《黔南布依族苗族自治州志》第15卷"农业卷"，贵州人民出版社1998年版，第87页。

表 1 – 10   独山县土地改革后各阶层占有土地情况

阶层	户数（户）	人口（人）	占有土地常年产量（公斤）	每人平均常年产量（公斤）
地主	1753	7616	1872918	237
半地主式富农	208	1163	508618	437
富农	1015	5772	2659957	461
佃富农	15	88	21872	248.5
小土地出租	755	1481	830672	561
富裕中农	1546	8171	3759974	460
中农	7983	37102	10566924	285
佃中农	2667	13202	4100176	310.5
贫农	13590	57118	14426885	252.5
佃贫农	2723	9732	2688826	276
雇农	3795	10045	3004208	299
小手工业者	387	847	19892	235
小商贩	685	1582	467659	296
贫农	822	1417	345992	244
自由职业者	90	168	52863	314.5
手工业工人	299	581	22596	389
宗教职业者	50	92	25874	281.5
其他	517	435	118938	273

注：各级所留公用机动耕地除外。

资料来源：黔南苗族布依族苗族自治州史志编撰委员会编：《黔南布依族苗族自治州志》第15卷"农业卷"，贵州人民出版社1998年版，第87—88页。

表 1 - 11　　三都县土地改革后各阶层占有生产资料情况

阶层	户口		占有耕地			占有耕畜农具			
	户	人	总面积	占耕地数比例（%）	人均占有面积	牛（头）	马（匹）	犁耙（件）	水车、风车（件）
合计	19146	98675	149258	100	1.5	29054	249	30723	3055
地主	1112	6220	7358	4.9	1.2	139	3	336	51
富农	648	3846	13125	8.8	3.4	1410	38	1555	308
小土地出租	287	720	1708	1.1	2.4	155	—	170	62
富裕中农	1176	6332	12794	8.6	2	2000	31	2569	506
中农	5271	24773	40287	27.1	1.6	12823	69	9288	1014
佃中农	883	4273	7258	4.8	1.7	1209	7	1283	61
贫农	3677	30381	37960	25.4	1.2	7189	52	8141	680
佃贫农	1772	8044	10731	7.3	1.3	1847	14	4220	168
雇农	2625	8000	10399	6.9	1.3	1781	21	2561	160
其他	1695	6086	7638	5.1	1.2	501	14	600	45

资料来源：黔南苗族布依族苗族自治州史志编撰委员会编：《黔南布依族苗族自治州志》第 15 卷"农业卷"，贵州人民出版社 1998 年版，第 88—89 页。

第二节　土地改革后乡村社会的变动

　　土地改革运动消灭了地主土地所有制，实行了农民土地所有制，真正地实现了"耕者有其田"。土地经营权和所有权高度集中于农民手中，农民既是土地的所有者，又是土地的自主经营者；土地的产权可以自由流动，允许买卖、典当、出租、赠予等交易行为；国家通过土地登记、发证、征收契税等方式对土地进行管理。在这种土地制度背景下，农业发展、农村经济与农民生活都表现出与以往截然不同的状况。不过，由于传统社会的延续性，在这种变化之中，农民的基本生活状态与新中国成立前也很难截然分开，变迁与延续在农民生活中都有体现。

一　基层政权建设与乡村政治格局的改变

土地改革以前，乡村的封建政权、族权、神权和父权仍是新解放区乡村社会主要的行为标准，封建宗族制度、国民党的保甲制度是乡村社会基本的政治权力系统。而土地改革则从根本上废除了乡村社会原有的政治权力结构，使广大农民成为农村基层政权的掌握者和新政权的拥护者，贫雇农及中农成为乡村社会权力运作的骨干。至此，乡村社会的政治权力格局发生了根本性转变。

（一）农民的政治热情有所提升

经过土地改革的锻炼，分得土地的农民逐渐成为乡村政治组织的主体，"占农村人口70%无地和少地的贫农和雇农，是运动的骨干，他们在土地改革斗争中最积极、最坚决。他们在各地农民协会的领导成分中占多数。消灭封建的土地改革，就是依靠广大的贫雇农群众才得以胜利实现的。同时，贫农、雇农也得到了相当于当地每人占有土地平均数的90%左右的土地，基本上满足了他们迫切的土地要求"。① 乡农民协会委员会和乡农民代表大会成为这一时期农民政治活动的主要载体。1950年，中共贵定县委遵照中共贵州省委、贵阳地委关于发动群众，进行以"五大任务"为中心的反封建斗争的指示，贯彻了"依靠贫农雇农、团结中农、中立富农"的原则，在广大农村进行了以清匪反霸为主，结合减租退押，整顿壮大农民队伍的动员工作。这一时期，区、乡、村各级农协迅速发展。6月，建立了贵定县农民协会筹备委员会。至9月底，全县共有农协会员12100人，自卫队员400人，并召开了贵定县农民代表大会。② 惠水县于1950年7月在和平镇1—7村（保）建立了农民协会组织。是年年底，全县发展农民协会会员58241人，惠水县以及3个区12个乡分别建立筹备委员会。1951年年底，全县有5个区

---

① 廖鲁言：《三年来土地改革运动的伟大胜利》，《人民日报》1952年9月28日。
② 中共贵定县委组织部、中共贵定县委党史研究室、贵定县档案馆：《中国共产党贵州省贵定县组织史料（1935—1987）》，1991年，第539—540页。

16 个乡建立区、乡农民协会，163 个村（保）建立基层农民协会，会员发展到 67420 人。① 农民协会委员会和农民代表大会，不仅对自身队伍进行整顿，培养农民骨干，还开办了各种农民轮训班，对广大农民进行宣传教育，在反封建斗争、土地改革等运动中发挥了重要作用。廖鲁言在总结土地改革运动时指出："经过土地改革斗争的锻炼，村村涌现出大批农民积极分子，1951 年仅华东地区就有30 余万名农民积极分子加入中国新民主主义青年团。农民协会会员仅华东、中南、西南、西北四大行政区已达 8800 余万人，其中妇女约占 30%。一般乡村均已树立了农民的真正优势，农民协会在那里有很高的威信，真正掌握了农村政权，解除了地主的武装，武装了自己，管制着那些不安分的、不服从劳动改造的地主，农民真正成了农村的主人。同时，在土地改革中发展起来的农民代表会议的基础之上，充实健全并建立了人民代表会议的制度，真正在农村中巩固地树立了人民民主专政，真正使我们国家实现了民主化。"②

在农民协会的基础上，各地相继建立了基层政权，废除了国民党的保甲制度。随着乡村基层组织的陆续建立，权力机关也逐渐从农会转移到各级新政权中，经过普选建立的乡人民代表大会取代了乡农会的职权，乡以下农会也由村政权取代，农民协会的政治使命和政治功能逐渐消失。

（二）乡村基层政权建设不断推进

在土地改革中，中国共产党还着手发动农民，逐步建立了党领导下的乡村基层政权。在农民协会的基础上，吸收和重用了土地改革及各种政治运动中涌现的积极分子，在实践中教育和培养了这些积极分子的政治忠诚度，使之成为新的乡村基层政权的骨干力量。对此，中国共产党领导人有着清晰的认识。谢觉哉指出："人民民主制度必须深入到区乡，生起结实的根来，才能使整个社会建设有

---

① 中共惠水县委组织部、中共惠水县委党史研究室、惠水县档案馆：《中国共产党贵州省惠水县组织史料（1935—1987）》，1991 年，第 527 页。

② 廖鲁言：《三年来土地改革运动的伟大胜利》，《人民日报》1952 年 9 月 28 日。

力地前进。目前农村里的广大人民，有许多迫不及待的问题需要解决，各上级人民政府的工作要在广大的农村实施，非动员广大群众来做不可。"① 他还举例说："上级把工作一件件传达下来，堆在几个乡干部身上，即令把琐碎的调查表册尽量减少，工作仍不是两三个人所能干得了的。要解决这个问题，只有广泛地发展民主才能做到。现在各地区代表会议组织得好的乡，都不是两三个人做工作而是很多人做工作，许多工作，群众自动在做，不要去催。这样，人民感到愉快，干部也感到愉快。"②

　　到 1950 年 9 月，在全国五个大行政区、一个自治区（内蒙古）中，东北已召开了大行政区的人民代表会议，选出了东北人民政府。全国 28 个省（不包括台湾地区、西藏）、9 个相当于省的行政区中，已召开省各界人民代表会议并代行省人民代表大会职权的有山东、山西、河南、辽东、吉林、松江、黑龙江、热河、察哈尔 9 个省，正在筹备召开的有辽西、浙江、陕西、湖南、江西、甘肃、广西、青海、河北、宁夏 10 个省；行政区已召开各界人民代表会议的有川北、苏南，正在筹备召开的有川东、苏北。全国已有 210 个市、镇、城关召开过各界人民代表会议，其中 12 个中央和大行政区的直辖市，均已召开了市各界人民代表会议，北京、天津、西安、鞍山、抚顺、本溪、沈阳 7 个市已代行市人民代表大会的职权。省、行政公署辖市 67 个均已开过各界人民代表会议，唐山、张家口、大同、宣化、太原、吉林、长春、齐齐哈尔、赤峰、哈尔滨、承德、郑州、开封 13 个市，已代行市人民代表大会的职权。石家庄、保定 2 个市召开了市人民代表大会。专署、县所辖的市、镇、城关有 131 个单位开过各界人民代表会议。全国 2069 个县（不包括旗）中已开过县各界人民代表会议的有 1707 个县，其中，代行县人民代表大会职权的有 18 个县（东北 15 县、华北 1 县、西北 2 县），召开县人民代表大会的有 20 个县（陕西 14 县、河北 6 县）。东北 7 个旗，内

---

① 谢觉哉：《关于人民民主建政工作报告》，《新华日报》1950 年 10 月号。
② 同上。

蒙古 22 个旗，绥远 2 个盟，7 个旗都已开过盟的或旗的各界人民代
表会议。东北有 1212 个区开过区人民代表会议，377 个区开过区人
民代表大会，8393 个村开过村人民代表会议，17153 个村开过村人
民代表大会。华北、西北等地的老解放区，部分区、村也召开了
区、村人民代表会议或区、村人民代表大会。①

　　黔南地区主要由最初的中共贵州省独山地委和后来的中共贵州
省都匀地委管辖。1949 年 11 月 24 日，中共贵州省独山地方委员会
在都匀成立。随即以解放区派来的一批干部和部队转业以及西进学
生为骨干，迅速组建独山地区各级党政领导机构和工作部门，开始
接管工作。为了解决干部缺乏问题，中共贵州省独山地委决定就地
培养干部。12 月，独山专区革命干部学校成立。同时，开办独山专
区培训班，大量吸纳知识分子参加革命。1952 年 12 月，中共独山
地委改名为中共都匀地委，在土地改革的基础上，开始在农村建立
党组织。1954 年，中共都匀地委在境内发展党员 6600 名，建立农
村党支部 699 个，党支部和党员在农村社会主义改造运动中发挥了
积极的作用。②

　　黔南地区惠水县政权建设十分迅速。1949 年 11 月，惠水解放。
11 月 25 日，由中国人民解放军 152 团政治部主任王俊德等率党政
干部 36 人进入县城，召开群众大会，宣布中共惠水县委员会成立，
随即建立县属党政工作机构。27 日，就建立了 4 个区工作委员会。
为了适用党在此时期中心工作的开展，中共惠水县委根据中共中央
"积极、慎重的建党方针，重点选拔、培养本地区优秀分子参加党
组织队伍和干部队伍"的指示，从 1952 年下半年开始，县委有计
划地选拔农村基层积极分子参加党员对象训练班，前后举办 3 期，
共 1129 人参加学习，当年发展党员 171 人，在 31 个乡建立农村临
时党支部。1953 年，遵照中央指示，县委开始兴办初级农业生产合

---

　　①　谢觉哉：《关于人民民主建政工作报告》，《新华日报》1950 年 10 月号。
　　②　黔南州布依族苗族自治州史志编纂委员会：《黔南布依族苗族自治州志》第 40 卷
"党群志"，贵州人民出版社 2003 年版，第 82 页。

作社。在此运动中，全县共发展新党员 179 人，其中农村党员为 170 人。为加强党对农业合作化运动的领导，1954 年上半年，全县 7 个区先后由区工委改建为区委员会，乡一级建立党支部。同年 12 月，中共惠水县委建立由县委正副书记、部长等 5 人组成的常务委员会。以上措施健全了党对农村基层党组织的领导，体现了党的民主集中制领导原则。1954 年年底，全县 96 个乡镇中，有 85 个乡（镇）建立了党组织，共有支部 75 个，党员 590 人，其中，女党员 84 人，少数民族党员 399 人。全县共有干部 747 人，其中，党员干部 191 人。[①]

贵定县党组织发展速度也很快。在农业领域，1952 年，党支部为 27 个，1953 年为 44 个，1954 年已经达到 64 个。[②] 从贵定县干部数量的统计看，1949 年贵定县刚刚解放时，干部只有 18 人，其中，党员 15 人，非党员 3 人；到 1950 年，干部就增加到 298 人；1951 年增加到 465 人，这时开始注意吸收少数民族为农村基层干部，布依族、苗族干部有 34 人；1952 年的干部达到 543 人，其中，包括女干部 83 人，布依族、苗族 66 人；到 1954 年干部已经达到 644 人，在民族构成上，汉族有 534 人，布依族有 79 人，苗族有 27 人，还包括高等学校毕业的 11 人。[③] 贵定县在党员的性别构成上，女性从 1949 年的 1 人，增加到 1954 年的 120 人，比例有了很大的提升，农村妇女参加劳动和参政意识明显增强。妇女发展为党员，并最终成为基层政权决策的重要力量，才是妇女主体地位提升的最主要体现。在党员的年龄构成上，中共贵定县委注意吸纳 26—35 岁的年轻人为执政党的骨干，表明了中国共产党的理念和主张得到了广大青年人的认同。在党员的民族构成上，贵定县在刚刚解放的 1949 年，24 名党员全为汉族。到 1954 年，汉族党员为 436 人，布依族党员为 349 人，苗族党员为 106 人，少数民族党员占有的比例

---

① 中共惠水县委组织部、中共惠水县委党史研究室、惠水县档案馆：《中国共产党贵州省惠水县组织史料（1935—1987）》，1991 年，第 8 页。

② 同上书，第 97 页。

③ 同上书，第 99 页。

已经超过了汉族党员，体现了中国共产党在民族地区对少数民族干部的吸纳（见表 1 – 12）。

表 1 – 12　　　　贵定县 1949—1954 年党员发展情况统计

项目		1949 年	1950 年	1951 年	1952 年	1953 年	1954 年
总数		24	48	53	279	430	891
性别	男	23	45	50	231	353	771
	女	1	3	3	48	77	120

资料来源：中共贵定县委组织部、中共贵定县委党史研究室、贵定县档案馆：《中国共产党贵州省贵定县组织史料（1935—1987）》，内部资料，1991 年，第 93 页。

（三）抗衡国家意志的思想与行为不断涌现

在基层政权建设中，农村党员、团员、基层干部、积极分子等乡村政治精英对中央政策认同度也逐渐发生偏离。分得土地的贫苦农民希望依靠自己的辛勤劳动来实现经济地位的提升和生活条件的改善，虽然这种劳动是一种低产出的经济活动，农业产量的增加都是直接依赖单位面积劳动量投入的增加，这也就是黄宗智所提出的"过密化"。[①] 即便如此，追求发家致富的梦想始终是乡村社会的内在驱动力和引领性方向，翻身农民就像吴满有一样，希望"通过勤劳致富而上升为新富农或者富裕中农"，最终实现"雇有两个长工和一个拦羊娃，农忙时还雇短工"的梦想[②]，这种经济形态是在"革命"环境下顽强地呈现的历史发展规律，加上在土地改革后国家有意引导农村金融走向繁荣。在此种历史环境下，乡村新精英由于拥有较高的政治地位，实现发家致富这一梦想的渠道和手段更加丰富，因而家庭经济变动的表现也最为明显。

新中国成立以后，随着国家权力的下移，乡村社会并不是一个

---

① 黄宗智：《长江三角洲小农经济与乡村发展》，中华书局 1992 年版，第 17 页。

② 李放春：《北方土改中的"翻身"与"生产"——中国革命现代性的一个话语——历史矛盾溯考》，黄宗智：《中国乡村研究》第 3 辑，社会科学文献出版社 2005 年版，第 249 页。

简单的对外开放的过程，而是国家权力的渗透与乡村社会反应的互动过程。① 斯科特强调农民的反抗有两种：一种是对国家权力明显的、直接的反抗。对于任何可能直接威胁到生存的举措，一无所有的农民只有起来反抗。"这是因为，生存问题最直接地关系到农民生活的根本需要和忧虑。"② 另一种更偏重无形的、间接的反抗。这些相对弱势群体的日常武器主要有"偷懒、装糊涂、开小差、假装顺从、偷盗、装傻卖呆、诽谤、纵火、暗中破坏"等。③ 后者是农民更为常用的反抗武器。在国家权力的渗透与乡村社会反应的互动之中，来源于农民的乡村政治精英很快成为国家利益的抗衡者。

土地改革后不久，国家即推行粮食的统购统销政策和合作化运动，统购统销政策规定农民必须按规定将"余粮"出售给国家，粮食的收购量、收购标准、供应量、供应标准，都由中央统一管理。④ 而合作化运动则将刚刚分配的土地和大型的生产工具重新归入集体。这显然有悖于这些刚刚从农民上升为乡村政治精英的最初愿望，因而基层政治精英以各种隐蔽手段抗衡国家的情形十分普遍。包括拖延上级布置的各种任务，转移精力而不执行上级的指示，隐瞒村庄的粮食产量，等等。

乡村政治精英利用套购粮食、黑市交易、隐瞒产量等手段抵触国家的统购统销政策，而且人数众多。据黔南地区福泉等 8 县 2851 个农村党员的统计，对粮食统购统销抵触、闹缺粮的有 367 人，违反粮食统购统销政策的有 256 人，拦路抢购、抬高价格、黑市出售的有 82 人，三者合计 705 人，占核查党员总数的 25%。对丹寨、平塘 1773 名积极分子的检查，上述情况的有 715 人，占核查积极分

① 吴毅：《村治变迁中的权威与秩序——20 世纪川东双村的表达》，中国社会科学出版社 2002 年版。

② 詹姆斯·C. 斯科特：《农民的道义经济学：东南亚的反叛与生存》，译林出版社 2001 年版，第 9 页。

③ 詹姆斯·C. 斯科特：《弱者的武器》，译林出版社 2007 年版，第 2 页。

④ 中共中央文献研究室编：《中共中央关于实行粮食的计划收购与计划供应的决议》（1953 年 10 月 16 日），载《建国以来重要文献选编》第 4 册，中央文献出版社 1997 年版，第 477—488 页。

子总数的 48.3%。三都县二区发生过全区性闹粮事件。平塘县卡罗党支部全体党员全部闹粮。[①] 丹寨、三都的乡党支部书记、乡长带头闹粮，从而每人分得 600 余斤。麻江县蛇场支部 27 个党员，其中 24 个套购粮食，支部书记曾两次到都匀套购大麦 265 斤，小麦 7 升半。[②]

在合作化推行中，很多乡村新精英也表现出了较为消极的态度，主要体现在不愿意参加合作社，想退社单干，因而重视自由经营和个体副业。据平塘县 1178 名党员的统计，对互助合作运动消极、违反互助合作政策的就有 177 人；平塘县二区 98 名党员，其中对参加合作社消极的、要求退社的、不愿意干社主任的就有 31 人。乡村新精英一般都是田土肥沃、耕牛农具齐全，参加合作社无疑是一件吃亏的事情，麻江县甲村乡支部书记被动员多次，都不参加合作社；都匀二区谷蒙乡一名党员三迁其家，为的就是躲避入社。[③] 乡村政治新精英的种种反抗也成为国家着力改造落后乡村的原因之一。

二 农业生产发展与农民生产生活状况的变动

尽管土地改革并不仅仅是为了接济穷人，但农村中的穷人——贫雇农，无可争议地成为土地改革的直接受益者。将地主的土地重新进行分配，同时也将地主所拥有的主要生产资料和生活资料进行重组，使广大贫雇农成为独立的自耕农，从而具有从事农业再生产的能力。这种财产的均等化分配，使广大农民又重新站在了同一起跑线上，对调动农民的生产积极性起到了不小的推动作用。

（一）农业生产的发展

土地改革后，农业生产得到了恢复和发展，这显然是解放和发展农村生产力的结果。从 1953 年的统计看，黔南地区除受灾地区外一般均获得增产。据统计，福泉县平均增产 13.3%，都匀县平均增

---

① 中共都匀地委：《关于开展批判富农思想的情况报告》（1955 年 12 月 13 日），黔南州档案馆：5-1-64。

② 中共都匀地委办公室：《关于各县开展批评富农思想所揭发检查的富农思想情况汇集》（1955 年 11 月 27 日），黔南州档案馆：1-1-366。

③ 同上。

产 10%，黎平县平均增产 10%—14%，全区平均增产 8.3%，稻谷增产达到 5580 万斤。① 从 1951—1954 年黔南地区农业主要指标看，增产成为农村生产发展的关键词。从表 1-13 的统计数字看，只有蕨菜的总产量在 1952 年和 1954 年出现了减产，即便如此，1954 年的蕨菜产量仍然比 1951 年增加了 27.4%。其余各项指标都是大幅度增加，并且是逐年递增。最主要的粮食产量，1954 年达到9731028 石，比 1951 年增加了 23.6%。大牲畜到 1954 年达到445993 头，比 1951 年增加了 17.3%。此时，全国的粮食总量水平也是增加，1951 年全国为 14370 万吨，到 1954 年为 16950 万吨，1954 年比 1951 年增加了 18.0%。② 由此而论，黔南地区农业粮食产量的增长速度与全国水平基本相当。

表 1-13　　　　　1951—1954 年黔南农业主要指标增产情况

		1951 年	1952 年	1953 年	1954 年
粮食	总产量（石）	7871396	8391223	9138862	9731028
	比上年增减比例（%）	4.7	6.6	8.8	6.6
棉花	总产量（石）	9324	10297	12372	10283
	比上年增减比例（%）	22.5	10.4	20.2	-16.9
油菜籽	总产量（石）	58644	78738	104803	136909
	比上年增减比例（%）	10.2	34.2	33.1	30.6
蓖麻	总产量（石）	5572	6455	8177	10165
	比上年增减比例（%）	12.1	20.1	26.7	24.3
甘蔗	总产量（石）	59355	118336	135724	172900
	比上年增减比例（%）	10.5	99.3	14.7	27.4
蕨菜	总产量（石）	76598	70235	105076	97620
	比上年增减比例（%）	49.5	-8.8	49.8	-7.1

---

① 中共都匀地委：《关于农村工作情况报告》（1953 年 10 月 23），黔南州档案馆：55-1-133。

② 农业部计划司编：《中国农村经济统计大全（1949—1986）》，中国农业出版社1989 年版，第 147 页。

续表

		1951 年	1952 年	1953 年	1954 年
大牲畜	总产量（头）	380122	402825	427667	445993
	比上年增减比例（%）	3.6	6.0	6.1	4.2
黄牛	总产量（头）	306041	217299	230182	240505
	比上年增减比例（%）	4.0	5.5	5.9	4.5
水牛	总产量（匹）	141325	147534	157491	164294
	比上年增减比例（%）	5.0	4.4	6.6	4.3
马	总产量（头）	33696	37683	39877	41067
	比上年增减比例（%）	16.4	15.9	5.9	2.9

资料来源：《黔南布依族苗族自治州 1949—1961 年农业生产情况统计资料》，黔南州档案馆：58 - 2 - 78。

　　从 1951—1954 年黔南地区农业主要指标与农业和副业总产值的发展看，农民经济在新中国成立以后也有较大幅度的提升。从黔南农业和农副业总产值统计看，1951 年为 11510.7 万元[①]，到 1954 年已增加到 14955.9 万元，1954 年比 1951 年增加了 29.9%。各项指标包括粮食作物、大豆、技术作物、蔬菜和瓜类、多年生木本植物产品在内的绝对值都有大幅度提升（见表 1-14）。从农作物副产品占农业总产值的比例看，1951 年为 7.4%，1954 年为 6.2%，所占比例逐年下降，原因可能是实行农业合作化运动，致使副业的发展受到限制。在采集野生植物作为食物的比例中，1951 年为 12.9%，1954 年为 11.8%，略有下降。考虑到黔南地区的农民靠采集野生植物和猎野兽野禽来作为食物补充的比例仍在 10% 以上，说明整个黔南地区的农业生产还相当原始，农民也非常贫困，需要靠这种十分原始的方式来进行食物补充。

---

　　① 从 1955 年 3 月 1 日起，中国人民银行在全国各地开始发行新人民币，同时收回旧人民币。各地人民银行遵照《国务院关于发行新的人民币和收回现行的人民币的命令》的规定，已按新旧币一比一万的法定比价，把所有存款、储蓄、放款放账册的旧币数目折成了新币，并向各公私企业、国家机关、团体或城市内使用支票的存款户，按新旧币比率折算开出了对账单。在本书中，1955 年 3 月 1 日前的为旧币，之后的为新币。

表 1 – 14   1951—1954 年黔南农业和副业总产值综合情况

（按 1957 年不变价格计算）   单位：万元、%

	1951 年		1952 年		1953 年		1954 年	
	总产值	构成	总产值	构成	总产值	构成	总产值	构成
农业和农副业总产值合计	11510.7	100.0	12381.2	100.0	13992.4	100.0	14955.9	100.0
一、植物栽培合计	7251.1	62.9	7812.0	63.0	8554.4	61.1	9260.4	61.7
（一）植物栽培第一部分小计	7251.1	62.9	7810.6	63.0	8445.9	61.0	9237.8	61.6
1. 粮食作物	4794.3	41.6	5130.6	41.4	5591.3	39.9	5996.0	40.0
2. 大豆	44.3	0.4	61.6	0.5	65.7	0.4	67.9	0.5
3. 技术作物	653.9	5.7	690.9	5.5	797.0	5.8	909.9	6.1
4. 蔬菜和瓜类	530.0	4.6	631.1	5.1	743.1	5.3	839.9	5.6
5. 饲料和瓜类	6.6	0.1	7.0	0.1	7.9	0.1	2.4	0.1
6. 农作物副产品	860.0	7.4	894.8	7.2	931.2	6.6	943.3	6.2
7. 多年生木本植物产品	360.1	3.1	392.6	3.2	407.6	2.9	472.7	3.1
8. 其他植物栽培	1.9	—	2.0	—	2.1	—	5.7	—
（二）植物栽培第二部分：林业生产	—	—	1.4	—	8.5	0.1	22.6	0.1
二、动物饲料合计	2764.7	24.0	3035.3	24.5	3680.0	26.2	3944.2	26.3
1. 家畜家禽繁殖增长增重	1117.3	9.7	1265.3	10.2	1440.1	10.2	1632.8	10.8
2. 家畜 3 家禽产品	1607.9	14.0	1729.8	13.9	2180.1	15.5	2259.9	15.0
3. 其他动物饲料	39.5	0.3	40.2	0.4	59.8	0.5	51.5	0.5
三、采集野生植物和捕猎野兽野禽合计	1494.9	13.1	1533.9	12.4	1758.0	12.7	1791.3	12.0
1. 采集野生植物	1488.4	12.9	1526.8	12.3	1750.1	12.5	1783.0	11.8
2. 猎野兽野禽	6.5	0.2	7.1	0.1	7.9	0.2	8.3	0.2

资料来源：《黔南布依族苗族自治州农业和农副业总产值》（1949—1958），黔南州档案馆：55 – 1 – 133。

　　不过，总的来说，黔南地区的农业生产还是有所提升的。在考察其原因时，首先，要考虑到国家这种外来力量的影响，国家向乡村社会提供了农业经济发展必不可少的农具、化肥和技术支持，仅1953年，国家就为黔南地区的荔波、从江、黎平、都匀、独山、麻江、三都和平塘8县无偿发放农具34539件。① 其次，在国家的引导下，农村社会逐渐被组织起来从事农田水利等公共设施建设。比如，国家针对黔南地区多山的特点进行了土地整理，以增加农业耕地的面积和肥沃程度。都匀县纸房乡王家司村共动员856个工时，对1123.8挑田土进行了改造和整理，从而为王家司村的农业发展提供了保障基础。这种土地整理包括土变田、加高田坎、挖稻梗、搬河沙、筑大田石堆、砌田挖田石、填肥泥、平田、修水沟、修码头等诸多项目（见表1－15）。最后，还有土地改革之后农民生产积极性的提升。尽管土地改革并不是仅仅为了接济穷人，但对于农村中的穷人——贫雇农，无可争议地成为土地改革的直接受益者。太行太岳老革命根据地的农民就总结说，"土地改革后，一年够吃，二年添置用具，三年有富裕"②，表达了普通农民对土地改革后农民生产发展和农民生活水平提高的期望。

表1－15　　　　　都匀县纸房乡王家司村土地整理情况
（1953年2月15日）

项目	贫农		中农		佃农		富农		地主		合计	
	田挑数	用工数	田挑数	用工数	田挑数	用工数	田挑数	用工数	田挑数	用工数	田挑数	用工数
土变田	10	94	2	6							12	100
加高田坎	58.4	165	62.6	25							120.6	190
挖稻梗	701.7		65		22				8		796.7	
搬河沙	15.5	62	2	5							17.5	67

---

　　① 中共都匀地委：《关于无偿农具发放工作的报告》（1953年10月20日），黔南州档案馆：5－1－138。

　　② 史纪言：《访问太行太岳根据地》，《人民日报》1951年12月9日。

续表

项目	贫农		中农		佃农		富农		地主		合计	
	田挑数	用工数	田挑数	用工数	田挑数	用工数	田挑数	用工数	田挑数	用工数	田挑数	用工数
筑大田石堆	1.5	27							2		3.5	37
砌田挖田石	2.5	3									2.5	3
填肥泥	38	328									38	32.8
平田	122	21									122	21
修水沟	5	90									5	90
修码头	6	20									6	20
合计		810	131.6	36	22					10	1123.8	

资料来源：中共都匀地委研究室：《都匀县纸房乡王家司村生产情况调查表各阶层生产调查》（1953 年 2 月 18 日），黔南州档案馆：55 - 1 - 77。

（二）农民物质生活明显改善

得益于农业生产的恢复与发展，农民的生产生活水平也有了很大的提高。1954 年，都匀县迎恩乡彰冠堡农业生产合作社 26 户农家，与 1953 年相比，增产效果明显。增产 20% 以上的有 4 户，其中，1 户能增产 50% 以上，占全社总户数的 15%；增产 10%—20% 的有 4 户，占全社总户数的 15%；增产 10% 以下的 14 户，占全社总户数的 53%；保持 1953 年水平或可能会比 1953 年减少收入的 4 户，占全社总户数的 15%。从全社总的情况来看，85% 以上农户的产量数或多或少地有所增产，只有 4 户的收入保持或低于 1953 年水平。① 都匀县纸房乡王家司村涂景星互助组的典型户调查，也表明农民的收入有了提升（见表 1 - 16）。

---

① 中共都匀地委政策研究室：《迎恩乡彰冠堡农业生产合作社解决"保产或收入可能减少户"的报告》（1954 年 7 月 6 日），黔南州档案馆：5 - 1 - 38。

表1-16　　　都匀县纸房乡王家司村涂景星互助组解放
前后经济情况变化典型户调查（一）

			收入					
			大季（谷）	小季（麦子、油菜）	喂猪（头）	打柴（挑）	其他副业	斗争果实
贫农四户	新中国成立前	数量	67		1			
		折新（元）	4422	200	500	9220	982	
	1951年	数量	74		1			870
		折新（元）	6204	200	600	5479	1319	
	1952年	数量	1075		5			
		折新（元）	7995	365	1800	3829	1024	
	1952年和新中国成立前比较	增减	+2673	+165	+1200	-5393	+42	
		增减（%）	+60	+84	+260	-58	+4.3	
中农二户	新中国成立前	数量	36		2			
		折新（元）	2376	350	1280	2979		
	1951年	数量	53		1			
		折新（元）	3498		600	2520		310
	1952年	数量	61		1			
		折新（元）	4026	400	700	1583		
	1952年和新中国成立前比较	增减	+1650	+50	-580	-1392		
		增减（%）	+69	+14.3	-45	-46		
富农一户	新中国成立前	数量						
		折新（元）				2640	612	
	1951年	数量	24					
		折新（元）	1564			1000	566	
	1952年	数量	34		1			
		折新（元）	2244	150	300	820	2106	920
	1952年和新中国成立前比较	增减	+2244	+150	+300	-1820	+1494	
		增减（%）	+2244	+150	+300	-67	+244	

注：（1）大季收入以干谷抵数计；（2）实物以当时当地价格折新；（3）斗争果实不包括牲畜农具等。

资料来源：中共都匀地委政策研究室：《解放前后经济情况变化典型户调查户》（1953年2月18日），黔南州档案馆：55-1-77。

　　农民生产生活水平的提高还体现在农民的购买力上。廖鲁言总结说："三年来的实践证明，土地改革大大地促进了整个农业生产的迅速恢复与发展，保证了全国人民粮食的需要量，增产了工业原料作物。农民的购买力也迅速提高了，1951 年全国人民的购买力较之 1950 年即增加 25% 左右；从几种日用必需品的销售量看，纱布 1951 年较之 1950 年增加 10%，纸烟增加 14%，火柴增加 20%，糖增加 44%，煤油增加 47%，茶叶增加 70%。这可以看出广大农民群众在土地改革后购买力增长的趋势。农业生产逐年发展，农民购买力将逐步提高，这就给我国的工业产品提供了无限广阔的国内市场。"[1] 黔南地区瓮安县农民购买力增加速度也十分明显。1951 年的购买力为 4759831 元，1952 年为 5790150 元，1953 年为 7506753 元，到 1954 年增加到 7685895 元，1954 年比 1951 年增加了 61.5%。[2] 农民的购买力大致可以分为两个方面：一是生产资料的购买，是为了增加土地收入而进行的扩大再生产；二是生活资料的购买，是为了提高其生活水平而进行的生活资料的消费。从都匀县纸房乡王家司村涂景星互助组典型户的生活生产支出调查看，经久耐用品的支出和猪仔的购买成为生活生产支出的主要组成部分（见表 1 - 17 和表 1 - 18）。

　　土地改革后，农民的生产积极性有了很大的提高，国家也对农民进行了政策上的大力支持和倾斜，使得大多数农户实现了增产和增收。不过，需要说明的是，仍有一定比例的农户生产下降和收入降低，特别是合作化运动初期。也就是说，在注意新中农崛起、农村社会中农化[3]的同时，也要注意重新降为贫雇农的群体，即"新贫

---

　　① 廖鲁言：《三年来土地改革运动的伟大胜利》，《人民日报》1952 年 9 月 28 日。

　　② 瓮安县计划委员会：《解放十年国民经济发展情况统计资料》（1959 年 12 月 10 日），黔南州档案馆：55 - 1 - 77。

　　③ 土地改革后的新中农的崛起和农村社会中农化的趋向已经成为学界的共识。这里仅列举一些数据作为证明。1953 年中南区农村各阶级比重变动的情况调查中，河南 9 个乡的新、老中农比例是 75.00%，湖北、湖南、江西 10 个乡的新、老中农比例是 54.21%，广东 12 个乡的新、老中农比例是 47.27%。参见中共中央中南局农村工作部办公室《中南区 35 个乡 1953 年农村经济调查》，载《农村经济调查选集》，湖北人民出版社 1956 年版，第 17 页。

表 1-17　　都匀县纸房乡王家司村涂景星互助组解放前后
经济情况变化典型户调查（二）

| | | | 生产支出 | | | | | | | | | 其他 |
| | | | 肥料 | | 农具 | | | | | 牲畜 | | |
			石灰（斤）	油料（斤）	犁耙（副）	锄钉耙（副）	斛铜磨耙	镰刀	草篓	牛（头）	猪（头）	
贫农四户	新中国成立前	数量			2			3	1		3	
		折新（元）			104			30	5		200	
	1951年	数量			2			4			5	
		折新（元）			96			36			350	
	1952年	数量			1			3			3	
		折新（元）		55	25			25			350	
中农二户	新中国成立前	数量			2			1			4	
		折新（元）			120			10			250	
	1951年	数量			2			3	3	1	4	
		折新（元）			44			30	15	400	250	350
	1952年	数量	100		2			4	1		2	
		折新（元）	20		40			356	5		150	
富农一户	新中国成立前	数量										
		折新（元）										
	1951年	数量								1		
		折新（元）								300		
	1952年	数量			2			1	1			
		折新（元）			85			10	5		2	

　　资料来源：中共都匀地委政策研究室：《解放前后经济情况变化典型户调查户》（1953年2月18日），黔南州档案馆：55-1-77。

农"，因为农民的减产和收入的降低会严重影响国家决策者的政策。下面以都匀县迎恩乡彰冠堡的减产户为例进行说明。

　　都匀县迎恩乡彰冠堡农业生产合作社有26户，85%以上的农户或多或少实现了增产，只有 4 户保存或低于 1953 年收入水平。[①] 这里主要分析这 4 户的减产。

第一，劳力少又弱，生产能力差。这类农户在土地改革前主要是通过换工或亲属的无偿帮助来解决劳动力问题，但在互助合作运动

表 1－18　　都匀县纸房乡王家司村涂景星互助组解放前后
经济情况变化典型户调查（三）　　　　单位：元

			生活支出					
			食			衣（土窄布）	消耗（油灯等）	其他
			米（斤）	盐（斤）	油（斤）			
贫农四户	新中国成立前	数量	9360	154	48	48		
		折新	9360	3080	480	1140	394	100
	1951 年	数量	10030	168	54	65.8		
		折新	10030	1512	540	1911	517	
	1952 年	数量	9960	180	80	64.6		
		折新	9960	450	720	1615	981	
	1952 年和新中国成立前比较	增减	+600	+26	+32	+16.6	+58.7	
		增减（％）	+6.4	+16.2	+66	+34.6	+150	
中农二户	新中国成立前	数量	3680	72	24	24	2	
		折新	3680	1440	1140	720	180	275
	1951 年	数量		72	40	29		
		折新	3680	648	400	725	192	150
	1952 年	数量	4880	82	40	30.5		
		折新	4880	205	360	755	250	
	1952 年和新中国成立前比较	增减	+1200	+12	+16	+6.2	+70	
		增减（％）	+32.6	+16.6	+66	+25.8	+38.8	

①　中共都匀地委政策研究室：《迎恩乡彰冠堡农业生产合作社解决"保产或收入可能减少户"的报告》（1954 年 7 月 6 日），黔南州档案馆：5－1－38。

续表

			生活支出					
			食			衣（土窄布）	消耗（油灯等）	其他
			米（斤）	盐（斤）	油（斤）			
富农一户	新中国成立前	数量	2440	24	6	3		
		折新	2440	480	60	90	72	150
	1951 年	数量	2800	34	10	9		
		折新	2800	34	100	225	325	
	1952 年	数量		60	30	8		
		折新	4240	150	270	200	600	
	1952 年和新中国成立前比较	增减	+1800	-36	+24	+5	+528	
		增减（%）	+78	-7.5	+40	+266	+753	

资料来源：中共都匀地委研究室：《解放前后经济情况变化典型户调查户》（1953 年 2 月 18 日），黔南州档案馆：55 - 1 - 77。

中，由于这类农户劳动弱、出工少、评分低，因而得到的劳动日（工分）就少，贫困也就自然产生。如甘有芝（贫农）是一位 50 多岁的半劳力，1953 年未入社前在插秧中交换了几个零工，犁田时女婿吴家全帮了他七八个工（不开工资），也就差不多将一年的农活忙完。但入社后，由于劳力弱、评分少，半年只得了 35 个劳动日，比一般社员做得少，一年共得报酬 13 挑，加上土地地租 8 挑，牛租 1 挑，共分得 22 挑，刚刚达到 1953 年的实收，属于保产的类型。①

第二，土地好、产量高，但劳力少。这类农户以前是换工或请零工来解决问题，入社后由于劳力少，所得收入减少。如沈如芬（贫农）家有 6 口人，只有 2 个劳动力，1953 年收入为 53 挑，田土近、阳光、水源、土质比一般农民都好，农活好做，所花劳力较少，做不完的请几个零工即解决问题。入社后只得到 160 个劳动日，

————————

① 中共都匀地委政策研究室：《迎恩乡彰冠堡农业生产合作社解决"保产或收入可能减少户"的报告》（1954 年 7 月 6 日），黔南州档案馆：5 - 1 - 38。

报酬 30 挑，加上土地分红 18.5 挑，牛租 1 挑，共可分得 49.5 挑，比 1953 年减收 3.5 挑。[①]

第三，在管理上对弱势群体照顾不够。由于互助合作运动刚刚起步，社员抢工意识强烈，在照顾弱势家庭方面也未能安排妥当，尤其是对劳力少且弱的农户照顾得不够，致使一些劳力弱的社员经常不能出工。如甘有芝、吴正坤等在打秧青、抬粪等重劳动中，想出工又挑抬不得，因而得到的劳动工分较少。[②]

由于农户减产和收入降低问题的存在，刚刚加入合作社的农民极容易产生退社的思想。这些农民入社后，发现自己只能保产或可能有减少收入的危险，因而产生了"怕保不住本"的顾虑。实际上，也正是中国农民对参加合作社的忧虑，才最终导致国家对三类乡村的改造。

（三）各阶层农户经济与心理变动

土地改革以后，多数农户的收入都有所增加，生活质量得到改善。不过，具体到各个阶层，黔南地区农民收入和支出变化的幅度就有很大的不同。同时，各个阶层在经济发展的心理动态上也存在较大差异。

[①] 中共都匀地委政策研究室：《迎恩乡彰冠堡农业生产合作社解决"保产或收入可能减少户"的报告》（1954 年 7 月 6 日），黔南州档案馆：5 - 1 - 38。

[②] 为了解决管理混乱的问题，彰冠堡农业生产合作社提出三点解决意见：一是通过核算全社生产收入支出账、劳动日账，计算出每户可出多少劳动日，每个劳动日可分多少谷子，使社员对自己的收入有底，社谷子的来源，解决了社员糊糊涂涂不摸收入，低怕保不住本的思想。二是劳动力少而弱的不能干重活，则根据他的劳动力情况和社的工作需要，合理地安排活路，分配适当的工作，如插秧、蓐秧、蓐土、追肥、割谷、晒谷、簸米等轻活，若劳动力多，活路少，先调工照顾收入可能减少户，如甘有芝（女）母子 2 人，劳动力较弱，1953 年实收谷子 2200 斤（开工资、粽子、卖油枯等投资在内），1954 年入社后收入有所减少，合作社即根据她的劳动力所及，分配她点苞谷、薄苞谷、插秧、蓐秧、打谷等 70 个劳动日，可收 1330 斤稻谷，加上土地分红，牛租收入得 895 斤，共净得 2225 斤，比 1953 年多收了 25 斤，同时，还减下了 1953 年她请人开工资、种子、买油枯等开支，算下来，就比 1953 年实收有所增加。三是进行包工。各种活路用包工的办法，但要注意包得合理，估工正确使社不吃亏，这样，可以减少一些不应拿出来的劳动日，用从评工计分、包工估工来解决，从而增加了社员的收入，这些农户也从中增加收入。参见中共都匀地委政策研究室《迎恩乡彰冠堡农业生产合作社解决"保产或收入可能减少户"的报告》（1954 年 7 月 6 日），黔南州档案馆：5 - 1 - 38。

1. 贫农

贫农和雇农处于共产党阶层体系的核心地位，在土地改革期间成为经济和权力再次分配的最大受益者。土地改革以后，分得土地以及主要生产资料的贫农生产积极性有了很大的提高，一部分贫农已经上升为中农或接近中农的生活水平。从黔南的平塘县、三都县 4 个乡调查看，贫雇农 609 户，土地改革后上升中农的为134 户，占 32%，其中又以土地改革早的地区上升比例较大。中共都匀地委利用黔南各县材料推论，黔南地区贫雇农上升中农户占 10%—20%。①

从贫农的生活水平看，收支结构逐渐发生变化。都匀县纸房乡王家司村涂景星互助组的典型户调查表明，原有靠打柴为主的农家收入，在土地改革后逐步发展为农业种植和副业养殖为主。在新中国成立前，打柴是贫农收入的重要来源，占总收入的 60% 以上，4户人家只喂养 1 头猪，生活极其困苦。到新中国成立后的 1952 年，打柴所占的比例大幅度减少，大季的谷子、小季的麦子和油菜等农作物产量均有了大幅度增长，两者收入分别从新中国成立前的 4422元和 200 元上升到 1952 年的 7995 元和 365 元，增长的幅度分别为81% 和 83%。尤其是喂养的猪，已经由新中国成立前的 1 头增到 5头，实际上，养猪是改革开放前农村社会的一种主要货币积累手段。1952 年，4 户贫农所养殖 5 头猪说明，农民逐渐开始进行货币的积累，贫农的收入结构正向着一种积极的方向发展。② 在生产支出上，犁耙、镰刀等生产必需品以及猪仔的支出占据一定比例，代表了贫农的生产投资意向。在生活支出上，涂景星互助组的贫农在食物支出（米、盐、油）和衣物支出上，都有大幅度提高，说明在

---

① 中共都匀地委政策研究室：《农村各阶层情况》（1953 年 8 月 11 日），黔南州档案馆：5－1－38。

② 李飞龙：《20 世纪 60 年代前期北京郊区农民收入分析》，《中国经济史研究》2011 年第 1 期。

土地改革后贫农的生活质量有所改善。①

此时，贫农是国家政策倾斜和有意扶助的对象。在农业贷款上，给予贫农的支持力度尤其大，甚至有些地区只贷款给贫农，独山七区就发生过这样的现象。中共麻江县委也是如此，1953年8月4日，中共麻江县委发放给岩寨乡的无价农具共有94户，其中，贫雇农90户、中农4户；无息贷款1420斤粮，贷款的23户均为贫农佃农；农贷粮共8875斤，贫雇农85户贷得8005户斤，中农8户贷得870斤；救济款110万元，共救济了34户贫雇农和1户中农；农业设备款在5—7月放出77.3万元，得贷户为42户贫雇农和10户中农。② 加之，贫雇农在土地改革中所分土地多为肥沃的好地，因此，贫雇农成分上升快得多系土地改革时分得土地好，减租退押获得果实多的农民和积极分子，荔波县洞塘此类户占18%。③

但是，就整个贫农阶层看，缺乏生产和生活资料仍是普遍情况，部分地区尤为严重。如据平塘县的调查，京塘和甲翁两个乡贫雇农缺乏农具202件；塘边乡14户因生活困难出卖田土93.5挑；西凉乡贫雇农因生活困难出卖耕牛的18户，打算出卖耕牛的30户，卖衣服换取食物的21户；二区卖房屋的有6户共8间，党模一村范杨氏，因生活困难，将第二个孩子送人；独山下司9户贫雇农出卖青苗。④ 土地改革虽然提高了贫雇农的生产积极性，但并没有改变传统的农业生产方式，随着时间的推移，农民的生活又重新迈入一个主要依靠客观条件和劳动习俗的正常轨道中，贫雇农的贫困程度仍然十分严重。

---

① 中共都匀地委政策研究室：《解放前后经济情况变化典型户调查户》（1953年2月18日），黔南州档案馆：55-1-77。
② 中共麻江县委政策研究室：《关于岩寨乡农业生产中几个政策的检查报告》（1953年8月4日），黔南州档案馆：5-1-38。
③ 中共都匀地委政策研究室：《农村各阶层情况》（1953年8月11日），黔南州档案馆：5-1-38。
④ 同上。

2. 中农

作为小农经济主体的中间阶层在乡村人口中占据很大比例。土地改革后新中农的出现，既是解放农村生产力的必然结果，也是土地改革运动的显著成绩。而新中农的崛起，改变了土地改革前的农村社会结构，导致农村普遍中农化的趋向。据廖鲁言估计，"在许多地区，中农在农村人口中所占比例，已由过去的 20% 左右发展到 80% 左右；贫雇农则由 70% 左右减少到 10%；而且在逐年减少"。[①] 到 1954 年年末，全国农户阶级构成的变化更为明显，中农已经达到 62.2%，贫雇农下降为 28.9%，说明中农已经成为户数最多的阶层。[②]

对老中农来说，由于在土地改革过程中受到的影响最小，因而老中农收入的总数变动不大。都匀县纸房乡王家司村涂景星互助组的典型户调查也印证了这一点。新中国成立前，2 户中农的收入为 6985 元，1951 年变为 6928 元，1952 年为 6713 元，相比之下，略有减少，但幅度不大。从收入结构看，中农和贫农的收入结构调整方向一致，也是大季的谷子、小季的麦子和油菜收入所占比例增加，打柴所占比例减小。在生产生活支出方面，涂景星互助组典型户的经久耐用劳动工具和猪仔的购买成为生产支出的主要部分。其中，中农和贫农又稍有差异，中农已经开始购买耕牛。[③] 实际上，中农一直是农业生产的最积极力量，是农民经济发展较为稳定的贡献者。

但是，对于中农阶层而言，他们在发展生产和提高生活质量上却有很大的顾虑，这源于中农阶层对村庄外部因素和内部微观形势的判断，实际上，两者又密切关联，因为对宏观形势的判断超过了农民的日常生活经验，并不是一件轻而易举的事情，因此往往要取

---

① 廖鲁言：《三年来土地改革运动的伟大胜利》，《人民日报》1952 年 9 月 28 日。
② 莫曰达编：《我国农业合作化的发展》，中国统计出版社 1957 年版，第 30—31 页。
③ 中共都匀地委政策研究室：《解放前后经济情况变化典型户调查户》（1953 年 2 月 18 日），黔南州档案馆：55 - 1 - 77。

决于村庄内部其他人的态度和行为。① 村庄外部因素主要是宏观的时代背景，中共中央认为，土地改革后的农村尽管出现了普遍的中农化趋向，但也出现了新富农和新的剥削现象，出现了一些贫农仍然贫困的现象，更主要的是出现了中农进一步发展成为新富农的所谓"资本主义自发倾向"的现象。这些政策主要是依靠外来工作队和内部乡村干部的宣传。同时，华北老解放区时常发生侵犯中农利益的事件也会影响中农对形势的判断和行为选择，使新解放区中农对发展生产和提高生活质量心存忌惮。

随着外部形势的明朗，内部微观形势对中农态度的影响越来越大。实际上，土地改革后内部微观形势影响了中农生产的积极性和通过生产经营实现发家致富的行为，尤其是富裕中农怕复查时提高成分，怕土地入股，产生顾虑，有维持现状的思想。如平塘县的杨目真、傅顾先两人先后卖田 80 挑。目的就是减少土地的人均占有数量。大部分中农还担心自由借贷，这种现象在土地改革前后自由借贷偏差多的村庄更为严重。麻江县的隆堡、大中、晴朗等村，1952年强迫中农借贷给贫雇农，由全村中农、富农评议借贷，贫雇农去领，到 1953 年都未能归还。黔南地区的各县普遍存在着 1952 年的借贷有借无还现象，结果造成了这些地区中农和贫农关系紧张，三都县坝街由此形成中农开会贫雇农偷听、贫农开会中农偷听的情况，互相猜疑。还有的地区土地改革时侵犯中农利益，丹寨县达地乡土地改革时没收中农耕牛，典当土地，废除中农债务，中农非常不满，对分田的贫农十分仇恨。在生产互助成立时，不等价的现象也很普遍，有些地区白用中农的农具耕牛，不还工、不付资，农具损害不赔偿。独山七区贷款只扶助贫雇农，中农有困难不贷款。因而在成立互助中形成了不同阶层的互助组，中农专门成立中农互助组，贫雇农专门成立贫雇农互助组。这种现象的存在影响了中农的生产积极性，据平塘县的不完全统计，中农有白水田 7554 挑，均是

---

① 李里峰：《"运动"中的理性人——华北土地改革期间各阶层的形势判断和行为选择》，《近代史研究》2008 年第 1 期。

因生产情绪不高造成的。[①]

3. 富农

土地改革是一场以社会资源再分配为基本内容的政治运动，地主和富农作为革命的对象，其财富、权利和声望注定将被剥夺，特别对地主而言，可供其行为选择的空间有限。考虑到土地改革中对地主和富农政策的差异，其发展趋势和心理也有所不同。

富农在土地改革过程中以及土地改革结束的最初两年，仍然得到保留。在此政策下，富农经济得到了一定程度的发展。都匀县纸房乡王家司村涂景星互助组的典型户调查表明，富农除了打柴，大季的谷子、小季的麦子和油菜等各项指标都在提高，收入总数也大幅度增加，由新中国成立前的 3252 元上升到 5660 元，增幅远远超过贫农和中农。在生活水平上，富农的提升幅度也最快。贫农购买米的增幅只有 6%，而中农的增幅达到 32.6%，富农更达到 78%。[②]可以说，1952 年的富农无疑是土地改革后乡村社会生活中生活质量最高的群体。关于这一点，可以说是全国的普遍现象，农业部长廖鲁言总结说："富农在土地改革实行后，每人所保有的土地，一般仍相当于当地每人占有土地平均数的 2 倍。有些地方，对富农的少量出租土地也未征收，仍予保留。"[③]另据国家统计局 1954 年对 25个省 16000 多户农家收支情况的抽样调查，"土地改革以后，富农在经济上仍比其他农民优越一点，他们人口（劳动力）多，耕地多，耕畜农具也多"。[④]

不过，随着形势的发展，对于富农来说，宏观形势越来越被动。从 1952 年起，中共中央开始将保持富农经济的存在视为合作化运动中"右倾思想"而加以批判。1952 年 5 月 10 日，中共中央在转发

---

① 中共都匀地委政策研究室：《农村各阶层情况》（1953 年 8 月 11 日），黔南州档案馆：5 - 1 - 38。

② 中共都匀地委政策研究室：《解放前后经济情况变化典型户调查户》（1953 年 2月 18 日），黔南州档案馆：55 - 1 - 77。

③ 廖鲁言：《三年来土地改革运动的伟大胜利》，《人民日报》1952 年 9 月 28 日。

④ 国家统计局编：《我国的国民经济建设和人民生活》，中国统计出版社 1958 年版，第 306 页。

东北局的一份文件中就指出："反对那种认为农村阶级分化和富农发展是必然的与不可怕的，因而就可以任其发展和分化；甚至认识发展富农可以刺激农民生产的积极性，从而就忽视对互助合作运动的领导等错误思想。"① 1953 年 4 月，邓子恢在总结农业合作化运动的报告中正式提出了"限制富农剥削，允许富农存在"的政策。② 1953 年 12 月，中共中央正式公布过渡时期的总路线，其中，对农业合作化运动的阶级路线做了规定："必须依靠贫农（包括土地改革后变为新中农的老贫农），巩固地与中农联合，逐步发展互助合作，逐步由限制富农剥削到最后消灭富农剥削。"③ 实际上，1955年，黔南地区为保障合作化运动的顺利开展，曾发动过一场规模浩大的"批判富农思想"运动。

因此，富农对发展生产的顾虑要远远高于中农，主要是怕土地改革补查时提高成分，因此不敢雇工，生产只求维持现状。加之劳力不足，生产下降很快。这种现象在 1953 年表现得尤为突出。麻江县大部分富农在生产中表现为广种薄收，富农由于不敢雇工，很难完成种植任务，不过又为了应付贫雇农的监督，只能想出各种办法。富农文有成共有 52 挑田，每挑田只放秧青一挑；富农王华辉蓐秧只蓐路边秧给人看；富农吴继尧 85 挑田中的草比秧苗长得还高，劳力不足也不敢请工。④ 有的地区还将自由借贷强加于富农，而且有借无还。三都县新平乡强迫每个富农负责一个互助组贫雇农的生产生活，强迫借贷，只借不还，富农非常不满，又不敢说。麻江富农吴光荣说，"借贷等于'老虎借猪'，有去无还"。有的地区侵犯

---

① 《中共中央转发东北局关于推行农业合作化的决议》，载国家农业委员会办公厅编《农业集体化重要文件汇编（1949—1957）》（上册），中共中央党校出版社 1982 年版，第 69 页。

② 邓子恢：《农村工作的基本任务和中心环节》，载《邓子恢文集》，人民出版社 1996 年版，第 353 页。

③ 《为动员一切力量把我国建设成为一个伟大的社会主义国家而斗争——关于党在过渡时期总路线的学习和宣传提纲》，载国家农业委员会办公厅编《农业集体化重要文件汇编（1949—1957）》（上册），中共中央党校出版社 1982 年版，第 206 页。

④ 中共都匀地委政策研究室：《农村各阶层情况》（1953 年 8 月 11 日），黔南州档案馆：5 - 1 - 38。

富农利益和强迫富农非法劳动，三都县甲堆乡强迫富农守乡政府、送信、包军属代耕；打鱼乡不准富农出卖耕牛，嘱其好好饲养，并强调耕牛是贫农的。这些都引起了富农情绪的不安，由于态度消极，生产不好，生活也有变化。据平塘县新亚乡调查的25户富农统计，生活在中农以上或相当于中农生活者占72%，生活下降为贫农生活者占28%。①

4. 地主

土地改革过程中，由于地主的大量土地和生产资料被重新分配给了贫雇农，地主实际上已经不再作为一个阶级而存在。不过，在政治身份的社会里，地主作为身份和剥削的象征一直存在。此时的地主已经成为"过街老鼠"，努力生产根本无从谈起。中共都匀地委将地主分为三类：

第一类是基本守法的地主。这类地主在土地改革后的经济恢复很快，据三都县5个村调查地主39户，生活相当于中农或超过中农生活水平者占35%；平塘县4个乡地主72户，相当于中农或超过中农生活水平的25户，占34%；荔波县瑶麓乡地主生活相当于中农或超过中农生活水平的占31%。这些地主基本都是小地主，他们或是小型手工业者，如有水碾、油榨、弹花机等从事副业生产，或劳力强，善于经营，生产好；或是有子女参加革命，生产生活获得接济，生产比较安心。

第二类是生产困难的地主。这类地主主要是被镇压的匪霸家属，鳏寡孤独，无劳力，生产确实有困难，比例较大。据荔波县瑶麓乡调查统计，这类地主占51%；又据平塘五区统计，这类地区有白水田9472挑，主要都是一些地主缺乏劳力造成的。

第三类是基层政府决策错误造成的地主生活困难。如平塘二、六两区积极分子普遍以坏田换地主的好田，儿童任意在地主地里跳舞；五区干部竟宣布地主田谁种谁收，不交租，不交公粮，负担由

---

① 中共都匀地委政策研究室：《农村各阶层情况》（1953年8月11日），黔南州档案馆：5-1-38。

地主负责；还有地区限制地主自由行动，如仁化乡的地主43户全部受管制，使地主根本无法从事生产活动。①

从上述三类地主的情况看，除生产生活得到恢复的地主尚能保持中农生产生活水平外，大部分地主都由于不可抗拒的外力导致生产生活水平急剧下降。

5. 各阶层农户的形势判断和行为选择

对土地改革后黔南地区各阶层经济状况的梳理表明，通过土地改革和财产的再分配，使以往无地少地的农民成为独立的自耕农，从而具有从事农业再生产的能力，提高了他们的生产积极性。加之，国家力量的援助，土地改革后的黔南农民经济保持了一个较长时间的稳定增长。不过，从收入结构看，整个黔南地区的农业生产还相当原始。具体到每一个阶层，其农户经济和劳动心理又有很大差别，其中，贫雇农在分得土地之后开始分化，部分贫农上升为中农，大部分贫农还处于绝对贫困之中，甚至因天灾人祸、懒惰等原因出现了出卖田土的现象；中农是农民经济发展较为稳定的贡献者，但土地改革后村庄内外形势影响了中农生产的积极性和通过生产经营实现发家致富的行为；富农对发展生产的顾虑要远远高于中农，生产只求维持现状；对于地主，除生产生活得到恢复的地主尚能保持中农水平外，大部分地主都由于不可抗拒的外力导致生产生活水平急剧下降。实际上，每个阶层，甚至每个小农的形势判断和行为选择都是根据其所处的客观环境做出的，在政治安全、经济利益、社区道义等诸多因素中进行权衡。

随着时间的推移，土地改革后的中国农村又恢复常态，农民的生活重新迈入一个主要依靠客观条件和劳动习俗的正常轨道中。一旦国家权力对乡村进行施压，小农就会对客观形式重新作出判断。最为典型的代表就是从贫雇农中选拔的乡村政治新精英，原本处于被剥削的从属地位，但成为乡村政治精英以后，很快以追求利润为

① 中共都匀地委政策研究室：《农村各阶层情况》（1953年8月11日），黔南州档案馆：5-1-38。

其基本价值追求，通过雇工、放高利贷、买卖土地等手段逐利，成为典型的经济人。不过，在国家对其思想进行改造之后，乡村政治精英依据其所处的环境，立即做出顺从性的依附，从而越来越倾向于政治人。可以说，小农具有理性的思考。关于这一点，舒尔茨早就提出，农民并非如传统观念所认为的那样是愚昧、无知、缺乏理性的。相反，农民并不愚昧，他们对市场价格的变动能作出迅速而正确的反应。[①] 经济学家波金认为，小农是一个在权衡了长短期利益及风险因素之后，为追求最大生产利益而作出合理抉择的人，是"理性的小农"。[②]

这种理性小农的思维一直持续存在于整个乡村社会发展中。1954 年合作化运动初期，农民入社后，发现自己有只能保产或可能有减少收入的危险，因此产生退社的思想顾虑。迎恩乡彰冠堡的吴正坤说，"像劳力强的孙和明、王光朝抬石灰一次就抬 150 多斤，我只能抬六七十斤，人家做一天当我做两三天，得的分数又少，保不住本"，曾 6 次提出退社。又如甘有芝说，"看起人家天天都有活路做，个人没有真是慌得很"，情绪不安，曾向社员表示说，"死个人我都要退社"。社员沈如芬给自己的生产投入与产出作了精细的计算："1953 年收入 52 挑，如果 1954 年不入社，全部栽上稀有植物还可能增产 8 挑，可得 60 挑，只要 120 个工，但入社后工作紧，比 1953 年互助组要多出 1/3 的劳动量，即要做 160 个劳动日，但也才得 52 挑的收入，因此想退社自己干轻松些。"[③] 理性的小农总会作出一种利益最大化的行为判断。

集体化时期，农民也会经常发泄自己的不满情绪和尝试缓解经济困境，弱势群体的日常武器包括"偷懒、装糊涂、开小差、假装顺从、偷盗、装傻卖呆、诽谤、纵火、暗中破坏"等。[④] 这也是小

---

① 西奥多·舒尔茨：《改造传统农业》，商务印书馆 1987 年版。

② Samuel Pokin, *The Rational Peasant*, University of California Press, 2001.

③ 中共都匀地委政策研究室：《迎恩乡彰冠堡农业生产合作社解决"保产或收入可能减少户"的报告》(1954 年 7 月 6 日)，黔南州档案馆：5-1-38。

④ 詹姆斯·C. 斯科特：《弱者的武器》，译林出版社 2007 年版，第 2 页。

农依据其形势判断来选择的行为策略，虽然这些表达仅是为了农民自身的利益诉求，因而米格代尔认为，农民"政治目标很有限——只是为了获得有关他们家庭利益的具体问题的行政性的解决，而不是要求改善政府的政策"。① 不过，也正是因为集体化时期农民意愿的持续表达，才有了国家政策的调整，20 世纪 50 年代放缓合作化步伐，60 年代调整公社体制，70 年代末最终取消人民公社，都是如此。

三　去政治化离心倾向与传统经济手段的重现

土地改革以后，大量贫雇农的阶级地位有了上升，成为新中农，改变了土地改革前农村社会的结构，导致了农村普遍的中农化。但是，传统乡村社会固有的秩序仍旧存在，土地改革后，乡村政治精英和普通农民很快又重拾传统经济手段，且日渐表现出去政治化的离心倾向。

（一）乡村政治精英的去政治化离心倾向

土地改革后，曾经十分活跃的党员、团员、基层干部、积极分子等基础政治精英在分得土地之后，生活归于常规状态，为了实现小农思想所固有的发家致富目的，对政治运动的热情和精力较土地改革前大为降低。1951 年，《新湖南报》曾经发起的关于翻身农民"李四喜"（翻身、分田、娶妻、生子）思想的大讨论，反映的就是分得土地农民思想的转变，"李四喜"思想就是土地改革以后出现的农民和乡村基层干部的松气思想。② 这种思想土地改革后在农村社会中相当广泛地存在，黔南地区就存在很多干部"不想干工作了，去搞个人发财"的现象，都匀县 138 名农村支部书记，有 20 名不愿意干工作，有 34 名农村党员要求退党。独山县凤鱼乡党员埋怨说，"当党员上级批评，群体埋怨，自己吃亏"；基场区转业党员

---

① 米格代尔：《农民、政治与革命——第三世界政治与社会变革的动力》，中央编译出版社 1996 年版，第 13 页。

② 王瑞芳：《"李四喜思想"讨论：建国初期中共教育农民的尝试》，《史学月刊》2006 年第 9 期。

有一年多未过组织生活和缴纳党费。① 平塘地区 98 个党员，对参加农业合作社消极，不愿意干社主任的就有 31 人。② 都匀地区纸房乡乡长，想辞职不干，以便埋头生产；原乡长认为，自由经营比当基层领导收入高。他说："夜间打次鱼，比当乡长挣得钱还多。"排田寨党员为专门从事副业生产，党组织的会议都不参加，为此，乡长连请 5 次不到会。都匀地委工作组将其总结为"抛弃革命事业在基层干部中相当普遍，党的教育置若罔闻，不愿参加会议，不愿过组织生活，小季不按国家计划播种，只顾自己发家，不顾国家利益等"。③ 乡村新精英是由普通小农转变而来，土地改革前积极参与政治的目的或许也是为家庭经济水平的提高，在政治参与和家庭生产之间，乡村政治精英的选择，倾向十分明显。

（二）乡村政治精英的传统经济手段

黄宗智将小农特征概括为："既是一个追求利润者，又是维持生计的生产者，当然更是受剥削的耕作者。"④ 农民追求利润和维持生计的惯性无疑会导致农民采用传统的致富方法去进行财富的积累，不仅是勤劳简朴的生活习惯，更是要通过雇工、放高利贷、买卖土地和经营自由的渠道，尤其是新的乡村政治精英在分得土地之后。乡村政治精英是在国家的授权下对乡村社会进行治理的，因而具有国家权力代理人和社区利益维护者的双重身份。不过，乡村政治精英在双重身份的背景下，利用权力追逐其个体利益也十分普遍。土地改革后出现的雇工、放高利贷、买卖土地等趋利现象，就是乡村政治精英追逐其个体利益的表现。

黔南州乡村政治精英的表现尤为明显。在党员群体中，据都匀等 9 个县 4055 名农村党员的统计，雇工的党员有 51 人，放高利贷、

---

① 中共都匀地委办公室：《关于各县开展批评富农思想所揭发检查的富农思想情况汇集》（1955 年 11 月 27 日），黔南州档案馆：1 - 1 - 366。

② 中共都匀地委：《关于开展批判富农思想的情况报告》（1955 年 12 月 13 日），黔南州档案馆：5 - 1 - 64。

③ 都匀地委工作组：《关于都匀一区纸房、凤麓两乡开展批评富农思想情况的报告》（1955 年 12 月 1 日），黔南州档案馆：5 - 1 - 64。

④ 黄宗智：《华北的小农经济与社会变迁》，中华书局 1986 年版。

出租土地的有 66 人，买卖土地的有 61 人，自由经营的有 123 人，总计有 301 人，占农村党员总数的 7.4%。黎平尚重支部 22 名党员中，有 6 名买田，1 名卖田，3 名雇工，这部分党员占支部总数的 45%。① 独山县下司区羊凤乡党员罗玉全从贫农上升为新富农，购有 3 间房子出租，雇有长工 1 名，并经常雇用月工零工。从合作社主任群体看，都匀全县 1317 名社主任中，有 3 名买卖土地，12 名放高利贷，7 名请雇工，52 名从事自由经营，占统计人数的 5.6%。平塘县新隆乡有 114 名合作社干部，请雇工的 5 人，买田的 9 人，卖田的 4 人，贪污的 11 人，出租土地的 11 人，其他 34 人，总计 74 人，占合作社干部总数的 65%。② 在积极分子群体中，据丹寨、平塘 1773 名积极分子的统计，有 72 人请雇工，80 人放高利贷、出租土地，24 人买卖土地，65 人做自由经营，合计占积极分子总数的 14.0%。③ 个别乡村积极分子已经上升为新富农，都匀县凤簏乡庆云宫的一名团员，原是中农，土地改革后几年的时间就已经拥有 41 挑田（约水田 8 亩），水碾、耕牛，以及各式农具，共放贷 2000 斤谷，仅收息就达到 2000 斤谷，并且雇用大量零工。都匀一区王司村在 1954 年全村放贷的有 42 户（其中，老中农 30 户，贫农上升为中农的 12 户），共放贷谷子 14000 斤，欠债 81 户，每年利息 9240 斤谷子，其中，张氏有债主 12 人户，欠债 2050 斤，每年要出息 1100 斤谷，最后不得不出卖土地。④ 显然，黔南地区雇工、放高利贷、买卖土地等趋利现象已经十分普遍。

乡村政治精英的权力来源于党和国家的授予，而他们往往会利用手中的权力直接多占分配果实，多分地、分好地。柯鲁克在河北

---

① 中共都匀地委：《关于开展批判富农思想的情况报告》（1955 年 12 月 13 日），黔南州档案馆：5 - 1 - 64。

② 新隆乡工作组：《县委农村工作部批转新隆乡开展反富农思想斗争的报告》（1955 年 12 月 21 日），黔南州档案馆：5 - 1 - 88。

③ 中共都匀地委：《关于开展批判富农思想的情况报告》（1955 年 12 月 13 日），黔南州档案馆：5 - 1 - 64。

④ 都匀地委工作组：《关于都匀一区纸房、凤簏两乡开展批评富农思想情况的报告》（1955 年 12 月 1 日），黔南州档案馆：5 - 1 - 64。

省十里店的调查中发展，村干部大多得到了额外的好地和近地。① 他们还利用权力逃避征兵、征粮等义务，在阶级划分中，给予亲属以照顾，皖北李家楼的干部经常试图保护他们的同姓亲属，"李姓干部都想把老李家的阶级成分划得比其应该划得成分低一些"。② 甚至在经济上出现了严重的贪污现象，政治上闹退党、退团。应该说，土地改革后乡村政治精英逐渐成为国家利益的抗衡者和个人利益的追逐者，呈现出明显的离心倾向，这也成为中共中央决心将农民纳入集体化道路的原因之一。

（三）普通农民的传统经济手段

普通农民的传统经济手段也十分普遍，买青苗和借贷就是其中的典型。在农村经济发展和农民购买力提高的同时，政府还发放了各种救济款、农贷和债谷，部分乡还建立了信用互助合作组织，开展业务，以帮助农民解决夏荒的困境。但是，由于部分农民家庭底子薄、欠账多或遭到了不可抗拒的天灾人祸等因素，一时难以周转，出现了卖青苗、借高利贷等情况。据1954年中共都匀地委党训班的学员反映：这种现象各乡均有。仅六区凯口乡的学员统计，该乡就有14户叫着要卖青苗。已经卖成的有4户，以卖牛维持生活的有3户，共计7户，占全乡总户数（1008户）的0.5%（估计尚有一部分暗地交易无法调查）。据中共都匀地委二、五、六区学员的统计，共有卖青苗的10户，借高利贷的1户，卖田地的1户，卖房屋、地基的3户，卖耕牛的3户。③ 其实，此时尚不是卖青苗最频繁的季节，农民卖青苗最多的季节是在历年7月后到秋收前这段时间。客观地讲，农村卖青苗、借高利贷的比例并不高，也没有中共都匀地委所预计的那么严重。

买卖青苗和借贷的主要形式有卖青苗、借高利贷、"做会"，以

---

① 柯鲁克：《十里店——中国一个村庄的群众运动》，北京出版社1982年版，第28页。

② 韩敏：《回应革命与改革：皖北李村的社会变迁与延续》，江苏人民出版社2007年版，第91页。

③ 中共都匀地委政策研究室：《目前农村卖青苗、借高利贷等初步解决情况报告》（1954年8月23日），黔南州档案馆：5-1-38。

及出卖买房、地基、田土、耕牛等。

卖青苗：一般卖青苗是当时给钱，秋收要米，大米青苗价一般 2500 元一斗（50 斤），比仓库价低 50%—60%。个别户数比这个数高些。二区大江陈怀春（贫农）卖烤芋青苗 3000 棵，得 9 万元，如果等成熟时就是 1800 斤柴（约计 27 万元），就可烤出 300 斤干烤芋，每斤 5000 元，可值 150 万元，这样算来就被剥削去 114 万元，利润达"投资数"的 3.17 倍。

借高利贷：借高利贷的形式较卖青苗的少，其利率程度与卖青苗差不多。如二区迎恩乡钱石氏（中农）借苞谷给钱阑仿（中农），借一斗苞谷到秋收时还一斗白米，如果以种粮公司时价计算，利息为 86%（一斗米 50 斤，39.750 元，一斗苞谷 45 斤，21.275 元，差 18.475 元）。

"做会"："做会"是一种以钱或食物进行剥削的变相借贷关系，在黔南地区很普遍。仅三区巴朗小乡就有 30 余户，地主、富农都参加，一般先接会的都是贫苦农民，还息的也是他们，利息率为 40%—50%。

出卖买房、地基、田土、耕牛：如二区张仲氏（中农）因儿子死了，卖了 3 间瓦房给张明举，得 100 万元；良亩二村曹氏卖 14 挑田给吴君互助组的组长和组员吴耀屏，每挑只有 7 万元；凤席乡王大强卖 3 间房基给王荣富得 30 万元。这类情况数量不大，一般均系卖者吃亏，出卖价低于应有价格的 1 倍至数倍不等。[①]

买青苗和借贷的主要群体是在生产生活上极其困难的贫苦农民。大致有下面几种类型：

第一，人多劳力少，能吃不能做，因而不能维生者。凯口乡 7 户卖青苗和耕牛的，就有 4 户属于这种情况。如贫农李春富一家 6 口，其中 4 个小孩，一个跛脚老婆，5 人均不能劳动，一口养 6 口，因而无法维生，只得卖出 4 斗青苗。

---

① 中共都匀地委政策研究室：《目前农村卖青苗、借高利贷等初步解决情况报告》（1954 年 8 月 23 日），黔南州档案馆：5-1-38。

第二，遭受天灾人祸袭击者。如卖烤芋青苗的贫农陈怀村和卖房子的张仲氏均系因为家中死人无法安葬所迫。

第三，因家底薄，欠账多者。如六区新蒙乡王杨氏，历年来欠账，每年都还不清，1952 年欠 300 斤积谷，1953 年还有 150 斤未还，1954 年又借 100 斤，但群众认为，老借不还就不愿再借，因而只得卖了 200 斤青苗。

第四，好吃懒做者。如凯口乡曾伏钦（中农）有钱大吃大喝，无钱背账也要吃喝，因庄稼未收，只好卖出 2 斗青苗。

从阶级成分看，卖青苗、借高利贷、卖田土和房屋等一般均系底子薄的贫农或因遭受意外困难的部分中农。如凯口乡 7 户卖青苗和耕牛的就有 5 户是贫农，2 户是中农。而买者多数是中农或上升为中农的贫农。一个特殊的例子就是村小学教员参与购买青苗，堡子彰小学教员刘希瑶买来贫农陈育之 3 斗青苗（8 万元），又买来破落地主陈敬的 3 斗青苗（8 万元）。①

实际上，土地改革后买卖青苗、借高利贷、买卖田土和房屋等现象已经成为乡村社会农民生活的重要组成部分。李金铮在谈到乡村社会高利贷产生的原因时曾说："因为除了高利贷，农民没有其他更多的融资办法，而高利贷在一定程度上可以调剂生活中所遇到的资金或实物的不足。"② 客观地说，这种借贷有利于乡村社会的发展和稳定。马若孟在 20 世纪 70 年代初就提出，学者们将中国高利贷者描述为"寄生虫"，认为他们导致中国农村经济的落后，加入了太多情绪化的东西。事实上，借贷制度对农村经济并没有产生不利后果。没有农村借贷制度，家庭农场就无法全年经营土地，也不可能开垦土地。③ 费孝通也认为，单纯谴责高利贷者为人邪恶是不够的。当农村需要外界的钱来供给生产资金时，除非有较好的信贷

① 中共都匀地委政策研究室：《目前农村卖青苗、借高利贷等初步解决情况报告》（1954 年 8 月 23 日），黔南州档案馆：5 - 1 - 38。
② 李金铮：《内生与延续：近代中国乡村高利贷习俗的重新解读》，《学海》2005 年第 5 期。
③ 马若孟：《中国农民经济》，江苏人民出版社 1999 年版，第 265、272 页。

系统可供农民借贷，否则高利贷自然会产生。如果没有他们，情况可能更坏。向高利贷者借款至少到一定的时候，还有一线偿还的希望。[①] 要想从根本上杜绝这种剥削制度的存在，只有十分成熟的社会保障制度才能避免。显然，新中国成立初期的中国还无法具备。但是，20世纪50年代前期的中国革命者并没有将这些"剥削"当作乡村社会存在的一种必然，而且将其作为一种严重的压迫制度，试图将其彻底扫进历史的"垃圾堆"。

---

① 费孝通：《江村经济》，江苏人民出版社1986年版，第196、201页。

第二章 改造落后乡村的表达与实践

进入 20 世纪以来，中国农村社会结构发生了根本性变化，共产党领导的土地改革和农业集体化运动就是其中最重要的两个环节。土地改革旨在实现农民土地所有制，帮助农民翻身做主；集体化则是要将土地私有制改造为集体所有制。两者显然代表了乡村社会变迁的两种不同方向，中国共产党领导下的国家政权如何在一个小农经济的国度顺利实现合作化？研究者从不同的角度给予了关注，并从诸多因素进行了分析和讨论。不过，在考察这种转变时我们发现，1954—1956 年，为了推动合作化的发展，中央在全国范围内推行了被称为改造落后乡村运动的"土改补课"。这场规模浩大的改造落后乡村运动以继续实现农民土地所有制的"土改补课"为起点（斗争的果实归农民个体所有），却最终以实践落后乡村农业集体化为终点（斗争的果实归集体所有），在看似矛盾的逻辑背后，实际却又十分合理。

在对土地改革后乡村社会演变的考察中，尤其是对 1953 年和 1954 年农村社会状况的分析后，我们发现，既有中国共产党对乡村社会改造的积极之处，如改变了原有乡村的治理结构，使广大农民成为农村基层政权的掌握者和新政权的拥护者——贫雇农及中农成为乡村社会权力运作的基本骨干；土地改革和财产的再分配又使广大贫雇农成为独立的自耕农，从而具有从事农业再生产的能力，这种财产的均等化分配，使得广大农民又重新站在了同一起跑线上，对调动广大农民生产的积极性起到了很大的推动作用；多数贫雇农的阶级地位有了上升，成为新中农，改变了土地改革前农村的社会结构，导致了农村普遍的中农化趋势。

　　不过，也要看到，乡村政治精英利用套购粮食、黑市交易、隐瞒产量等手段抵触国家的统购统销政策，而且人数众多；在合作化推行中，很多乡村新精英表现出了较为消极的态度，主要体现在不愿意参加合作社，想退社单干，因而重视自由经营和个体副业；在新中农崛起、农村社会中农化的同时，一批农民重新降为贫雇农；土地改革后出现的雇工、放高利贷、买卖土地等趋利现象，乡村政治精英占有很大比例，卖青苗和借贷就是其中最典型的代表；为了实现小农思想所固有的发家致富传统，广大农民对政治运动的热情和精力较土地改革前也有所下降。这些现象都说明，土地改革时国家权力的嵌入并不能代表国家对农村社会重构的完成，在土地改革后的统购统销、互助合作、生产救灾等实践中，乡村社会与国家政策推行的步调并非完全一致，国家权力在农村基层的运作仍存在一定的阻力。本章将对黔南改造落后乡村运动的表达与实践进行梳理，来审视这种阻力及破解之法。

第一节　改造落后乡村的政策演变

一　从土地改革复查谈起

　　"土改补课"实际上就是对土地改革不彻底的地区重新进行复查，是土地改革运动发展不平衡的体现。早在解放战争时期，中共中央就发出了毛泽东起草的《迎接中国革命的新高潮》一文，并指出："在已实现耕者有其田的地方，还有解决不彻底的缺点存在，主要是因为没有放手发动群众，以致没收和分配土地都不彻底，引起群众的不满意。在这种地方，必须认真检查，实行填平补齐。"①从而在老解放区推行土地改革的复查工作。土地改革复查虽然使得农村地权分配再次重组，但是，由于很多地方采取的土地改革政策

---

　　① 毛泽东：《迎接中国革命的新高潮》，载《毛泽东选集》第四卷，人民出版社1991年版，第1215—1216页。

过"左"，致使农村土地占有出现了阶级间的倒置现象，即本来占有大量土地的地主、富农占有很少土地，而本来占很少土地的雇贫农却占有比地主富农多的土地，因而出现了土地零碎化的趋势。①

新中国成立以后，中国大陆进行了大规模的土地改革运动，使3亿无地或少地的农民无偿获得了7亿亩土地和其他各类生产资料。② 但是，土地改革完成以后，各地发展不平衡现象仍然存在，尤其是新解放区、山区、民族杂居聚集区，这类乡村被称为"夹生"乡或者三类乡。判断此类乡村的标准一般为农民是否被充分发动、地主等封建势力是否被充分打倒、乡村组织领导成分是否纯洁，等等。湖北省将"夹生"乡的基本特点总结为政治和经济两个方面，政治上表现为虽然进行了土地改革，但实际当权的地主并未打倒，不少富农被打击，中农被侵犯；在经济上表现为分地不均，即地主得好田、乡村干部得次好田，雇贫农得坏田，地主的耕牛农具粮食等大量被隐藏、贪污。③ 在贵州，主要体现在政治上，由于土地改革中干部的官僚主义和群众发动的不充分，以及个别干部包庇，地主还具有相当势力，加之贵州匪乱严重，因而表现为三类村中地主阶级直接控制着农会，收买、分散、威胁，有的间接地通过土匪、流氓、伪保甲长等控制农会。④

根据这样的标准，全国就存在着大量土地改革不彻底的乡村。在浙江，这些乡村土地虽已分配，但群众尚未发动，封建势力尚未摧毁，乡、村组织领导成分严重不纯，形成了所谓"夹生饭"的

---

① 王友明：《解放战争时期中共的土改复查与地权变动——对山东根据地莒南县的个案分析》，《史林》2006年第1期。

② 廖鲁言：《三年来土地改革运动的伟大胜利》（1952年9月26日），载中国社会科学院、中央档案馆编《1949—1952中华人民共和国经济档案资料选编》（农村经济体制卷），社会科学文献出版社1992年版，第403页。

③ 刘西尧：《湖北各地土地改革复查重点实验的基本情况和主要经验》（1951年9月8日），载中国社会科学院、中央档案馆编《1949—1952中华人民共和国经济档案资料选编》（农村经济体制卷），社会科学文献出版社1992年版，第371页。

④ 徐运北：《开展群众性的大复查运动》（1952年2月5日），载贵州省档案馆编《解放初期贵州土地改革档案文献选编》，贵州人民出版社2011年版，第329页。

乡、村占 25% 以上。① 据中南土地改革委员会进行的 100 多个乡的调查，有 20%—30% 的乡，还处于"夹生"或"半夹生"状态，地主阶级还未打倒，基本上还保持着旧的封建秩序。② 据江西省各地委的材料统计，有 114.5 个"夹生"乡，占统计乡的 19%。③

为此，土地改革后的复查工作主要围绕继续打击农村中封建地主、整顿农村基层党组织、重划农村中的阶级成分和再次分配农村中劳动果实四个方面展开。经过一段时间的土地改革复查和整顿，农村中的三类村或"夹生"村数量大为减少，西南局川北行政区 1013 个村复查前，一类村 192 个，二类村 476 个，三类村 345 个。复查后，一类村 375 个，二类村 560 个，三类村 78 个。"夹生"与"半夹生"的现象已基本消除。④ 河南省沈丘县经过土地改革复查，该县 13 个乡的一类村，由 22 个增加到 40 个，二类村由 45 个增加到 88 个，三类村由 78 个减少到 17 个。⑤ 经过土地改革复查的再次整顿，三类村或"夹生"村的民众基本被调动起来，保障了国家权力在乡村社会的顺利推行。

土地改革结束以后，黔南地区也组织了土地改革复查，即到土地改革不彻底的三类村进行复查。1952 年 2 月 1 日至 3 月 31 日，瓮安县委、县政府组织土地改革复查工作。全县 102 个村，土地改

---

① 谭启龙：《关于浙江省结束土地改革工作的报告》（1951 年 4 月 16 日），载中国社会科学院、中央档案馆编《1949—1952 中华人民共和国经济档案资料选编》（农村经济体制卷），社会科学文献出版社 1992 年版，第 369 页。

② 刘俊秀：《江西省秋季土地改革基本总结》（1951 年 11 月 5 日），载中国社会科学院、中央档案馆编《1949—1952 中华人民共和国经济档案资料选编》（农村经济体制卷），社会科学文献出版社 1992 年版，第 372 页。

③ 《长江日报》社论：《全面结束土地改革的工作既须做完又须做好》（1952 年 12 月 9 日），载中国社会科学院、中央档案馆编《1949—1952 中华人民共和国经济档案资料选编》（农村经济体制卷），社会科学文献出版社 1992 年版，第 370 页。

④ 中共中央西南局：《西南局第三期土地改革工作总结报告》（1952 年 6 月 6 日），载中国社会科学院、中央档案馆编《1949—1952 中华人民共和国经济档案资料选编》（农村经济体制卷），社会科学文献出版社 1992 年版，第 393 页。

⑤ 河南土改委员会：《河南省土改复查运动中深入发动群众的经验》（1951 年 12 月 17 日），载中国社会科学院、中央档案馆编《1949—1952 中华人民共和国经济档案资料选编》（农村经济体制卷），社会科学文献出版社 1992 年版，第 394 页。

革搞得较好的 33 个，占 32.35%；一般的 52 个，占 50.98%；"夹生"（较差）的 17 个，占 16.67%。在复查中，对较好的和一般的村，依靠原有村组织和干部、积极分子，发动群众，处理遗留问题。对"夹生"的村，充分发动贫雇农，调整个别领导，斗倒政治上、经济上打击不彻底的地主，处理遗留问题。经过复查，纠正应划为地主而错划为其他阶级成分的 137 户，应划为贫农而错划为中农的部分农户。捕获匪首、恶霸、反革命分子 34 人，破获反动会道门案、暗杀案各 1 件，纵火放毒案 3 件，逮捕犯罪分子 19 人。收缴金子 844 克，银子 43750 克，银元 10300 多块，铜元 78000 多枚，现金 3000 元，稻谷 6.75 万公斤，衣物等折款 3.6 万元。此外，还缴获步枪 16 支、子弹 4300 多发、手榴弹 43 枚、大烟 81.25 公斤。①

　　贵阳地委于 1952 年 2 月派出工作组，到龙里县协助开展土地改革复查，解决土地改革中遗留和新出现的问题；对土地改革不彻底（和平土地改革）的实行补课，再次开展斗争；对违反政策的人和事作适当处理。第一期复查工作于 3 月底基本结束。通过复查，纠正错划、漏划阶级成分 872 户，其中，地主 214 户，富农 135 户，小土地出租 28 户，富裕中农 75 户，中农 248 户，游民 10 户。复查后，没收田 6670.5 挑（折合 1100 余亩），土地 226 挑；牛 133 头，马 46 匹；房屋 465 间，黄金 18.18 两，白银 799 两，大烟 335.5 两；枪 16 支，子弹 1390 发；农具、衣被、布匹谷子等若干。第二期复查从 1953 年 1 月开始，4 月中旬结束。除羊场区外，共复查 2903 户，纠正错划阶级成分 1 户，逮捕不法地主 4 人，地主自杀 4 人；没收现金 946.2 万元，大洋 252 元；稻谷 59.26 石，田 20 挑，山林 4 片；牛 2 头，马 1 匹；房屋 8 间，衣物、家具等 365 件。②

　　都匀县土地改革基本结束后，都匀县人民政府又组织了 134 人

---

　　①　贵州省瓮安县地方志编撰委员会编：《瓮安县志》，贵州人民出版社 1995 年版，第 272 页。
　　②　贵州省龙里县地方志编撰委员会编：《龙里县志》，贵州人民出版社 1995 年版，第 387 页。

的土地改革复查工作队，到18个三类村进行土地改革复查，检查处理遗留问题。通过发动群众，清理出漏划地主、富农，纠正了他们的阶级成分，挖出地主分散的浮财，计黄金37两，大洋5948块，粮食8万公斤，人民币4500元。[①]

福泉县通过检查工作，划错阶级成分的608户得到纠正，查田评产中低评的13万挑和高评的1.1万挑得以更正，没收分配错误的也得以退还。10月底，全县土地改革工作基本完成，除工作队外，另有半脱产农干、民主人士、中小学师生和区县骨干共448人参加了这一时期的土地改革，还有农委干部1698人，小组长和积极分子6349人，人民武装2082人，农会会员4.9万人也都参加到了这场运动中。[②]

二　全国性改造落后乡村的缘起

应该说，截至1952年，经过大规模的土地改革以及土地改革复查，基本实现了农民的政治动员和地权的重新分配，土地改革运动也告一段落。国家开始将主要精力转入朝鲜战争、经济建设等其他工作中。不过，此时两起地方改造落后乡村的案例引起了中共中央的重视，也成为改造落后乡村运动在全国开展的基础，即河北省天津县立足于"土改补课"的改造落后乡和山东省海阳县改变落后面貌的改造落后村。

河北省天津县的土地改革不够彻底，得到中央的重视。1949年春天，河北省天津县进行了被称为"40天运动"的土地改革，当时天津县的文件要求，"没收200亩土地以上大地主之土地和生产资料，废除地主、富农出租土地的所有权，取消二地主的中间剥削，给有准备的彻底的消灭封建半封建制度做好准备"。[③] 1952年4月5

---

① 贵州省都匀市史志编撰委员会编：《都匀市志》（上），贵州人民出版社1999年版，第470—471页。

② 贵州省福泉县地方志编撰委员会编：《福泉县志》，贵州人民出版社1992年版，第336页。

③ 肖笛：《天津郊区改造落后村工作》，载中共天津市委党史研究室、天津市档案局编《天津土地改革运动》，天津人民出版社1998年版，第418页。

日，天津县划归天津市。1954 年，在第一次普选选民登记过程中，调查组发现天津县郊区土地改革并不彻底，有不少漏划地主。于是，天津市政府研究室组织了工作组对务本村、西右营、王顶堤等稻田区、园田区进行调查之后，认为天津郊区农村经过了初步土地改革和镇压反革命，摧毁了封建势力，解放了生产力，农民在政治上、经济上翻了身。但是，由于新中国成立初期土地改革只是初步的，在土地改革与镇反中群众发动得不够充分，郊区约有 1/3 的乡村存在土地改革和镇反不彻底的问题，处于落后状态。调查组向市委常委作详细汇报之后，市委第一书记黄火青对调查的情况很重视，经会议研究，决定开展土地改革、镇反的补课运动，并由市委书记处书记吴砚农、市委秘书长于致远专门负责，确定由于致远、宋祝勤到中央农村工作部就此汇报请示。中央农村工作部部长邓子恢等人在听了汇报之后，对天津的调查和进行土地改革补课的设想予以了肯定。[1]

　　山东文登地委海阳县十一区小成家村的汇报材料也得到中央的批示，并转批全国。小成家村是一个不被重视的贫困落后的小村庄，只有 37 户人家。土地改革以后，该村只有 21 个整劳力、10 个半劳力。由于在解放战争时期农具、粮食等主要生产生活必需品受到极大的破坏，加之缺乏强有力的领导和国家政策的支持，致使该村非常贫困，土地改革后，没有耕畜，只有一张犁，其他农具也残旧不堪，30 多年没有盖过一栋房子。之后，得到文登地委的支持和帮助，扶持了两个互助组，并由银行贷款 2000 元，购买了 5 头耕畜，12 辆小车以及肥料、种子、农具等，动员邻村的耕牛互助，最终使小成家村很快脱离了极端贫困的状态。[2] 山东分局对此问题十分重视，认为解决小成家村这种落后村的经验具有推广价值，并对之前小成家村工作落后的领导状况提出批评，强调"要充分认识农

---

　　① 肖笛：《天津郊区改造落后村工作》，载中共天津市委党史研究室、天津市档案局编《天津土地改革运动》，天津人民出版社 1998 年版，第 418—419 页。

　　② 《山东文登地委关于改造落后村的情况报告》（1953 年 5 月），《西南工作》1953年第 174 期。

村工作发展的不平衡性，做到有意识地加强各种类型村工作领导，改造落后村庄，有效克服一般化、公式化的官僚主义的领导作风"。① 中共中央根据《山东文登地委关于改造海阳县十一区落后村小成家村的报告》及《山东分局对改造报告的批示》，向全国发出《中央关于改造落后村工作的指示》，提出加强落后村工作的问题，进而认为，全国"类似小成家村这种类型的落后村及其他各种类型的落后村，在各地均有一定的数量，占总村数的百分之十几到百分之三十几不等"。②

河北省天津县立足于"土改补课"的改造落后乡和山东省海阳县着力改变落后面貌的改造落后村都得到了中共中央的直接批示，尤其是前者得到了时任中共中央农村工作部部长邓子恢的肯定，这与随后召开的第二次全国农村工作会议不无关系。

全国性的改造落后乡是以1954年第二次全国农村工作会议和《中共中央关于改造落后乡工作的指示》为标志。1954年4月18日，由各大区各省市农村工作部和中央农村、水利等有关部门负责人参加的第二次全国农村工作会议在北京闭幕。会议充分肯定了1953年冬到1954年春农业生产合作运动的发展，认为"农村党组织的活动已走上社会主义革命的轨道，各阶层均被卷入新的斗争舞台"。"农村阶级关系发生了有利于社会主义革命的变化"。不过，"由于阶级敌人乘机破坏，由于农民（主要是中农）对社会主义不可避免地产生动摇性，由于干部水平不齐在执行政策时难免有些缺点和错误"，使"有些地区，乡村经济生活不正常，有些混乱"。为此，会议特意讨论了《中共中央关于改造落后乡工作的指示》这一草案，并在5月18日由中共中央批准。③《中共中央关于改造落后

---

① 《中央关于改造落后村工作的指示》（1953年6月），《西南工作》1953年第174期。

② 同上。

③ 《中央农村工作部关于第二次全国农村工作会议的报告》（1954年5月10日），载中共中央文献研究室编《建国以来重要文件选编》第5册，中央文献出版社1993年版，第261—273页。

乡工作的指示》认为："全国农业工作，除一部分少数民族地区外，经过土地改革及其他各项社会改革运动，已先后转入农业实行社会主义改造的新阶段，并在这方面取得了巨大的成就和继续向前发展，这是农村工作基本的主要的方面。"但是，"仍有一部分（全国大约有10%）乡村的工作处于落后状态"。中央对落后乡村数量10%的估计要小于天津市所调查的1/3，这说明中央对落后乡村形势的判断要比天津市稍轻。此时，天津市"土改补课"运动已经进行，其内容与中央发出《中共中央关于改造落后乡工作的指示》基本一致，因而天津市也将"土改补课"统一称为改造落后乡。

三　改造落后乡村的界定

对于这种"落后"的界定，《中共中央关于改造落后乡工作的指示》明确规定，不是针对农业的社会主义改造运动中进展比较慢的地区，也不是指某些地区经济、文化发展程度上的"落后"，而是指在土地改革运动中反封建斗争发展不平衡和不彻底遗留下来的落后。从而明确了这次改造落后乡村的目的是立足于"土改补课"，中央特别提醒各级党委注意："乡村反封建的历史任务是绝不能跳跃的，过去遗留下来的任务必须进行补课。"① 即便中央已经认识到"适时地整顿、改造并建立互助合作组织，安排全乡生产任务，将改造落后乡村工作中组成的政治队伍"。② 但考虑到1954年全国还在普遍建立互助组，土地和大型生产工具归农民所有，因而改造落后乡村的果实分配依旧属于农民土地所有制。

针对落后乡村的实际情况，中央将落后乡村分为两类：一类是"封建势力仍保持极大影响的乡村"；另一类是"敌我阶级力量的对比消长不定，群众尚未取得压倒优势的村庄"。对于前者，中央强调不仅有基层组织不纯现象的存在，民众未充分发动，结果是"整个群众的政治优势难以树立，敌人尚能维持其变相统治"。而且存

---

① 《中共中央关于改造落后乡工作的指示》（1954年8月1日），黔南州档案馆：1-1-229。

② 同上。

在封建经济，表现为土地改革和土地改革复查的不彻底。对于后者，中央认为，虽然"地主阶级压迫已基本废除，群众的经济要求已大体获得解决，但在政治上尚不能压服敌人"。其原因在于土地改革过程中阶级斗争不彻底，群众未被真正发动，进而并未形成一个有阶级觉悟、有坚强领导核心的队伍。同时，干部群众内部存在宗派纠纷，从而使敌人有机可乘。[①]

对待两种不同类型的村庄，中央制定了不同的政策。对待前者，中央要求从经济上解决雇贫农生活与生产上的困难问题，在政治上以重新发动农民群众、打击敌对势力为目的，进而清理或重建基层组织。在斗争中，需要依靠贫农，团结中农，通过查实封建分子和反革命的活动，揭露敌人的破坏行为，从而达到使群众划清敌我之间的界限之目的。在斗争策略上，"先选择最坏而又最孤立的、带有反革命行为的封建分子，重予打击，促使敌人整个阵营的瓦解，而后有区别地对其他分子，如漏网的、有点反攻倒算和破坏活动的封建分子，情节不重的反革命分子，按照政策分别给予处置"。

对于后者，中央则要求在做好生产、粮食供应、互助合作等各项工作的前提下，将主要精力集中于解决过去土地改革的遗留问题。在斗争中，首先要在干部与积极分子中进行检查，而后扩大到普通群众，目的是清除基层组织中的宗派主义和工作中的命令主义倾向，"求得初步实现对内民主团结，对外压服敌人，扭转局势，适可而止，最终转入安排群众的政治生活和经济生活，打下前进基础"。[②]

在实际改造过程中，也基本按照土地改革的内容和方法进行，如开斗争会、诉苦、划分阶级等。在天津市郊区的落后改造乡村中，共逮捕地主38人，管制14名，召开大、小斗争会468次，斗

---

① 《中共中央关于改造落后乡工作的指示》（1954年8月1日），黔南州档案馆：1-1-229。

② 同上。

争968人，参加群众18万人次，在会上控诉的达5100人。枪毙反革命分子6人，逮捕81名，管制了70名，发现了447件线索材料。共处理漏划地主675户，土地改革时没有批斗彻底的地主310户，农业资本家367户，不法富农18户，共1370户。着重整顿了36个三类支部，其中，开除阶级异己分子、蜕化变质分子、违法乱纪分子共29名，受其他处分的21名，劝退的13名，取消候补资格的4名。[①]根据中共中央特别强调的"依法处理某些封建分子非法具有的土地与其他重要生产资料，以补足贫雇农的需要"。[②]也就是说，改造落后乡村的成果是归贫雇农所有，是农民个体所有。因而在斗争果实的分配上，基本上都是分配给了贫雇农。天津市郊区没收、征收及收回国有土地47270余亩，其中，菜田4256亩，稻田、水浇田25220余亩。马达水车357台，普通水车590台，大车626辆（其中胶皮车275辆），其他大件农具4900余件，牲口1192头（其中骡子758头），房屋7357间，大件农具5800余件，余粮（折玉米）709万斤。共有20947户农民（包括少数中农和非农业）分到了果实，其中贫雇农为19677户，约占这些村全体贫雇农（包括新中农）50%。分得果实的贫雇农有1/3以上具备上升为中农的条件。据对195村统计，有141村已完全或基本上解决了贫雇农的问题。[③]实际上，早期的改造落后乡与土地改革复查基本无异，是实现农民土地所有制。

四　改造落后乡村的转向

1955年夏季以后，伴随着一场以普遍建立高级社为目标的"农

---

①《天津市郊区改造落后乡村的总结》（1955年4月1日），载中共天津市委党史研究室、天津市档案局编《天津土地改革运动》，天津人民出版社1998年版，第303—306页。

②《中共中央关于改造落后乡工作的指示》（1954年8月1日），黔南州档案馆：1-1-229。

③《天津市郊区改造落后乡村的总结》（1955年4月1日），载中共天津市委党史研究室、天津市档案局编《天津土地改革运动》，天津人民出版社1998年版，第304—305页。

村社会主义高潮"运动迅速席卷整个农村①，此时改造落后乡村运动也迎来了高潮。在此过程中，由于将合作化运动的目的嵌入改造落后乡村运动中，从而使改造落后乡村运动的目的发生了本质性的变化，由农民土地所有制向农业集体化转变。

关于落后乡村改造是以"土改补课"为目的，还是以实现农业集体化为目的，毛泽东和邓子恢都较为明确地说明，毛泽东在《农业合作化的一场辩论和当前的阶级斗争》一文中，十分明确地指出："在农业合作化问题上，群众的许多发明，破除了许多迷信，打破了许多错误观点。这次讨论，解决了在几个月以前很多人还是不明了的许多问题。……是晚解放区能不能发展的问题，山区、落后乡、灾区能不能发展的问题，现在解决了，都能发展。"②毛泽东此时已经十分肯定地认为，落后乡也能进行社会主义改造，也能建成集体化。为此，他强调："任何情况混乱的合作社，都是可以整理的。因为加入合作社的都是劳动农民，不管他们各个阶层之间意见怎样不合，总是可以说清楚。有些合作社，在一个时期内，确实是混乱的，唯一的原因是得不到党的领导，党没有向群众讲明自己的政策和办法。""所谓混乱，没有别的原因，就是这样一个原因。得不到党的领导，当然就要混乱。领导一加上去，混乱就会立刻停止。"因而"提出了一个在落后乡村是否可以建立合作社的问题。回答是肯定的"。"全国约有百分之五的落后乡村，我们应当都去建立合作社，就在建社的斗争中去消灭这些地方的落后状态。"③

邓子恢把在落后村发展合作社这一目的解释得更加明确。他认为："还有10%的落后乡，主要是土地改革还不彻底，封建势力还

---

① 1955年7月31日中共中央召开了省、市、自治区党委书记会议，毛泽东在会上做了《关于农业合作化问题》的报告，批评了农业合作化中的右倾保守思想，并预言："农村中不久将出现一个全国性的社会主义改造的高潮，这是不可避免的。"参见《毛泽东选集》第五卷，人民出版社1977年版，第188页。

② 《农业合作化的一场辩论和当前的阶级斗争》（1955年10月11日），载《毛泽东选集》第五卷，人民出版社1977年版，第200—201页。

③ 毛泽东：《一个混乱的合作社整顿好了》，载《建国以来毛泽东文稿》第5册，中央文献出版社1991年版，第541—542页。

未完全打垮，在这些地方，基本上不是'土改'问题。"① 那是什么问题呢？他在1955年3月的中国共产党全国代表会议上指出："落后乡村全国各地还有一些，而且情况很严重，为了发展合作化，必须改变'土改'不彻底、封建残余势力没有彻底摧毁的落后乡。同时要求各省委、地委依照中央指示，作一次检查，并做出正式决议，部署一定力量，争取在一二年内完成这个工作。"② 显然，落后乡村的改造主要是为了实现农业的集体化。在1955年10月11日的《关于农业合作化问题的决议》中，他再次强调："现在各省还存在着一些土地改革不彻底的落后乡村，大约占乡村数的百分之五，封建地主、恶霸、反革命分子和其他坏分子还在那里或明或暗地剥削和压迫农民群众。在这类乡村中，也可以把可靠的贫苦农民积极分子组成合作社，同时，必须在最短的时间内，充分地发动群众，坚决消灭封建势力和反革命势力，为顺利地开展农业合作化运动创造必要的条件。"③

伴随着全国社会主义高潮的到来，高级形式的农业合作化基本实现。1956年上半年，北京、天津、上海、河北、山西、吉林、黑龙江、河南、广西、青海等省、市已经实现农业的高级合作化，加入高级社的农户占各省市总农户的90%—95%，到秋季，湖南、江西和安徽三省也基本达到90%以上，江苏、浙江、湖北和内蒙古，达到80%以上，就连甘肃和贵州都达到50%。④ 而农业合作社统一地使用社员的土地、耕畜、农具等主要生产资料，并且逐步地把这些生产资料公有化；它组织社员进行共同的劳动，统一地分配社员的共同的劳动的成果。⑤ 在这种情况下，改造落后乡村工作所分配的

---

① 《邓子恢自述》，人民出版社2007年版，第221页。

② 《邓子恢文集》，人民出版社1996年版，第400页。

③ 《关于农业合作化问题的决议》（1955年10月11日），载中共中央文献研究室编《建国以来重要文件选编》第七册，中央文献出版社1993年版，第301页。

④ 《全国多数省市实现高级形式的农业合作化》（1956年10月28日），《人民日报》1956年10月28日。

⑤ 《农业生产合作社示范章程草案》（1955年11月9日），载黄道霞主编《建国以来农业合作化史料汇编》，中共党史出版社1992年版，第324页。

果实（包括土地和主要的生产资料）就只能交给集体，而不是贫雇农，最初改造落后乡村的"土改补课"取向也就最终发生转变，演变为合作化运动的实现途径。

第二节　黔南改造落后乡村的发动与展开

伴随着中央改造落后乡政策的产生与推进，黔南地区改造落后乡运动也经历了一个发动、展开和高潮的过程。以 1954 年 4 月 1 日中共都匀地委发出《都匀地委关于加强边沿区工作消灭三类村的几点意见》和 8 月 1 日中央颁布《中共中央关于改造落后乡工作的指示》为标志，是改造落后乡村运动的开始阶段；从 1955 年 4 月 1 日中共都匀地委农村工作部公布《关于落后乡村改造经费数字分配的通知》开始，以及此后各县对落后乡的改造，为展开阶段；从 1955 年 9 月 24 日中共都匀地方委员会发布《关于改造落后乡工作计划》为标志，到 1956 年 4 月改造基本结束，是为高潮阶段。

一　改造落后乡村的发动

1952 年下半年，伴随着以民族地区为重点的第四期土地改革的结束，黔南地区的土地所有权发生剧烈变动，以前无地少地的农民获得了大量的土地和生产工具。不过，土地改革的步伐并未停止，黔南地区仍有一些被认为是土地改革不彻底的乡村。因此，早在 1953 年 1 月 29 日，都匀地委就发出对汉族地区的第三类地区（即土地改革不彻底的地区）进行复查的指示。指示强调，复查问题，确定只在汉族地区的第三类村进行。其他地区不进行，少数民族地区一律不进行复查，而应重点放在领导生产、建设和检查贯彻执行民族政策等工作上，并强调在复查中，要按照土地改革的方针路线进行。重点打击的对象是土地改革中漏网的地主和土地改革后进行破坏活动的地主。[1]

即便如此，1954年黔南地区的实际情况仍然复杂。贵州因地理条件一向较为封闭，山多林密，坡陡沟深，耕地数量相对较少，人均耕地不到全国平均水平的1/4，因而长期保存着传统社会形态的特征。同时，又是少数民族众多的民族杂居之地，民间秘密会社根基深厚，地方势力盘根错节，向来是自成系统。历史上，贵州曾多次爆发反对中央政府的民变。新中国成立以后，也曾出现大规模的匪乱，1950年三四月，全省性的匪乱达到高潮，较大的土匪计460余股，武装土匪达到十二三万人，机枪在千挺以上。[2] 加之，土地改革时部分民族聚集区未进行土地改革，贵州乡村社会的情况可谓是复杂多样。

到1954年，黔南地区还存在189.5个三类村，占整个黔南地区行政村的14.8%（见表2-1）。这些三类村一般具有以下特点：一是处于沿边地区。多数处于省与省、县与县的结合部，交通和生产落后，生活贫困。且多为少数民族聚集或杂居地区，在榕江县21个三类村中，少数民族聚集的村庄有13个，少数民族杂居的村庄有5个，汉族村只有3个。二是社会治安比较混乱。地痞流氓、烟民较多，行凶、偷盗、开赌场、强奸妇女、贩卖大烟等现象时常发生，严重影响着乡村日常治理的正常运行。三是镇反不彻底。土匪（匪首、惯匪）、特务、恶霸、反动会道门头子和反动党团骨干五类人并没有彻底清查。黎平县肇兴乡一村就查出这五类人20名。同时，还存在漏划地主和发动群众不彻底的情况。按照阶级划分的标准，榕江县二区加利乡又加划12户漏网地主。[3]

---

① 中共黔南州委党史研究室编：《中共黔南州历史大事记（1930—1989）》，内部资料，1996年，第62—63页。

② 潘焱：《回忆贵州剿匪斗争》，载《回顾贵州解放》（一），贵州人民出版社1982年版，第12页。

③ 中共都匀地委：《都匀地委关于加强边沿区工作消灭三类村的几点意见》（1954年4月1日），黔南州档案馆：1-1-258。

表 2 - 1　　　　　　　都匀专区三类村基本情况统计

县名		麻江	平塘	都匀	独山	福泉	丹寨
土地改革时行政村数		159	125	154	168	101	87
三类村数	村数	1 乡 7 村	21	36	11.5	18 乡	18
	占总村比例（%）	11.3	16.8	23.3	6.8	17.8	20.6
县名		荔波	三都	榕江	黎平	从江	合计
土地改革时行政村数		171	107	127	175	149	1523
三类村数	村数	1 乡 11 村	21	21	38	14	30 乡 198.5 村
	占总村比例（%）	7.01	17.6	16.5	21.7	9.3	14.8

　　资料来源：中共都匀地委：《都匀地委关于加强边沿区工作消灭三类村的几点意见》（1954 年 4 月 1 日），黔南州档案馆：1 - 1 - 258。

　　为了加强改造的组织力量，中共贵州省委派出 150 人的工作队到黔南各县进行改造三类村的工作。1954 年 4 月，中共都匀地委也要求各县均应加配一部分干部，以强化三类村改造的领导机构和组织力量。[1] 中共都匀地委 1954 年共投入改造落后乡（村）干部 155人（包括社会力量）。其中，县级干部 6 人，区级干部 26 人，少数民族干部 40 人；1955 年共投入改造落后乡村干部 85 人，其中，县级 4 人，区级 20 人，少数民族干部 29 人。[2] 在具体实践中，中共都匀地委制定了比较详细的规划：如果土地改革中错划阶级，要进行更正。"错划阶级、农民、富农、小土地出租者、地主，划错成分者要订正。富农错划地主，其土地财产'土改'被没收分配，现有者坚决退回，无则了之。农民之间互相划错成分者，根据群众意见决定订正与否，地主错划农民成分或其他成分者，应坚决纠正，并按照政策进行没收和退减。"针对地主群体，也是做分类处理，打

────────────

　　[1]　中共都匀地委：《都匀地委关于加强边沿区工作消灭三类村的几点意见》（1954年 4 月 1 日），黔南州档案馆：1 - 1 - 258。

　　[2]　中共都匀地委：《都匀地委关于改造落后乡工作计划》（1955 年 9 月 24 日），黔南州档案馆：1 - 1 - 407。

击和镇压的主要对象是漏网的匪首、地主阶级当权派、潜伏的和有破坏行为的反革命分子,并与肃清残匪结合。对土地改革后较为守法的地主,分别放宽和接触管制,对中小地主不能苛求。在改造过程中,中共都匀地委反复强调民族政策的重要性。"坚决依靠少数民族干部和团结民族自然领袖";"涉及民族的问题,必须从有利于民族团结着眼,通过民族形式解决"。①

经过一段时期的改造,部分三类村呈现出新气象。平塘县新平乡加强了对反动会道门的斗争,在斗争中,讲究策略,以说服教育为主,培养了十多名积极分子。农民纷纷参加到互助组中,该乡的更等寨有 30 户农民,其中的 25 户组织了 3 个互助组。② 都匀县的云朵生产农业合作化经过整顿由三类社变为二类社,从组织建设看,整顿前有党员 2 人,整顿过程中又发展了 3 人,加上部队转业干部 2 人,整顿后一共有党员 7 人,这些党员发展了周围 70 多户农民参加到合作社中。广大妇女也积极投身到生产运动中,副主任陈秀芝分管妇女工作,组织妇女劳动力 21 个,半劳动力 18 个,共 39 个劳动力,给全社 956 挑油菜,1365 挑小麦进行浇水。在改造中,还新修河沟 1 条,使 24 挑土变田。新种植旱苞谷种子 14 斗 6 升(合 320 挑),黄豆种子 6 斗 3 升。整顿后全社有社员 28 户 84 人,其中,中农 9 户,贫雇农 19 户。③

下面以中共都匀县四区潘洞乡(四村)的三类村改造为例,详细考察落后村的改造和动员情况。

(一)落后村改造组织的建立和最初的宣传

动员农民斗争地主首先要依靠强大的组织和宣传,这与中国共产党历史上的历次政治运动实践基本相同。在都匀县四区潘洞乡

---

① 中共都匀地委:《都匀地委关于加强边沿区工作消灭三类村的几点意见》(1954年4月1日),黔南州档案馆:1-1-258。

② 中共都匀地委政策研究室:《平塘新平乡关于解决落后寨的工作情况简报》(1954年4月27日),黔南州档案馆:5-1-38。

③ 中共都匀县委农村工作部:《云朵生产农业合作化经过整顿变三类社为二类社》(1955年4月29日),黔南州档案馆:5-1-94。

（四村）的三类村改造中，首先建立了组织机构，工作组以都匀县四区区委委员陶铸之为组长，加上都匀县抽4名干部，四区抽3名干部组成，以及派遣农民积极分子5人，一共13人。在进驻三类村之前，工作组还学习了改造三类村的各种法令和政策，详细了解了中共中央和中共贵州省委对三类村改造的具体安排和步骤后，随即进驻到潘洞乡的三类村。①

进村之后，工作组传达了改造三类村的政策和精神。因为这种传播必须在民众聚集的场合公开进行，所以，开会是最基本方式，比如干部会、小组会、贫雇农会、民兵等。开会"可以使人们从人数上产生一种安全感"，而且"一个人的话可以启发另一个人"。②对于谨小慎微的个体农民来说，人数上的安全感和优越感足以消除他们的种种顾虑，促使其行动起来。

（二）进村后困境

1954年3月31日，工作组正式进驻潘洞乡，在了解这4个三类村的基本情况后，召开了各种宣传会议，讲明他们到乡村的主要目的是帮助生产和处理土地改革中的遗留问题。宣传以改造三类村、总路线及民族团结为主要内容。工作组从搞好生产和增进民族团结入手，深入发动群众，提高群众觉悟，使群众分清了敌我界限，认识到一切问题（特别是干部关系恶化）都是由不法地主破坏所致，将斗争锋芒对准不法地主，工作组要在打击地主的基础上再解决其他问题。③显然，三类村改造的最初工作就是斗争地主，他们试图以斗争地主、分配果实来达到改造工作的实质性突破。

不过，从各个阶层表现来看，工作组进村后明显是遇到了很大

---

① 中共都匀县委员会《关于四区潘洞乡（四村）三类村工作简报》（1954年5月8日），黔南州档案馆：5-1-94。

② 柯鲁克：《十里店——中国一个村庄的群众运动》，北京出版社1982年版，第33页。

③ 工作组虽然强调"斗争地主如放在工作的首要地位是不妥的"，但在实际改造中，农民大量的生产时间被占用，大量的精力被消耗去斗争地主，生产被影响是不可避免的。参见中共都匀县委员会《关于四区潘洞乡（四村）三类村工作简报》（1954年5月8日），黔南州档案馆：5-1-94。

的麻烦。从贫雇农看，他们却并不认为地主是斗争的头号对象，干部才是最让人愤恨的群体。贫雇农认为，"干部多占果实，作风不民主，比地主阶级的破坏活动更要明显"，因而贫雇农（特别是土地改革中未分到东西的贫雇农）要求斗争干部比斗争地主迫切。关于这一点，当时的文件把这个原因归于"群众觉悟低"，表明当地领导已经意识到农民缺乏阶级意识和斗争理念。[①] 而中农受到1953年土地改革复查的影响，处于恐慌之中，特别是土地改革后成分未定的中农和小土地出租者，他们怕提高成分，因而对生产消极。中农孟福妹说，"搞生产吧，怕将来吃不饱，不搞吧，以后怕饿肚子"。有些中农1953年就做了准备，把大牛换小牛，分散财产，怕在运动中被提高成分；他们在政治斗争中表现冷淡，开会基本不发言。基层干部则出现了分化，落选的老干部对政府表现出极大的不满，开始诉群众的苦，摆自己的功，内心恐慌，又怕追贪污，暗地骂提意见的人无情。而新干部则表现出谨慎，当老好人的一面。[②] 实际上，不论是贫雇农、中农，还是乡村干部都未表现出工作组所期望的斗争热情和斗争指向。

（三）烘托出改造的主题

三类村改造的目的之一就是消除乡村社会中的封建势力，尤其是地主势力的影响。为达到此目的，就需要将地主阶级的一切行为都归于违法乱纪和扰乱秩序，以达到动员农民群众斗争地主的目的。潘洞乡工作组对地主的基本判断是"表面老实守法，暗地造谣

---

① 关于这一点诸多论者都对此做过判断，艾森斯塔得强调，农民"通常是最为消极、最无精致目标、最少组织性的阶层"，很少在政治上表现出积极的态度。苏联学者杰柳辛等人也认为，中国农民"没有成为能够全面认识、提出和捍卫自己利益的、独立的、有活动能力的政治力量。他们的利益的代表是共产党"。比昂科的判断更为直接，"如果没有共产党人，农民绝不可能孕育出革命思想。"参见艾森斯塔得《帝国的政治体系》，贵州人民出版社1992年版，第221页；梅利克谢托夫：《苏联学者对中国农民土地问题研究的新阶段》，载中共中央党史研究室科研局编译处编《国外中共党史中国革命史研究译文集》第一集，中共党史出版社1991年版；比昂科：《农民运动》，载费正清等编《剑桥中华民国史》（下卷），中国社会科学出版社1993年版，第309页。

② 中共都匀县委会：《关于四区潘洞乡（四村）三类村工作简报》（1954年5月8日），黔南州档案馆：5－1－94。

威胁"。实际上，就是将地主的牢骚、消极反抗都划为对抗政府之列。地主蒙国清被认为是制造假象，蒙蔽群众，强调其演戏的成分居多，说他"在地主会上兴奋地说，'一贯守法，外出请假从无误过假期'，群众揭发他把购粮证借给别人买米，他主动找干部，哭着认错，暗地威胁群众说，'我这劳改的机会可到啦……'"说"汉族地区是复查，少数民族地区是密查"。①

　　针对贫雇农始终认为"干部多占果实，作风不民主，比地主阶级的破坏活动更要明显"，工作组强调这是基层农会组织不纯造成的。并举例说，化形地主②蒙家成隐藏在农协会的领导层中，打击积极分子，挑拨干部关系，群众准备揭发他的真面目时，他却状告群众私自开会杀干部，由此造成干群紧张。地主蒙光元等更是挑拨和污蔑蒙光位等4名干部得到了其他赔款，以致群众斗争锋芒转向干部。实际上，主要是因为蒙光元家族势大，在舆论导向上容易起主导性作用。需要说明的是，虽然搞不清蒙光位等干部是否多拿多占。但调查材料的确表明，确实有部分干部多分多占果实，压制群众，以致激起群众愤恨，特别是经济上未翻身贫雇农的反对。同时，在民族政策上，存在着狭隘的民族主义和压迫少数民族的大汉

---

　　①　中共都匀县委员会：《关于四区潘洞乡（四村）三类村工作简报》（1954年5月8日），黔南州档案馆：5-1-94。

　　②　"化形地主"的意思就是说，这个人家虽然已经穷了，实际上是装穷。这样一来，就把很多人的家庭出身查三代。只要你祖父是地主，第三代后还算地主。参见曾彦修《才德反差巨大的康生》，《炎黄春秋》2009年第2期。在《杨尚昆回忆录》中更加清晰地记载了康生在晋绥土地改革中对"化形地主"的判断，康生认为，晋绥是老区，要按过去的标准去找地主富农，你找不到。他们在人民政权下，早已化了形，成了"化形地主"。什么叫"化形"呢？解放区有个政策，地主富农经营的工商业不没收，只没收地主的土地和浮财、富农多余的土地；对经营工商业的地主富农在政治上按工商业者对待。康生却说，老区的地主富农，把财产转到工商业上去了，凡是这样的人都应该是斗争的对象，要挖浮财，把他们扫地出门，只给他们一双筷子一个碗。他把这些人称作"化形地主"。康生还和陈伯达一起搞出划分"化形"地主富农的四条"标准"：一看现在的土地和财产；二看土地财产的历史根源；三看过去和现在的经营方式；四看群众的态度。陈伯达更把它扼要地说成三条：查三代，看历史；看铺的摊子大小；看政治态度。按照这些"标准"，兴县蔡家崖村划成地主富农的竟占农户总数的22.46%，大大超过了一般估计的8%，将许多本来不是地主富农的人错划成地主富农，扩大了打击面，搅乱了阶级阵线。参见杨尚昆《杨尚昆回忆录》，中央文献出版社2001年版，第249—250页。

族主义，表现为本地干部排斥迁移户，因而造成"群众要求斗干部迫切，干部很普遍地骂群众走地主路线"。① 上述"干群矛盾"的产生原本就是因为经济利益的分配不均而造成，但改造落后村的工作组将其根源归因于地主阶级的挑拨。实际上，也只有这样，才能达到动员群众的目的。

（四）落后村改造的主要实践

1. 解决干群矛盾和阶级矛盾的轻重问题

为了将"干群矛盾"转化为"阶级矛盾"，工作组首先搞清楚了"干群矛盾"的症结所在：即是内部问题还是外部问题，是村干部的缺点还是区干部的缺点，再打通干部思想，耐心说服，帮助其找出缺点，解决顾虑。在批判教育中，工作组不是简单、草率地让群众批判一顿，而是肯定成绩，让主要干部自己认识缺点，进而能够接受群众意见。武装委员蒙玉位在小组会检讨说，"我们团结不好，最主要的是我自私……"这种主动认错的态度一定程度上得到了群众的谅解，最有意见的农民蒙银贵说，"不能光怨村干，也是我们的觉悟低"。以前干群紧张的关系得到好转。在解决"干群矛盾"以前，村干部顾虑颇大，连开会都是偷偷摸摸的。群众也不信任乡村干部，开小组会都防村干部偷听。当这些问题解决后，村干部偷偷摸摸地开会转为主动和公开，偷听转为积极参与，从而将斗争锋芒转向地主阶级。工作组在处理此问题时，坚持在内部团结的前提下进行，商讨办法时做到有缺点就检讨和纠正，杜绝斗争或管押，从而迅速消除了乡村干部的各种顾虑。②

2. 重建基层政权组织，广泛动员群众

土地改革后，由于潘洞乡未处理好基层政权建设中"上"和"下"的问题，表现为落选干部与新当选干部矛盾很深，为了解决矛盾，也为防止农会被利益群包办，工作组特意采取了自上而下的

---

① 中共都匀县委员会：《关于四区潘洞乡（四村）三类村工作简报》（1954 年 5 月8 日），黔南州档案馆：5 - 1 - 94。

② 同上。

办法来组织村一级农协筹备会。在分配和选举农协筹备会组成人员上，注意吸收落选老干部参加。实际上，这些落选的老干部都是以往历次政治运动中的骨干，有的在农训班学习过，有的是省、县的生产模范，具有一定的工作能力，让他们参加到村农协的建设中，即便不是绝对的核心和主力，依然能达到团结新老干部的目的，从而一定程度上解决了新老干部的矛盾。①

在改造中，工作组还努力去动员群众，增强农民的阶级意识。在土地改革中，潘洞乡4个落后村的群众动员并不彻底，尤其是以地主的近门、亲友、老帮工、佃户为代表的农民群体并没有被发动起来，这个比例占整个农民群体的60%—80%。同时，已经发动起来的农民也并没有完全站到地主的对立面，和地主都有千丝万缕的联系。如地主蒙光元的帮工佃农蒙光应（治安小组长），就找地主老婆送对联，利用旧的封建恶习（赌博），拉拢民兵10多人。为此，工作组认为，此事十分危险，"贫雇农，过去积极，现在丧失斗争性，甚至连会都不参加，甚至地主外出民兵护送，地主赌博民兵守哨"。在改造后，这种情况基本消失，群众主动申请加入新组建的农协，自觉检查缺点，阶级意识有所增强。②

3. 处理土地改革中的遗留问题，再次分配地主财产

在潘洞乡三类村的改造中，又重新划分和斗争了一批地主。潘洞乡（四村）原有老地主11户，落后村改造又新划地主3户。在斗争地主蒙国清时，蒙国清愤恨地说："你们合适（注意）的点，不是水场是火场（意思是说共产党不会待久，国民党还会回来）。"地主"除造谣、威胁、收买软化、破坏生产、挑拨农民团结等以外，还组织地主委员会，不断在一起诉现在的苦，说过去的幸福生活，将来如何报仇等"。显然，这些言论都成为地主在政治上不低头的论据。此时，农民已经被动员起来，他们不断地诉地主的苦，

---

① 中共都匀县委员会：《关于四区潘洞乡（四村）三类村工作简报》（1954年5月8日），黔南州档案馆：5-1-94。

② 同上。

强调"地主不劳动，经常大块大块地买猪肉，我们劳动一天到黑连猪油还没有吃上"。①

为此，都匀县四区区委批准："必须打退这种疯狂进攻，对首要分子根据情节逮捕或斗争（逮捕按规定权限执行，斗争由区委批准），一般的地主分别地叫群众管制起来。否则，以后进行任何工作都是有困难的，不可能搞好的。"四区区委还特别强调了新地主的财产及遗留山林的没收分配问题，重点是"解决老帮工、佃户的发动问题，提高群众的阶级斗争觉悟"。② 从四区区委的意见看，政治动员的目的性很强，一定程度上已经超过了解决贫雇农生活的经济问题范畴。

4. 改造工作围绕生产进行

在工作组改造三类村的实践中，组织农民进行生产劳动也是中心任务之一，这样做的目的或许是为防止政治运动完全取代生产，从而影响生产的正常进行和乡村经济的发展。所以，工作组在三类村改造中，也会帮助农民提高农业技术，改善生产环境。在改造前，落后村的农业生产是相当原始的，不仅不会合理施肥，而且秋收时不选种，插秧时是密株密植。即便是肥源及水源甚富，1953 年仍有大量白水田和受旱土地。群众说："种由我，收由天。"靠天吃饭的思想严重。工作组根据这种情况，重点加强干部思想的教育，明确了领导生产的重要性。而且特别强调互助组发展和巩固的重要意义。在此指导思想下，潘洞乡的三类村补修了 5 条水沟，犁了老田，发放了农贷，解决了春耕生产上的困难。并在换工的基础上，组织了 5 个临时互助组。③

此外，在三类村的改造中，工作组充分考虑民族的因素，着重培养少数民族干部。在政治上，发展了 1 名团员，培养了 3 名积极分子，依靠他们去动员少数民族群众和开展对地主阶级的斗争。同

---

① 中共都匀县委员会：《关于四区潘洞乡（四村）三类村工作简报》（1954 年 5 月 8 日），黔南州档案馆：5 - 1 - 94。

② 同上。

③ 同上。

时，工作组还十分重视自然领袖的作用，积极利用他们在农村社会中的影响力。

通过上文对中共都匀县四区潘洞乡三类村改造的例证可以看出，三类村的改造工作与之前的土地改革有很大的相似性，其内容多为发动群众、斗争地主、创办合作社、积极生产等。显然，对于基层干部而言，这些改造三类村的实践并不陌生。正因为如此，三类村的改造工作推进还算顺利。

截至 1955 年 3 月底，黔南地区改造完成的落后乡村共计 61 个乡及 20 个村，正在改造的有 14 个乡 23 个村，未改造的有 40 个乡及 8 个村，已经改造完成的落后乡村约占改造总数的 1/2。其中，独山县的落后村基本改造完毕，丹寨县、从江县即将结束，都匀县、福泉县、麻江县、平塘县、三都县、荔波县、黎平县、榕江县等还在进行中。①

不过，从实际效果看，1954—1955 年年初的落后乡村改造并未得到中共都匀地委的认可。1954 年 10 月 12 日，在《地委农村工作部批转都匀县委关于加强对落后乡村（即三类村）改造工作的领导意见》中，中共都匀地委指出："大半年来，由于省、地委再三指示已取得了一些成效，但由于我们对落后村改造之重要性认识不足，未能认真研究和布置此项工作，特别是区委，有的在这方面很不重视，不认真分析这类乡村的情况，计划抽象，布置不具体，有的是有布置无检查，形成自流，具体作这项工作的干部感到困难，无办法无方向，工作粗糙，甚至有的区委将改造落后乡村的计划交给一个工作人员执行，有的区委则到现在未能作出计划来，也不报告这项工作，这样下去，势必造成粗壮夹生，甚至走过场，或拖延下去，使这些地区的封建势力长期存在下去，统治农民，而各项社会主义改造工作经常遭到敌人的破坏，影响整个国家建设。"② 从上

---

① 中共都匀地委农村工作部：《关于落后乡村改造经费数字分配的通知》（1955 年 4 月 1 日），黔南州档案馆：5 - 1 - 64。

② 地委农村工作部：《地委农村工作部批转都匀县委关于加强对落后乡村（即三类村）改造工作的领导意见》（1954 年 10 月 12 日），黔南州档案馆：5 - 1 - 94。

述的文件内容可以看出，中共都匀地委和中共都匀县委对 1954 年改造落后村基本持否定的判断。中共从江县委农村工作部在改造山区生产中，也持否定态度，强调山区的改造"未有具体研究和切实交代，以致一年来对改造山区生产收效不大"。① 这些判断也为落后乡村的下一步改造定了基调。

需要说明的是，此时的三类村改造仍是以"土改补课"为出发点，辅之以互助组的发展，农民仍然是土地的所有者。为此，中共都匀县委农村工作部特别强调，三类村的落后是"上一段历史任务——土地改革运动中，反封建斗争发展不平衡和不彻底所遗留下来的落后，而不能与新的历史任务——社会主义革命工作的后进混合不清，必须端正这一认识，反封建的历史任务是不能跳越的，过去遗留下来的历史任务必须补课，而且必须认真去完成"。②

二 改造落后乡村的展开

1955 年 4 月以后，新一轮的改造落后乡运动随即展开。首先表现在经费的支持上，1955 年 4 月 1 日，中共都匀地委农村工作部公布了《关于落后乡村改造经费数字分配的通知》，整个黔南地区得到改造落后乡村专项经费 29100 元。③ 此后，各县陆续加强了对改造落后乡村的领导和部署。下面以福泉县和都匀县的改造为例，分析 1955 年 4—9 月这一时期落后乡村改造的开展情况。

---

① 中共从江县委农村工作部：《改造山区生产报告》（1955 年 1 月 20 日），黔南州档案馆：5-1-93。

② 中共都匀县委农村工作部：《都匀县召开消灭三类村工作会议并研究确定今后改进意见的报告》（1955 年 5 月 12 日），黔南州档案馆：5-1-93。

③ 在中共都匀地委农村工作部公布《关于落后乡村改造经费数字分配的通知》中，列举了都匀地委各县的分配金额：都匀县 3000 元、福泉县 3500 元、麻江县 1150 元、荔波县 4600 元、黎平县 6100 元、平塘县 250 元、三都县 2400 元、从江县 3100 元、榕江县 4500 元、丹寨县 500 元。这个数额的分配标准是以每乡一个干部全年供给计算。并且强调："此项经费只能给改造落后乡村的干部经费使用，不得移作其他用途，同时地委未留一点机动数字，各县均不能追加经费预算，用不完必须交回。""改造落后乡村的干部基本上以原有从事落后乡村干部为基础，根据工作需要，进行增减和调整，但不能超过上述分配各项的经费范围。"随后进行增减的改造落后乡干部即便调整，也不能超过上述分配的经费范围。参见中共都匀地委农村工作部《关于落后乡村改造经费数字分配的通知》（1955 年 4 月 1 日），黔南州档案馆：5-1-64。

（一）改造工作的计划与实施

福泉县有大麻寓、复元、大水清、三坪、平堡和地松 6 个乡属于落后乡。这些乡村被归于落后的原因主要是基于以下几个方面：一是在土地改革后，地主、富农在农村社会中仍然具有较大的影响力，并暗藏着反革命分子，因而群众发动不充分，未形成以贫农为骨干的核心力量。二是乡村党组织并没有建立起来。土地改革工作组离开以后，乡村政权由于缺乏组织核心而陷入混乱，表现为积极分子不知所措，群众阶级界限模糊。部分地区还存在基层组织不纯的现象，致使党的政策难以贯彻。三是民族关系复杂。在少数民族聚居和杂居的乡，还表现为复杂的民族问题。由于民族间的历史矛盾、执行民族政策中的偏差，以及少数民族缺乏政治和法律意识，致使民族纠纷不断。四是县区级领导重视不足。土地改革以后，县区级领导很少或根本没有去过这些比较偏远的乡村，大部分落后乡村都处于封闭状态之中，村民很少接触上层的各种政策。①

都匀县乡村落后的原因也基本如此。在《都匀县召开消灭三类村工作会议并研究确定今后改进意见的报告》中，中共都匀县委指出，三类村的落后是"指上一段历史任务——土地改革运动中，反封建斗争发展不平衡和不彻底所遗留下来的落后"。因而"与新的历史任务——社会主义革命工作的后进混合不清"。②并且三类村的存在，在地区分布上多系沿边山区、县区结合部，民族杂居和少数民族聚居区。比如，都匀县三区在斗地主中，三区的少数民族就不让工作组对本族地主进行批斗。此时，对于少数民族而言，宗族的观念明显大于阶级意识。在落后乡村，地主阶级在政治上并未被彻底打倒，部分罪大恶极的地主也未被镇压，四区匪首胡结和有血债的而漏网，五区河流六村地主张启林漏网。地主在经济上依法灭、退、罚不彻底，四区地主明秀荣本应退赔 350 元大洋，结果仅赔

① 中共福泉农村工作部：《福泉县 1955 年改造落后乡工作计划》（1955 年 4 月 16 日），黔南州档案馆：5 - 1 - 67。

② 中共都匀县委农村工作部：《都匀县召开消灭三类村工作会议并研究确定今后改进意见的报告》（1955 年 5 月 12 日），黔南州档案馆：5 - 1 - 93。

200 元。同时，群众未被彻底发动，觉悟不高，在思想上与地主划不开界限，有悖于国家对农村社会改造的初衷。干群关系也不正常，村干部之间互相告发，造成了干群矛盾大于阶级矛盾，农民的主要精力都集中于干部和积极分子多拿多占果实上。此外，土地改革遗留问题也未能解决。如都匀县三区就有土地改革果实未分、阶级错划、山场地界不清等问题。①

　　基于上述问题的存在，福泉县委和都匀县委都制订了详细的落后乡村改造方案。福泉县委要求本县的 6 个落后乡于 1955 年内必须完成改造工作，并确立了改造的基本方针："首先应明确以反封建为主，切不可把民主主义革命与社会主义革命并作一步走。要从领导生产与解决群众最迫切的要求入手，重新发动群众，向封建势力开展斗争，并在斗争中发展和培养积极分子，整顿基层组织，建党建团，逐步开展互助合作。"在少数民族地区，"应更为慎重，从贯彻检查民族政策、领导生产入手，依靠少数民族干部和积极分子，团结其他联系群众的公众领袖，在少数民族自愿的原则下，适当放宽尺度，重点打击顽抗违法地主，解决民族纠纷，加强民族团结，培养民族干部，搞好生产，稳步地开展互助合作"。最后要求，"不论哪一类落后乡的改造工作，必须注意培养提高原有积极分子，及时发展和培养新的积极分子，发展一批党团员，建立党团组织，为进一步开展社会主义革命打好阵地，纯洁乡政府，进一步加强与巩固人民民主专政"。②

　　在改造工作中，有两个方面需要特别注意：一是改造工作必须与生产生活紧密结合。中共福泉县委要求，改造工作需"从领导生产中去发动群众，组织群众，帮助农民解决生产上、生活上的困难。要根据党在农村的阶级政策，整顿、巩固、提高互助组织和其他经济工作，如发放农贷、积谷、救济粮款和土特产的收购，以及

---

　　① 中共都匀县委农村工作部：《都匀县召开消灭三类村工作会议并研究确定今后改进意见的报告》（1955 年 5 月 12 日），黔南州档案馆：5 – 1 – 93。
　　② 中共福泉农村工作部：《福泉县 1955 年改造落后乡工作计划》（1955 年 4 月 16 日），黔南州档案馆：5 – 1 – 67。

供销合作，信用合作，必须迅速为支持农民生产，增长其福利着眼，结合这些把工作搞好"。二是着重对农民进行政治思想教育，加大对农民群众的思想整合力度，结合具体的事例，通过实际工作，向农民群众大力进行阶级教育、社会主义教育、爱国主义教育，使农民把"斗争锋芒对准主要的敌人，彻底打击复仇地主、反革命分子及各种破坏分子的违法破坏，一般要求做到教育群众自觉地与敌对阶级划清界限，把混入互助合作组织的地主、富农分子洗清出去"。而对干部则要求"干部在工作中要走好群众路线，耐心宣传教育，使党的政治路线与政策原则完全为群众接受，形成力量"。从而达到弱化干群矛盾，强化阶级矛盾的目的。①

在时间安排上，福泉县委要求大麻窝和复元两个乡的改造期限为 5 个月，地松的改造期限为 2 个月，大水清、三坪和平堡 3 个乡则为 6 个月。为此，特意派遣了两个工作组，一个工作组由大麻窝和复元转地松，另一个工作组由大水清转三坪再到平堡结束。为了确保改造工作的顺利推进，可谓是层层负责。福泉县委特别指定专人负责，对落后乡所在的区，确定由一名区委委员直接领导，基层的农村党支部则把落后乡村改造列为日常工作之一。②

不论是基本原则、详细计划，还是制度安排，都是为了将改造落后乡村工作顺利完成，这就需要一个标准。福泉县委提出了四项要求：第一是地主阶级的阴谋和反革命分子的暗藏破坏要彻底粉碎。第二是确立以贫农占领导优势、巩固团结中农的政治联盟与经济联盟。第三是建立并巩固党团组织，纯洁农村基层组织，并保证党支部对全乡工作树立领导核心。第四是农业生产互助合作有显著的发展和巩固。③ 考虑到各级政府在推行中央政策时的执行力，福泉的落后乡村改造标准与上层并无本质区别，福泉的标准基本上是黔南地区落后乡村改造的普遍准则。

---

① 中共福泉农村工作部：《福泉县 1955 年改造落后乡工作计划》（1955 年 4 月 16 日），黔南州档案馆：5-1-67。

② 同上。

③ 同上。

比如，都匀县落后村改造的标准也是围绕宣传、生产、打击封建势力等几个方面，主要包括：深入而广泛地进行党在过渡时期总路线的宣传教育和生产互助合作有关的各项政治宣传，以提高党群的社会主义觉悟，使群众靠拢党和政府，达到反封建斗争的目的。时刻围绕以生产为中心，从生产入手，以生产结尾，在做好当前工作的前提下，发动群众推行反封建斗争。使用分层排队的方法，将地主分为大、中、小，违法和守法等不同类别，对大地主的违法进行打击。同时，将土地改革遗留问题与发动群众紧密相连，土地改革所分配的果实、山林、粮食等一般存放到已发动群众之处。① 这在一定程度上是对已经动员起来群众的照顾。

都匀县委还特别对错划阶级和果实分配问题进行了讨论，县委认为："对错划阶级，其土地财产，土改后没收分配者，现有者坚决退回，无则了之。漏网地主财产必须进行重新分配，仅内部成分漏划者，根据群众意见，进行决定。系地主、富农成分的变动者，区委研究出具体意见再执行。对斗争果实的分配，应坚持的原则是：适当照顾贫农，有利生产，有利团结的精神去处理。山林应本着有利生产为原则。村干、积极分子多占果实问题，群众有意见，采取教育、批判，不再追回。"② 从中共都匀县委制定的政策明显看出，对地主较为不公，即便是被错划为地主、富农，其财产也很难再拿回，而村干、积极分子多占的果实只是进行教育、批判，果实不再被追回。这种差异极不合理，却又是新中国成立初期乡村社会的普遍现象。

此外，改造落后乡工作还严格汇报制度，以加强信息交流的畅通。都匀县委要求，"各区委20天向县委转交简报一次"，"县委农村工作部25天向地委农村工作部呈交简报一次"。③ 这种规定显然

① 中共都匀县委农村工作部：《都匀县召开消灭三类村工作会议并研究确定今后改进意见的报告》（1955年5月12日），黔南州档案馆：5-1-93。
② 同上。
③ 中共都匀县委农村工作部：《都匀县召开消灭三类村工作会议并研究确定今后改进意见的报告》（1955年5月12日），黔南州档案馆：5-1-93。

有助于信息的交流与沟通，并起到对下层监督指导的作用。

（二）落后村改造的绩效

通过 1955 年 4—9 月的改造，落后乡村的社会面貌发生了很大变化，为进一步的社会主义改造提供了组织、政治和心理的准备。到 1955 年 9 月，已改造了 71 个半落后乡，52 个落后村，约合计 89 个乡，占落后乡总数的 58.9%。[①] 在改造实践中，基本达到了重构乡村社会秩序的目的。在政治上，再次打击了地主和富农在乡村社会中势力和影响，提高了群众的政治觉悟。在党的建设上，发展了一批党团员，强化了基层社会中的党团组织，培养一批新的积极分子。并清理了原有的基层组织，树立了贫雇农的领导优势。在经济上，解决了土地改革遗留问题，加强巩固了经济支撑，提高了农民生产积极性，且逐步开展了增产措施，以推进乡村经济的发展。

都匀县，原有三类村 29 个（行政村），已改造 12 个，还有 17 个尚未进行，除都匀县一、二区基本改造外，其余各区均有三类村的存在。从五区获德乡三类村改造的例证看，主要有四条基本经验：一是从农业生产作为切入点，干部和群众通过在一起生产，打成一片，并在生产中进行教育和了解三类村。二是实现乡村社会地主和贫雇农政治地位的互换，依靠贫农，发展积极分子，进而斗倒地主，逮捕反革命分子。三是解决群众生产生活上的困难，在群众中开展粮食的互补有无。四是在党委的领导下，依靠政策改造三类村。[②] 获德乡的经验表明，发动群众进行政治斗争并非单纯的政治问题，还需要和经济利益联系起来，通过综合手段，最终达到乡村社会的根本性改造。

在福泉县，到 1955 年 9 月，已经完成的有谷就、气坪、泉飞、

---

① 在黔南州档案馆中出现的都匀地委落后乡村的数量很多地方不太一致，最主要的原因可能是中共都匀地委在划分三类村时也是一个动态的过程，根据实际情况不断进行调整。参见中共都匀地委《都匀地委关于改造落后乡工作计划》（1955 年 9 月 15 日），黔南州档案馆：5 - 1 - 64。

② 中共都匀地委：《都匀地委关于改造落后乡工作计划》（1955 年 9 月 24 日），黔南州档案馆：1 - 1 - 407。

翁初、哲往、和平、大麻寓、大水沟和平堡9个乡，正在进行的有复元和安参2个乡，尚待进行的有三坪和地松2个乡。在完成改造的9个乡中，乡村社会发生了很大改变。一是乡村社会的主导力量发生了重大转变。在改造前，地主和富农仍是乡村社会的主流导向，毕竟社会传统并非一朝一夕就会被改变。大麻寓乡地主涂克堂、朱玉祥（红帮头子）在2个行政组中都有巨大影响，农民对此仍存敬畏之心，甚至不敢在公共场所随便讲话。在和平乡，地主邓家势力仍未打垮。在改造中，工作组首先发动群众对地主、富农以及反革命分子进行斗争，其次划出地主和富农。在改造的9个乡中，就重新划出漏网地主66户，富农20户。在1955年改造的大麻寓、大水沟和平堡3个乡中，又逮捕和法办了地主和反革命分子20人，管制9人。重划、逮捕、管制成为落后村中新地主的最终命运，使得广大农民对重新拥有大量土地和大型生产工具都心存畏惧。二是在经济上给予地主和富农毁灭性的打击，甚至波及富裕中农。据已经改造的8个乡统计（气坪乡缺）：没收漏网地主的田889挑、土253挑、山林15幅、房屋226间，共有1117户农民分到了价值19773元的斗争果实。大麻寓乡有朵少成和杨树清2户农民在新中国成立前住了20多年岩洞，靠讨饭为生，在土地改革中分了田地，仍未分到房，在落后乡改造中分到了房，才从岩洞搬到房屋中居住。①

　　与此相对应的就是农民群体的崛起，特别是阶级意识的增强。在改造前，这些乡村群众的发动还不彻底，在乡村社会中还未形成压倒性的强势，有的农民心存畏惧，不敢讲话，有的农民阶级意识模糊，还和地主富农换工、做活。实际上，这是土地改革后原有乡村社会秩序的恢复。但这显然与中共革命的基本路径相左。为此，改造落后乡村就需要对农民进行阶级教育，强化农民的阶级意识。大麻寓乡马骆新寨的少数民族，以往民族意识强烈，阶级意识模

---

　　① 中共福泉县委农村工作部：《福泉县改造落后乡工作总结报告》（1955年9月30日），黔南州档案馆：5-1-67。

糊，不愿意批斗和再划本族内部地主。经过教育动员之后，阶级意识逐渐战胜了民族意识。和平乡农民郑必才将自己的兄弟都被列入斗争对象，揭发哥哥郑必仁（地主）新中国成立前压迫群众和勾结土匪的罪行。原先落后乡农民组织涣散，开会集会不到，工作任务布置难以落实的问题得到解决。①

此外，这种变化还表现在合作社的发展上。通过对落后乡的改造，推动了农村互助合作的发展，为下一步开展社会主义改造铺平了道路。在改造中，一般的落后乡都整顿了互助组，培养了办社对象。在1954年完成改造的乡，在1955年就重点建社，福泉县已改造的9个乡建成了4个社，信用合作社已做到了乡乡有。且这9个乡已有8个党支部、9个团支部。在改造中，落后乡发展新党员39人，新建党支部5个。其中，和平乡上升为一类乡，这个乡的党支部已能独立工作；气坪、大麻窝、大水沟、平堡和谷就5个乡上升为二类乡，这类乡的党支部在一类乡的帮助下也能开展工作；泉飞、翁初和哲往3个乡虽然还为三类乡，但发动群众和组织生产方面都有很大提升。②

（三）存在的问题

从落后乡村改造发展阶段看，福泉县和都匀县在改造落后乡上取得了一定的成效，比如组织发动群众，建立党团机构，打击地主富农等。但是问题仍很突出，不仅表现在部分地区领导不重视，改造不彻底，而且反映在改造中严重违反政策，甚至出现死人事件。1955年9月24日的《都匀地委关于改造落后乡工作计划》中明确指出，在改造落后乡中，"因领导不力，方针不明，执行政策混乱等，产生粗糙、'夹生'的就有6个乡、9个村，约合9个乡，占已改造总数的9.1%，这些改造乡对敌打击不狠，问题未得到根本解决，整个工作发展也极不平衡，现有改造乡虽大部分已着手进行，

---

① 中共福泉县委农村工作部：《福泉县改造落后乡工作总结报告》（1955年9月30日），黔南州档案馆：5-1-67。
② 同上。

但领导忽视，力量薄弱，情况不明，放任自流倾向都不同程度地存在，致未到预期目的。"① 从《都匀地委关于改造落后乡工作计划》强调的重点看，都匀地委更愿意去提及发展不平衡、重视不够等意在加码的问题，因为这种判断更符合国家对乡村社会重塑的主流思想。而对其中的过火行为，并未提及。基于这种判断，中共都匀地委在此后的工作部署中，显然是继续强化落后乡村改造的力度。

第三节 改造落后乡村的高潮

截至 1955 年 9 月，中共都匀地委还有一批未进行改造的乡村，计有落后乡 40 个半，落后村 3 个，落后寨 7 个，其中正进行者有落后乡 36 个，落后村 16 个，落后寨 5 个。这些乡村不仅是少数民族聚居区和杂居区，地处边沿、偏僻山区，多是省与省、县与县的结合部，具有土地改革晚、群众基础差、镇反不彻底、情况十分复杂等特点。而且表现出相对封闭和混乱的状态，比如社会秩序混乱，已经影响到了生产的正常进行，甚至还会出现暴动；比如党团组织力量比较薄弱，甚至没有党团组织，或是个别乡有党员无组织，抑或有组织但不够纯洁；比如群众觉悟低，顾虑多，思想混乱，对政府并没有很强的认同感，内部矛盾突出；再比如民族纠纷严重，甚至与政府关系紧张。② 这些都成为黔南地区落后乡村进一步改造的障碍。为此，中共都匀地委再次优化改造落后乡村的制度安排，以便为高潮时期的改造运动提供基础和条件。

一 高潮前的准备

1955 年 9 月以后，黔南地区迎来了改造落后乡运动的高潮。主要表现在一系列文件的下发、重要会议的召开和经费的追加等方

---

① 中共都匀地委：《都匀地委关于改造落后乡工作计划》（1955 年 9 月 24 日），黔南州档案馆：1 - 1 - 407。

② 同上。

面。其中主要包括 1955 年 9 月 22 日中共都匀地委农村工作部下发的《关于追加分配农业互助组织、落后乡改造经费的通知》、1955年 9 月 24 日中共都匀地委颁布的《都匀地委关于改造落后乡工作计划》、10 月 2—9 日中共都匀地委召开的中心八县落后乡改造工作会议、1955 年 10 月 26 日中共都匀地委下发的《对改造落后乡工作的指示》，以及 11 月 21 日中共都匀地委颁布的《都匀地委关于当前改造落后乡工作几点意见》。这些工作都为迎接改造高潮的到来提供了准备。

（一）经费的追加与保障

为了将改造落后乡村运动更好的落实，中共都匀地委农村工作部特意为各县区增加了经费预算。计有：都匀县 2000 元、独山县1700 元、麻江县 500 元、荔波县 1000 元、丹寨县 96 元、三都县400 元、平塘县 1000 元、从江县 2000 元、黎平县 2500 元、榕江县1000 元，预留 500 元机动。① 经费的追加与落实，给改造落后乡村工作提供了物质上的保证，同时也说明了中共都匀地委改造落后乡村的决心。

（二）工作会议与落实

为了贯彻落实改造落后乡村运动，1955 年 10 月 2—9 日，都匀地委召开了中心八县落后乡改造工作会议。出席会议的有各县负责落后乡改造工作的县区委和一般干部共计 101 人，其中少数民族干部 42 人，妇女干部 10 人，曾参加过落后乡改造工作的干部 36 人。这次会议主要精神是领会中央指示，结合总结检查和已改造落后乡工作经验，明确以后工作的方针政策和做法，统一思想认识，并在此基础上拟订出各县对落后乡改造的方案。②

在会议上，都匀地委总结了"前阶段落后乡村改造工作中的主要经验和教训"。认为斗倒地主有三点经验："（1）必须充分发动群

---

① 中共都匀地委农村工作部：《关于追加分配农业互助组织、落后乡改造经费的通知》（1955 年 9 月 22 日），黔南州档案馆：5 - 1 - 64。
② 中共都匀地委：《都匀地委关于中心八县改造落后乡工作会议情况报告》（1955年 10 月 17 日），黔南州档案馆：1 - 1 - 407。

众，特别是发动受苦最深的老雇农和最苦农民，这部分人是最了解敌人底细的，如果他们发动不起来，地主阶级是难以打垮的。（2）事前必须做好充分准备，摸清敌人情况，抓着事实和要害进行斗争，促使敌人在事实面前低头认罪。（3）要有领导有组织有准备地召开斗争大会，并注意掌握群众情绪，以免会场冷淡，地主顽强斗不垮。"①斗倒地主的经验充满着策略性的安排，特别是第三点掌握群众情绪，以免会场冷淡，强调会场气氛营造的重要作用，这与土地改革中诉苦的方式非常相似，属于精心设计和布置。实际上，"会场的安排也很重要，精心布置的会场更能发挥诉苦的仪式化功效"。②

　　会议还确定了改造落后乡村完成的五个标准："（1）彻底打垮封建势力。（2）肃清一切反革命分子现行活动。（3）树立起以贫农为核心的政治优势。（4）把生产互助合作运动掀起来。（5）在改造落后乡期间，不但要完成落后乡的改造任务，而且要同时完成各项工作任务。"③相比较 1955 年 4 月，还处于改造落后乡发展阶段的福泉县委的四项标准和 1955 年 10 月中共都匀地委的五条标准适用范围更广，也更加具体，这也成为整个黔南地区落后乡村改造的普遍准则。

　　（三）改造落后乡村工作的主要文件与解读

　　1. 1955 年 9 月 24 日下发的《都匀地委关于改造落后乡工作计划》

　　1955 年 9 月 24 日下发的《都匀地委关于改造落后乡工作计划》，主要包含以下五个方面的内容。

　　第一，根据落后乡村封建因素的强弱进行分类。

　　第一类：封建势力打击不彻底，不但在政治上，而且在经济上仍在统治人民，压迫群众，公开疯狂地反攻倒算，地主化成漏网

---

　　①　中共都匀地委：《都匀地委关于中心八县改造落后乡工作会议情况报告》（1955 年 10 月 17 日），黔南州档案馆：1 - 1 - 407。

　　②　李里峰：《土改中的诉苦：一种民众动员技术的微观分析》，《南京大学学报》（哲学人文科学社会科学版）2007 年第 5 期。

　　③　中共都匀地委：《都匀地委关于中心八县改造落后乡工作会议情况报告》（1955 年 10 月 17 日），黔南州档案馆：1 - 1 - 407。

者，个别村寨封建势力原封未动，敌人破坏是有组织有计划的，有的篡夺了乡政权，有股（散）匪活动，有暴动可能，甚至形成白色恐怖；基层组织严重不纯，被地主阶级、反革命分子直接或间接地掌握；群众发动差，觉悟低，为敌人谣言迷惑和歪曲政策影响，与党和政府关系紧张，农民内部严重不团结。这类乡（村）虽为数不多，但情况复杂，问题严重。这类地区，必须坚定不移地贯彻以反封建为主的方针，在政治和经济上应打击彻底，通过发动并依靠群众查实敌人破坏，给予坚决镇压，对股（散）匪必须开展政治攻势，辅以武装清剿予以肃清，应通过当前生产、粮食、经济支持和贸易等工作，即从领导生产与解决群众迫切要求入手，重点发动群众，提高他们的斗争积极性，向封建势力开展斗争，在提高群众政治觉悟、划清阶级界限、发动积极分子基础上，解放、改组、整顿基层组织，树立贫雇农领导优势。

第二类：封建势力受到了打击但不彻底，经济上有了削弱，但政治上仍很顽强，敌人破坏也较严重，群众发动不充分，未能形成以贫农为骨干的坚强的阶级队伍，政治上不能压服敌人，加之土地改革后缺乏领导，各项政策难以贯彻，工作陷入"夹生"状态，农民内部有不团结或宗派纠纷，使敌人有机可乘。这类地区，应通过检查总结和认真做好当前各项工作，通过领导生产，深入发动群众，政治上斗倒地主，打击残敌，彻底消灭封建势力，进一步提高群众的政治觉悟，整顿基层组织，巩固既有政治优势，并认真解决有碍生产与团结的主要问题，达到对内民主团结，对外压服敌人，扭转局势，适可而止，迅速转向以互助合作为中心的农业增产运动。①

从上述材料看，中共都匀地委对落后乡村的分类与《中共中央关于改造落后乡工作的指示》中的判断基本无异，所划分的两类落后乡村都是依据打击地主和发动群众的程度。从这一点也可以判

---

① 中共都匀地委：《都匀地委关于改造落后乡工作计划》（1955年9月24日），黔南州档案馆：1-1-407。

断，20 世纪 50 年代，即便是像黔南这样的偏远落后地区，国家政令也一样能在县、区、乡畅通。更为重要的是，中央的政策和命令传达到基层，很少发生改动，即便是中央的政令未必适合。

　　第二，落后乡村的改造与镇反工作相结合。肃反运动，即"肃清暗藏的反革命分子的政治运动"。1955 年年初，由于对胡风的批判运动不断升级，最终成为触发肃反运动的导火线。从 1955 年 6 月开始，一场大规模的肃反运动在中国大地上正式展开。1955 年 5 月 12 日，毛泽东在最高国务会议上提出肃反工作的方针是："提高警惕，肃清一切特务分子；防止偏差，不要冤枉一个好人。"① 7 月 1 日，中共中央发出《关于展开斗争肃清暗藏的反革命分子的指示》，进而在全国范围内开展了肃清暗藏反革命分子的运动。如此大规模的政治运动，负面作用十分明显。② 为此，10 月 25 日，中共中央又发出了《关于肃清暗藏的反革命分子的运动在群众已经发动之后必须注意保证运动健康的指示》，以期将其进行规范。③

　　此时，恰逢改造落后乡村运动也在紧张地进行，从而形成了时间上的同步。因此，中共都匀地委要求将落后乡村的改造与镇反结合起来，"首先应选择带有反革命行为的封建分子，并着重给予打

---

　　① 毛泽东在 1955 年 5 月 12 日《关于肃反工作要提高警惕、防止偏差的方针》中指出，"提高警惕，肃清一切特务分子；防止偏差，不要冤枉一个好人。"在这份手稿旁，毛泽东还批示："1955 年 5 月 12 日最高国务会议通过。存"。参见毛泽东《建国以来毛泽东文稿》第 5 册，中央文献出版社 1991 年版，第 136 页。

　　② 毛泽东指出，"我们的肃反工作，成绩是主要的，但是也有错误。过火的、漏掉的都有"，"在肃清反革命分子的斗争中，错误地把好人当坏人，这种情形，从前有过，现在还有"。参见《毛泽东文集》第 7 册，人民出版社 1996 年版，第 213 页。张闻天也认为，"在运动过程中曾经发生过斗得眼睛发红、斗争面太宽等缺点，而且这种'左'的思想到现在还有一些。主要的问题是实事求是的精神不够，重视材料不够，采取主观主义的推测，以致肃反扩大化"。参见《张闻天文集》第 4 卷，人民出版社 1997 年版，第 213 页。

　　③ 到 1956 年春，肃反运动取得重大成果。"根据 1956 年 2 月的统计，在党政系统参加肃反运动的 2787934 人中，初步证实查出了反革命分子和其他坏分子 8304 名，反革命嫌疑分子 31091 名，在军事系统的 2839012 人中，初步证实查出了反革命分子和其他坏分子 15879 名，反革命嫌疑分子 7289 名。"参见《中央关于必须把肃清暗藏的反革命分子的运动又好又快又省地进行到底的指示》（1956 年 4 月），中国人民解放军政治学院党史教研室编：《中共党史教学参考资料》第 21 册。

击（打击面不宜过宽），促成敌人整个阵营瓦解，而后又分别地对其他次要分子，如漏网的、有点倒算的破坏活动分子和情节不重分子，按照政策予以分别处置，并依法处理某些封建分子非法据有的'土改'与其他重要生产资料，反革命分子现行破坏应立即逮捕，武装土匪坚决镇压（必须按批捕手续办事）"。① 这种结合，就会产生一个很大的问题，被镇压和批捕的反革命分子到底是属于改造落后乡村的封建分子，还是肃反运动的破坏分子。其实，这对于乡村权力的执行者来说，一点都不为难，因为两者都是要对地主、富农、反革命进行打击，原有乡村封建势力终难逃脱被消灭的命运。

第三，强调民族政策的重要性。针对黔南属于民族地区的特点，中共都匀地委特别强调了落后乡村改造中的民族政策。中共都匀地委不仅指出，民族问题需要慎重处理，同时强调，解决民族纠纷应从领导生产入手，依靠少数民族干部、积极分子，团结民族自然领袖，坚持自愿原则，积极谨慎地开展工作。在对待自然领袖作用的问题上，中共都匀地委肯定了民族自然领袖的作用。但考虑到黔南少数民族上层的影响力较小，因而指出这种肯定不能夸大，与自然领袖的协商不能过分依赖，协商主要应该建立在艰苦发动群众基础上。②

在下派干部方面，民族干部扮演着重要的角色。为了加强对落后乡村的领导，中共都匀地委决定由各县委抽派县委级干部15人，区委级干部40人和若干一般干部，直接到落后乡参加改造工作。在人员组成上，其中除有一定政治水平和工作经验，一定领导能力和作风正派，民族观念较强的骨干和公安、武装干部外，绝大部分选派少数民族干部，并要求在少数民族中配备一定数量的妇女

---

① 中共都匀地委：《都匀地委关于改造落后乡工作计划》（1955 年 9 月 24 日），黔南州档案馆：1 - 1 - 407。

② 同上。

干部。①

第四，继续处理土地改革遗留问题和加强组织建设。一般而言，土地改革遗留问题包括阶级的重新划分、土地山林的分配等。在阶级划分问题上，中共都匀地委根据"适当照顾贫雇，有利生产，有利团结"的原则，强调"农民、富农、小土地出租者、地主互划错成分者要订正，地主化形漏网者坚决划出，并在政治上斗倒，经济上依法没收其土地和其他重要生产资料和减退；富农错划地主者，原其'土改'财产被没收分配，现有者酌情退回一部，无则了之。农民之间互划错成分者，根据群众意见决定订正与否，宜宽不宜严，一般以动为宜。""帮工帮粮各账各清，过去分果实不公，村干多占，不再退果实，应向群众据实诚恳检讨。"如果土地和山林未分者，也应按此原则分配下去。②关于土地改革遗留问题的处理精神与前文福泉县和都匀县基本一致。

在改造中，还需要强化党员、团员、积极分子的国家认同感，并以此带动农民积极投身于运动之中。如遇需解散、改组、整顿的基层组织，中共都匀地委规定，"对于原有基层干部必须采取慎重处理和分别对待的方针，严防一脚踢开或保存敌人"两种倾向。"个别极坏的确是阶级异己分子或蜕化变质分子，经过一定批准手续，分别情况给予纪律或法律制裁，对于处理乡村干部与群众之间宗派纠纷或民族历史隔阂，应特别慎重，不得草率。"在具体实践中，如果是设有党支部的乡，可以是以整顿支部为中心，也可以是整顿政权和其他群众组织，继而培养出一批新积极分子；有党员无组织的乡，则要迅速建立组织；连党员都没有的乡，要结合改造落后乡积极慎重地发展一批党员。③

第五，时间和区域的划定。在剩余的落后乡中，中共都匀地委计划从1955年10月起到1956年春耕生产前，利用6—9个月的时

---

① 中共都匀地委：《都匀关于改造落后乡工作计划》（1955年9月24日），黔南州档案馆：1-1-407。

② 同上。

③ 同上。

间，全部完成落后乡村的改造。具体要求中心 7 县在 6 个月内完成，东南三县和荔波则要求 9 个月内完成。为了落实责任，中共都匀地委重新对落后乡进行了规划，采取分片包干形式，将黔南的落后乡村划分为大小共 6 片（大片 2，小片 4）：黎平六、七、八区为一大片，计 12 个村，6 个寨子；荔波一、二区为一大片，计 7 个乡，四、五区各为一小片，计 8 个乡；三都三、四区为一小片，计 2 个乡，1 个村；都匀七区为一小片，计 6 个村。其他零散乡村约 25 个点，片下又设 2—3 点（约 14 个点）。每片要求有 1—2 个县委级干部亲自领导，大点配县级干部 1 人，一般点有 1 名区委干部，力求保证改造落后乡工作顺利完成。①

2. 1955 年 10 月 26 日的《对改造落后乡工作的指示》

1955 年 9 月 24 日的《都匀地委关于改造落后乡工作计划》颁布以后，各县开始布置改造落后乡的任务。同时，除荔波县外，各县均先后召开了落后乡积极分子会议，主要内容是集中学习中央指示和讨论都匀地委的方案。不过，在会议的进程中，都匀地委发现部分县委并未深入到乡村中去进行落后乡村的改造。有鉴于此，为了保证改造落后乡村运动的持续推进，中共都匀地委又颁发了《对改造落后乡工作的指示》。②

首先，在《对改造落后乡工作的指示》中，农业合作社成为改造落后乡村的主要内容。在 1955 年 10 月 4 日的中共七届六中全会上，毛泽东作了《关于农业合作化问题》的报告，全会通过了《关于农业合作化问题的决议》及《农业生产合作社的示范章程（草案）》，从而宣告了合作化运动高潮的到来。在此背景下，基层政府很快就将农业合作化的高涨与改造落后乡运动结合起来，努力将比较落后的三类乡村改造成为符合社会主义发展要求的农业社。在此之前，福泉县四区和平乡黄泥湾在改造落后乡中，成功地创办 4 个

---

① 中共都匀地委：《关于改造落后乡工作计划》（1955 年 9 月 24 日），黔南州档案馆：1 - 1 - 407。

② 中共都匀地委：《对改造落后乡工作的指示》（1955 年 10 月 26 日），黔南州档案馆：1 - 1 - 407。

农业生产合作社，也给了都匀地委以实践的支撑。实际上，中央的指示和地方的实践都使中共都匀地委坚信合作化可以完成，因而都匀地委提出，请各县将合作化建设"贯彻到落后乡改造工作中去"，这样，既符合中央的政策，也符合地方的实际。①

其次，《对改造落后乡工作的指示》重点强调了宣传工作的作用。1955年下半年，全国农业社会主义改造进入高潮。伴随于此，中共中央颁发了各项政策，特别是党的过渡时期总路线，这需要借助于改造落后乡村运动，来实现中央各项政策的深入宣传，进而充分发动群众。同时，改造落后乡运动本身也需要大力宣传，中共都匀地委要求，工作组在"进村后应首先召开党团支部会（有党团支部的乡）、贫农会、积极分子会等各种会议，说明我们的意图，解除群众顾虑，研究分析农村阶级情况，了解群众的要求。"并强调："目前农村任务艰巨繁杂，应控制开会时间，宜短不宜长，以免影响生产。"②

再次，《对改造落后乡工作的指示》还要求改造落后乡村的干部深入到乡村社会的基层。贵州因地理条件相对较差，农业发展水平不高，加之交通不便，商贸不兴，总体经济实力低下。尤其是农村，更是高山峡谷纵横，山林丛生，生活条件十分艰苦。但落后乡村改造的干部只能深入到乡村社会才能深入了解落后乡的原本面貌，避免由于主观臆断而产生错误的判断。由此，中共都匀地委要求："必须要接受以往的教训，切实加强对落后乡改造工作的领导，迅速地抓好重点，负责落后乡工作的县区委，应马上深入县委的重点乡村，创造经验迅速推广出去，求得点面结合，以推动工作健康发展，坚决执行地委规定的各项制度。"③

3. 11月21日的《关于当前改造落后乡工作几点意见》

经过改造落后乡干部会议和改造落后乡积极分子会议的宣传教

---

① 中共都匀地委：《对改造落后乡工作的指示》（1955年10月26日），黔南州档案馆：1-1-407。

② 同上。

③ 同上。

育，以往存在的思想顾虑得到了一定程度上的扭转。不过，仍有很多干部认为，"三类干部才搞三类村工作"，"改造落后乡工作不光荣，没前途"，"山高路远、地广人稀、怕吃苦"等。为此，11 月21 日，中共都匀地委再次下发《关于当前改造落后乡工作几点意见》，以推动落后乡村的改造。①

第一，《关于当前改造落后乡工作几点意见》强调了改造落后乡干部的责任，即实行农业合作化。实际上，此时发展农业合作社已经成为落后乡改造的首要任务。为了推动合作化运动的开展，不仅要求改造落后乡的干部逐渐转变土地改革时所形成的思维模式，重点以建设生产合作社为目的，在实践中，提高农民，特别是贫下中农、积极分子和非党劳动人民的政治觉悟。还要结合镇反运动，纯洁乡政权，从政治上、思想上、组织上树立贫雇农的领导优势。从逻辑关系看，这些都是实现合作化的手段，最终还需要从积极发展互助合作入手，进而坚定扩大农民走合作化道路的信心与决心。②

第二，在《关于当前改造落后乡工作几点意见》中，再次强调了改造落后乡村运动中发展生产的重要性。大规模的群众运动不可避免地将影响到农业生产，进而影响农民的生活质量。为了尽量减少政治运动对生产生活带来的不利影响，中共都匀地委指出："抓住互助合作和秋冬生产，集中精力做好粮食三定工作。""秋冬生产必须作具体安排，同样要认真贯彻中央关于'全面规划、加强领导'的方针，进行以农业合作化为中心的全面规划，在落后乡中也应根据具体情况，把镇反、整党建党、整团建团、整组建组、秋冬生产、粮食三定和批判富农思想、全面规划等社会主义改造工作紧密结合起来。"③

第三，在《关于当前改造落后乡工作几点意见》中，重点强调了对地主斗争的政策与方法。在落后乡村改造的起步和发展阶段，

---

① 中共都匀地委：《关于当前改造落后乡工作几点意见》（1955 年 11 月 21 日），黔南州档案馆：1 - 1 - 407。

② 同上。

③ 同上。

由于工作组斗争地主的目的主要是满足贫雇农土地、耕牛、农具的经济需求，因而盲目地、硬性地、单纯地找漏网地主，"想多搞点经济"，而对发动群众并不积极。实际上，这说明落后乡村的贫雇农对斗争地主并不热心，他们只想谋求经济利益，只想分配重新划分地主的土地和财产。中共都匀地委认为，这是因为，工作组"未能具体分析敌情和进行阶级排队"，因而将"摧毁阶级敌人的破坏置于一旁"。显然，中共都匀地委的判断是相当严峻的，他们认为，斗争地主不应只停留在经济层面，更重要的是进行政治打击。这种判断也为下一步严厉打击地主提供了基本依据。中共都匀地委认为，反革命分子、不法地主占有绝大部分，"荔波36个落后村寨，共有地主229户，其中反攻倒算者有75户，威胁、收买、利诱、挑拨民族关系的有40户，破坏互助合作、农业生产、粮食统购统销政策等工作的有84户，总计有违法破坏行为者199户，占地主总数的86.9%，仅有30户表现为守法，榕江2个乡7个村统计有反革命分子18名，不法地主16名，反动富农11名"。并强调，"这些情况各县都有反映，且较为普遍"。①

依据这种判断和认识，中共都匀地委强调："对地主反攻倒算、富农违法行为、反革命造谣破坏必须充分发动并依靠群众坚决打击。"也就是在此判断下，地主的打击面过宽过重现象时常发生。比如，在划漏网地主中草率行事，不经过讨论和研究，个人擅自批准，"迫使其低头认罪，吊打等违反政策的现象发生"。麻江县某些干部更提出"提拔成分"的口号，盲目、不加判断地提高打击对象的成分。其后果也是很严重的，荔波县的漏网地主自杀2人，逃跑1人，麻江县地主自杀2人，黎平县新民乡地主逃跑3人，给乡村社会造成了不良影响。这种行为还引起了富裕农民的恐慌，成为社会不安定的重要因素。为此，中共都匀地委强调："应分清主次，首要和一般，根据违法程度、破坏轻重进行处理，不要个个都要打

---

① 中共都匀地委：《关于当前改造落后乡工作几点意见》（1955年11月21日），黔南州档案馆：1－1－407。

一遍，而应抓住主要人物，幕后策划者给予狠狠打击，跟踪追踪，把反革命分子一网打尽，片面的阶级观点必须克服。"同时，严格漏划地主的程序，"为慎重起见，今后对划每一户漏网地主要充分发动群众揭发，说明根据，讲清道理，严防粗暴，各地确定漏网地主成分时，应由负责改造落后乡的党委同志签署，县委提出意见，报经地委批准，材料应具体，有充足理由，不得草率。对划漏网地主面，应掌握宜窄不宜宽的原则"。对于介于地主和富农之间的小地主，"如果他们过去并无恶迹，现在经济上无较多余财，不必强划成地主，一般可不再改动"。①

第四，《关于当前改造落后乡工作几点意见》还强调了发展积极分子的作用。国家权力要强化其在新解放区乡村社会的贯彻力和执行力，一个很重要的方面就是不断发展乡村积极分子。中共都匀地委认识到，"企图依靠几个干部是不行的"，而且外来力量越大，包办代替和强迫命令就会经常发生。为此，都匀地委强调："乡村工作应强调依靠本乡本村的贫雇农，积极分子去做好，不要过多地吸收社会力量，在少数民族地区，必须依靠本民族干部和积极分子，也不要多派汉族干部，向落后乡派干部帮助，必须重质不重量，要少而精，应按地委规定干部质量迅速配备起来，一经确定，就不宜再随意调动。"针对麻江、荔波等地反映的积极分子不愿戴"落后乡"的帽子，感到丢人、不光彩，有抵触心理，影响他们积极性发挥的问题。中共都匀地委认为，"落后乡"的名字可以不提。②

二　高潮时期的步骤和成效

从 1955 年 10 月开始，伴随着国家的合作化运动和中共都匀地委的重视，黔南地区的改造落后乡村运动达到了高潮。在落后乡村改造的步骤上，主要包括事前准备和入村后的方法。为此，中共都

---

①　中共都匀地委：《关于当前改造落后乡工作几点意见》（1955 年 11 月 21 日），黔南州档案馆：1-1-407。

②　同上。

匀地委将其总结，并下发至各县的工作组。

第一，事前准备。在都匀地委改造落后乡干部会议上，各县均及时对落后乡做了分类研究，制订了方案，提出了改造措施。都匀地委还组织了落后乡改造干部和积极分子的训练，全区投入改造工作的干部共计561人，其中，县级11人，区级65人，一般干部142人，社会力量353人，训练落后乡积极分子1248人。通过训练和学习，从事落后乡改造的干部和积极分子明确了方针、政策和做法，统一了思想认识。①

第二，入村后进行改造的方法和步骤。改造工作一般从领导生产互助合作和解决群众迫切的要求入手，由党内到党外、由骨干到群众，层层发动，反复宣传改造落后乡的方针、政策、意义和必要性；在群众觉悟得到提高的基础上，对地主、富农和反革命分子进行具体分析和排队，以便进行分批斗争和打击；组织群众向最恶劣的带有反革命的封建分子开展斗争，在斗争取得胜利的基础上进行划漏网地主，进而分别处理；然后没收和分配地主富农的果实；最后整顿和健全基层组织，引导群众斗争情绪转向以合作化为中心的农业增产运动。②

从实际效果来看，到1955年12月，也就是高潮持续两个月之后，改造工作的效果已经明显。但是，总体进度不一。少数快的乡村已基本结束，正转向生产互助合作运动，大部乡村还处于斗争或准备转斗争阶段，少数慢的乡村处于尚未开展阶段。从各县的情况来看，黎平、三都和麻江三县进度最快，黎平已有7个村在扫尾果实分配，处理遗留问题，结合建党建团，转向生产和互助合作，其他12个半乡，正在进行果实分配，12月底能基本完成；三都6个乡和1个村已经开展对地主的斗争；麻江各地也普遍开展起来。独山、都匀、福泉和丹寨四县次之，已经开展对地主斗争的有独山2

① 中共都匀地委：《关于三个月来改造落后乡工作情况的报告》（1956年1月20日），黔南州档案馆：1-2-150。

② 同上。

个乡，丹寨 2 个乡，福泉 2 个乡，都匀 6 个村，其他乡村还处于发动群众、收集材料、计划组织斗争阶段。平塘最慢，除新塘、翁桥进行较早的乡已经结束外，其余 4 个乡和 2 个村还没有开展斗争。荔波、榕江和从江三县的改造发展不平衡，荔波县 1 个村已经基本结束，13 个村和 12 个寨正在进行斗争，3 个村工作才开始，还有 3 个村和 6 个寨没有着手工作；榕江县有 3 个乡已经结束，进行办社阶段，2 个村已经结束斗争，1 个乡和 4 个村还停留在发动群众阶段；从江县有 1 个村已经结束，5 个乡和村斗争才开始，13 个乡村还没有进行。①

　　到 1956 年 1 月，历经高潮 3 个月之后，改造效果进一步凸显。1955 年 10 月，都匀地委在落后乡村工作会议上统计，全区共有需要改造的落后乡 54 个，落后村 135 个，落后寨 112 个，约 105 个乡，占总乡数的 15%。到 1956 年 1 月，已经结束或基本结束的有 11 个乡，55 个村和 28 个寨，约占落后乡总数的 47%，剩余乡村，除极少数工作尚未开展外，绝大部分正进行激烈斗争或准备转为斗争。据中共都匀地委对各县区落后乡村数量的统计，尚有 14 个乡和 4 个村没有开展工作。中共都匀地委随即对落后乡改造工作方案在时间上加以修正。地委计划在 3 月底完成落后乡改造工作，具体要求中心八县 2 月底完成，黎平、从江和榕江 3 月底前完成。② 对改造的质量，中共都匀地委要求"定时定质"完成这一历史任务，并制定了落后乡村改造的四个标准："一是把封建阶级和反革命分子的高涨气焰打下去，做到该捕的捕，该关的关，为充分发动群众扫除障碍。二是群众发动达到 85% 以上，树立以贫农为主的政治优势，发展与互助合作运动相适应的党团组织。三是完成落后乡改造同一时期的各项工作任务。四是完成初级合作化，在有条件的县份

---

　　① 中共都匀地委：《落后乡改造工作简报》（1955 年 12 月 20 日），黔南州档案馆：1 - 1 - 407。

　　② 中共都匀地委：《关于三个月来改造落后乡工作情况的报告》（1956 年 1 月 20 日），黔南州档案馆：1 - 2 - 150。

要求完成社会主义改造的高级社。"① 相比之前落后乡村改造的四项标准，这次改造显然更具有可操作性。

1956年4月，黔南地区各县的改造落后乡村工作基本结束。丹寨县于1956年3月基本完成，前后进行了7个多月，其中抽调干部12人，训练乡干、积极分子40多人，完成改造的落后乡村基本符合中共都匀地委所制定的四项标准。在运动中，落后村寨发动起来的群众达到85%以上。在合作化建社中，已经建立高级社17个，入社农户为1917户，初级社5个，入社农户348户，共计2265户，占落后乡寨户总户数的87.3%。在党团的建设上，共发展党员77人，团员101人，党组织已经在落后乡村普遍建立起来。② 从平塘县的改造情况看，从1955年10月到1956年3月，改造工作共持续了5个月，落后乡村分一、二批分别进行，共改造约合15个乡，占总乡数的25%，改造工作基本完成。③ 即便是地理位置最边远的从江县也于1956年4月基本完成，第一批改造了10个落后乡和4个落后村，第二批改造了13个落后乡和4个落后村，改造的落后乡约占全县总乡数的32%。④

在改造落后乡村运动的高潮中，黔南乡村社会呈现出了一些新的变化。

第一，传统的封建势力再次受到严重打击。在改造运动中，基层政府将反封建为主的方针贯彻于整个改造落后乡中，逮捕、法办成为地主富农的最终归宿，落后乡村的传统势力遭到重大打击。从江县高阳乡看，外逃7个反革命分子，经发动群众已捕回6个。麻江县共计开展全乡性的斗争会9次，到会群众达4000多人，被斗罪

<hr>

① 中共都匀地委：《关于三个月来改造落后乡工作情况的报告》（1956年1月20日），黔南州档案馆：1-2-150。

② 中共丹寨县委：《丹寨县委关于改造落后乡工作总结报告》（1956年3月31日），黔南州档案馆：5-1-94。

③ 中共荔波县委：《关于改造落后乡工作总结》（1956年4月16日），黔南州档案馆：5-1-93。

④ 中共从江县委：《改造落后乡情况总结与今后意见》（1956年4月6日），黔南州档案馆：5-1-93。

大恶极的反革命分子13个（其中地主9人，反动富农2人，其他2人），逮捕了11人。据福泉县的不完全统计，已经清查出日兰林（勃兰林）手枪1支，步枪1支，土枪3支，军用刺刀4把，子弹136发。三都县巴佑乡召开了32户有枪户的会议，共交出中正式步枪1支，子弹40发，另有4户当场承认有枪，待日交出。荔波县览革乡7户地主，退出帮工粮1831元，三都孟明乡3户违法地主罚款850元，已交300元（交的大多是银元等财产）。① 三都县的违法罚款交出17000元，15%的贫农和中下农都得到了经济果实，群众反映："破坏社会主义的敌人打倒了，大家齐心协力建设社会主义，争取赶上中心乡。"麻江县共开展了24场全乡性的斗争大会，参加人数达13500多人，斗倒45个罪大恶极的反革命分子（地主36人，富农3人，其他成分6人），依法逮捕17人。② 黎平县高河乡，工作组首先有计划地逮捕了掌握乡政权的正副乡长（反革命分子）4人。③ 福泉县和平乡沙塘翻在查建社对象时，把原划中农的漏网地主罗文德清查出来，罗文德在此之前曾煽动农民不要入社，地主罗友文，曾放火烧毁郑凤杨、周永桂（社的正、副主任）烤房两间，打坏铧口一架，这两人均经群众斗争逮捕法办。在改造中，重新划分漏网地主的2户，镇压了五方面的敌人④骨干23人，农村社会的政治气氛日渐浓厚。群众甚至反映："我们要走社会主义，地主是不担心的，我们要坚决斗垮他。"⑤ 实际上，以土地改革为代表的历次运动已经将传统乡村势力涤荡殆尽，只是历史、地理的因素，落后乡村的传统势力相对强大，才在三类村进行改造。当然，经过这

---

① 中共都匀地委：《落后乡改造工作简报》（1955年12月20日），黔南州档案馆：1-1-407。

② 中共都匀地委：《关于三个月来改造落后乡工作情况的报告》（1956年1月20日），黔南州档案馆：1-2-150。

③ 中共都匀地委：《落后乡改造工作简报》（1955年12月20日），黔南州档案馆：1-1-407。

④ 五方面的人是新中国成立初期镇反运动中所特指的敌人，即匪首、惯匪、恶霸、反动党团骨干、反动会道门头子及其他反革命首恶分子。

⑤ 中共都匀地委：《关于福泉和平乡改造落后乡工作中建立农业社的情况报告》（1955年12月8日），黔南州档案馆：1-1-407。

次改造，三类村的传统势力也被基本消灭。

第二，在改造中提高了农业生产水平。在 20 世纪中国乡村革命与"继续革命"的进程中，"革命"与"生产"或者说"政治运动"与"农业生产"原本就是一对复杂的矛盾，有着复杂关联的话语和历史实践。李放春在研究土地改革过程中的"革命"与"生产"关系时，就认为在"文化大革命"时期，"抓革命、促生产"的著名纲领、"政治挂帅、思想领先"的经济发展模式以及持续十余年的"农业学大寨"政治运动热潮都清晰地体现复杂关联的话语和历史实践的关联，"革命"与"生产"生成的诸话语和历史因素之间的实践关系并非协调一致，而是充满紧张、错位乃至"斗争"。这一关联所蕴含的结构化张力深刻地影响了中国革命现代性的实践形态。[1]

毫无疑问，"革命"和"政治运动"会对农业生产产生极大的影响。如在改造落后乡村运动中，平塘县委只强调了粮食三定是中心，改造三类村工作在生产和粮食之后，（在三类村中）把反封建斗争和生产、粮食等工作对立起来。因此造成干部集中精力忙于三定工作，甚至把三类村改造工作忘掉，使三类村工作进度缓慢。实际上，很难做到革命与生产的融合，麻江县有的乡结合生产等中心工作差，要求县委派出三定工作组去，晚上开会争取积极分子。独山县梅寨和甲板乡干部认为，三类村工作时间有半年，慢慢来得及，粮食三定工作压力大，因此对三类村工作并不热心。[2]

不过，如果政治运动本身就包含着发展生产这一环节，同时，生产也成为衡量这一运动成效的标准，这种"革命"对"生产"的冲击，就会随之减少。在黔南改造落后乡村运动的高潮中，围绕以生产为核心的改造，也促进了农业生产的发展。麻江县二区苗冲寨在改造落后乡大会后，第二天就修沟 1 条，可灌田 1000 多挑，并整

①　李放春：《北方土改中的"翻身"与"生产"——中国革命现代性的一个话语——历史矛盾溯考》，载《中国乡村研究》第三辑，社会科学文献出版社 2005 年版。
②　中共都匀地委：《落后乡改造工作简报》（1955 年 12 月 20 日），黔南州档案馆：1-1-407。

理 19 条旧沟，变土为田 56 挑，消灭冬板田 500 挑。三都县巴佑乡五星等 3 个社，整顿后开荒 27 挑，积冬秧青 222 挑，者然社补种了 45 挑晚油菜和小麦，有 3 个互助组自动要求组成联组（25 户），并争取办社。据荔波县 5 个村的统计，1 个月来提高了常年组 28 个，发展 29 个临时组，建立 12 个联组，15 个组，以及 1 个联组集体种小麦，一个联组推动了小包工。平塘县新场乡种小春 566 亩，占总产量的 26.1%，超出任务的 6.2%，比 1954 年扩大 476%。都匀县重坡乡 1954 年粮食统购统销问题很大，原按增产 10% 计算收购，因群众发动降低到 5%，仍难以保产计购，以后又让步，按各人自报的实产计购。若全乡按 5% 计购，应卖余粮 30 万斤，结果只卖了 8 万斤，而供应就去了 10 多万斤。改造后，公粮超任务 2 万斤，余粮完成 90%。粮食统购统销已经超过凤阳、户德等中心乡。独山县五和乡虽是落后乡，但在改造中完成了各项任务，成为玉屏区 8 个乡的一类乡。[1] 福泉县和平乡党支部要求 10 天消灭板田板土，沙塘社在落后乡改造的 8 天后就完成任务。在 1955 年冬季生产中，群众兴修农田水利计有：新修塘 10 口，补修塘 2 口、井 2 眼、沟 67 条，仅沙塘社新修的大山塘就可养田 300 多挑。在粮食问题上，在邻乡闹粮的情况下，该乡一直非常平静，原发 7000 斤供应指标也未超过。[2]

到 1956 年 1 月，据都匀地委的中心 8 县统计，共修塘、沟、耙 592 处，灌田 121080 挑，占全区完成水利工作的 12.1%，已经完成落后乡冬季的水利任务，犁板田板土为 75%—100%。都匀县种小春比 1955 年扩大 83.8%，丹寨、荔波比 1955 年扩大 400%—500%，其他各县在 200% 左右，各个县都超额完成任务，低的超过 16%，高的则达 40%。向来不种小春的沿边高山地区，1956 年都第

---

① 中共都匀地委：《落后乡改造工作简报》（1955 年 12 月 20 日），黔南州档案馆：1 - 1 - 407。

② 中共都匀地委：《关于福泉和平乡改造落后乡工作中建立农业社的情况报告》（1955 年 12 月 8 日），黔南州档案馆：1 - 1 - 407。

一次种上了小春，有的还推广了条播、追肥等耕作技术。① 福泉县三区的 4 个落后乡，有 3 个组的种粮速度较一类乡还快。② 将发展农业生产作为改造落后乡的标准之一，显然促进了农业生产的发展。实际上，这种指标的方式就是将经济发展作为政治任务来完成。

第三，改造促进了农业合作社的建立与发展。在改造落后乡中，由于基层政府将党的七届六中全会决议和毛泽东对农业合作化的指示贯彻于改造落后乡村运动中，使在农村建设农业社成为衡量改造落后乡成效的标准之一。也因为如此，农业社在广大落后乡普遍的建立起来。据中心八县统计，到 1956 年 1 月，已建成农业社 76 个，正在建立的农业社有 107 个（这部分农业社于元月 25 日前全部结束）。三都县巴佑乡建社后，入社农户达总农户的 60%，赶上了中心乡。8 个县搭好合作社架子 330 个，组成联组 190 个，提高常年组 502 个，发展临时组 398 个，90% 以上的农户都参加了互助合作组织。③ 到 1954 年秋季时，福泉县和平乡有常年组 27 个，临时组 26 个，组织起来的农户占总农户的 78.6%。工作组入村以后，将全乡互助组进行了一次划类和排队，有计划地加强了对互助组的领导，并确定第八组沙塘寨为建社试点。通过改造，提高沙塘寨常年组 9 个，7 户单干农民有 3 户入了组，建立联组 5 个，并组 1 个，搭好了 3 个组的架子，使互助合作工作更进一步。1955 年秋季，和平乡共建立了 7 个农业社，人社农户已达到全乡农户的 32%。④ 麻江县还总结出在落后乡村创办合作社的经验：（1）由老社负责派出骨干帮助建社。（2）定期召开互助合作会议，研究生产，提高互助

---

① 中共都匀地委：《关于三个月来改造落后乡工作情况的报告》（1956 年 1 月 20 日），黔南州档案馆：1 - 2 - 150。

② 同上。

③ 同上。

④ 中共都匀地委：《关于福泉和平乡改造落后乡工作中建立农业社的情况报告》（1955 年 12 月 8 日），黔南州档案馆：1 - 1 - 407。

组和学习建社。（3）互助组和党团积极分子进行串联。①

第四，政权建设的较快发展与民族纠纷的妥善解决。改造工作对落后乡的政权建设与民族纠纷的解决也有一定的成效。据黔南地区8个县的统计，截至1956年1月，在改造中共发展党员177人，团员341人，培养党员对象391人，团员对象673人，培养积极分子4464人，建立了6个村党支部，发动群众达70%—95%。榕江县新城乡在20天内，口头、书面检举了115件案件。② 在三都县孟明乡的落后乡改造中，先后清洗了乡代表4人，五种委员会委员3人，及时补上了贫农和下中农积极分子。在改造中，工作组还注意解决土地改革中的遗留问题，增加民族之间和农民内部的团结。如丹寨县开庭乡上下寨历史上就有隔阂，土地改革后仍旧矛盾很深，造成多项工作无法开展。在落后乡改造中，经过工作组的教育，他们开始共同揭发了敌人的破坏，不仅提高了群众觉悟，更加强了上下寨的团结。③

三 基本经验与存在问题

1956年上半年，随着农业社会主义改造的持续推进，改造落后乡村运动也基本结束。从高潮阶段的准备、措施和成效看，改造落后乡村运动显然存在政治斗争扩大化等诸多问题。仅从国家权力向乡村社会的输送和渗透看，则基本达到了国家权力向三类乡村下移的目的。当重新审视这场运动时，有以下几点经验值得注意。

第一，宣传教育是改造工作完成的关键。落后乡村的农民原本生活在一个相对保守、封闭的乡村社区内，大部分时间都无法接触到国家的政策和中央的精神，特别是1955年下半年党的七届六中全会决议和毛泽东关于农业合作化指示。这就需要落后乡村改造工作组通过各种媒介告知于农民。同时，在宣传中，需要有极强的引导性，因为落后乡村改造不仅要完成农业合作化，更重要的是增强农

---

① 中共都匀地委：《关于三个月来改造落后乡工作情况的报告》（1956年1月20日），黔南州档案馆：1-2-150。

② 同上。

③ 同上。

民的政治参与意识和政治判断敏感度，逐渐将农民由一个经济人和社会人，转变为政治人。在合作社的创办中，干部顾虑较多，群众的热情甚至超过了干部，有些合作社是在群众的压力下才创办的。麻江县的群众向干部保证，"出问题不会叫你们负责任"。福泉县文祥1个20户的二类社，群众要求办社，领导则说要等成批办。独山县群众请乡长批准办社，乡长叫他们再创造条件，群众问乡长创造什么条件，乡长没有话可答，群众说，"不准办社算了，我们组织一个土地入股的互助组"。① 这些干部的顾虑，都是在宣传教育后才有所改变的。

第二，会议这一行之有效的方法成为宣传与传播的主要途径。在乡村政治中，开会是进行集体沟通最有效的方式，最直观、最直接，也最符合农民的沟通习惯。② 无论是政策宣传还是汇集资源、共享民智，开会都是一种良好的互相沟通渠道。更何况，新中国成立初期，根本就缺乏其他信息沟通渠道，政策的上传下达，就只能开会。在改造落后乡村运动中，会议很多，这也证明了中央和地方政府对落后乡村改造的重视。如麻江县干部下乡后，在县委的领导下，先后召开了4次落后乡工作会议（全体干部会1次，工作组组长会议3次）。三都县委一边深入落后乡，一边学习地委指示，提出意见指导运动。此后又召开了6次落后乡工作会议，以保证对运动的具体领导。③

第三，坚持"积极慎重"的方针处理民族问题。在民族地区开展各项工作，必须坚持"积极慎重"的方针，依靠民族干部和党团

---

① 中共都匀地委：《关于三个月来改造落后乡工作情况的报告》（1956年1月20日），黔南州档案馆：1-2-150。

② 通过开会，农民对乡村实际彼此交换意见，能拉近村庄共同体成员的情感，彼此增进合作意识；通过开会，可以最为广泛地收集信息，乡村政治生活复杂而又琐碎，多元化的利益主体表达了不同的需求，借助于开会发展问题，从而广泛征求群众意见，这不仅是对农民主体地位的一种尊重，而且有利于农村问题的解决，最终确保农村稳定这一大局；开会也是一种融合剂，它有助于协调矛盾、达成共识而有利于统一思想。参见王环环《乡村基层政治运作：以开会为视角的分子》，《社会主义研究》2011年第1期。

③ 中共都匀地委：《关于三个月来改造落后乡工作情况的报告》（1956年1月20日），黔南州档案馆：1-2-150。

积极分子，团结民族上层。民族关系复杂是落后乡的主要特点之一，因而政策难以贯彻。而解决这个问题的关键就是贯彻民族政策，依靠民族干部。丹寨县提出，"在民族地区进行任何工作，只要做好这一条，再大的困难也能迎刃而解"。福泉县沙子坎寨，组织互助三次都垮台，都是由于民族政策没有贯彻好，后经工作组深入调查研究后，才组成联组。①

第四，政治运动不能打击面过宽，尤其应注意对中农的联合。政治运动在操作层面特别容易产生打击面过宽的问题。为此，中共都匀地委特别注意到对中农的保护，他们要求："（一）认真交代中农政策，针对不同顾虑进行解决，用事实说明封建势力不仅是贫农的敌人，也是中农的敌人，中农必须和贫农一道斗争，建设大家幸福的社会主义。（二）培养中农典型户，通过他们向本阶层交代政策，解除顾虑。（三）指出更正错划成分不是反对富裕，不是看现在生活好坏而定，而是土地改革时应划地主，因工作粗糙没有划出来，现在当然要划出。"三都县就是在坚持了上述原则后，最后中农和贫农都比较满意。②

不过，这场改造落后乡村的政治运动仍存在着诸多负面问题，表现为简单化倾向严重、群众发动过火、打击面过宽等。

首先，打击面过宽和刑讯逼供的问题尤为突出。在对待漏划地主、富农的问题上，表现为不经研究和讨论，个人擅自批准和草率行事。比如，查阶级的面太宽，把土地改革时有意放过的或漏划的小地主又划出来，从而引起部分富裕农民不安；在材料尚不够具体、理由不很充分的情况下，就做出判断；对现有政治表现和劳动态度，以及家庭经济变化等情况注意不够；有的材料没有经过群众反复对证，而把正确的成分更正为错的成分。麻江县有的干部甚至

---

① 中共都匀地委：《关于三个月来改造落后乡工作情况的报告》（1956年1月20日），黔南州档案馆：1-2-150。
② 同上。

把主要劳动和做木工，有意作为附带劳动。① 由此造成了打击面严重过宽，冤假错案大量发生，有些基层干部甚至错误地认为漏网地主划得越多成绩越大。从丹寨县开庭乡、荔波县甲捧村、三都县孟明乡的统计看，更正阶级后地主占总户数的 7%，富农占 5.1%，合起来占总户数的 12.1%，这显然不符合中央 "适当放宽" "着重打击顽抗违法地主" 的精神。②

从江县三坤乡因追缴枪支而将两户贫农捆绑起来进行斗争，仅仅是因为听地主说把枪放在贫农家中。在摸底排队中，也存在打击面严重过宽的问题，把当过小匪兵、旧甲长等历史上有缺点的农民统统作为不纯的敌对势力，加以仇视和打击。平塘县高寨乡排查了 24 个敌对势力，名单送到县委，县委经过审核，只批准 7 个。麻江县三区铜鼓乡更在中贫农内部进行站队，把思想落后、抵触粮食政策也作为纯与不纯的界限之一，从而引起内部恐慌，许多群众都不敢开会。③

其次，吊打、肉刑等严重违反政策的现象时常发生。榕江县五区水位乡把所有地主都关起来，批斗时用火烧脚，辣子熏鼻，没收地主鸡鸭杀吃，造成 5 个地主和 2 个坏分子逃跑，1 个社会力量失踪，都匀县九龙乡也失踪 1 个社会力量，干部与群众害怕，工作无法开展。其他各县捆打现象也经常发生，荔波县岜贤乡划出 5 户地主，不讲策略地全部都斗了一遍，还认为 "斗理斗法斗不垮地主"，用了吊打、肉刑。有的干部甚至认为，群众捆打几下是免不了的，这实际上就是有意让群众违反政策。④

再次，对巩固团结中农的政策执行不够。有些基层干部对巩固团结中农的政策执行不够，以致引起部分富裕农民产生怕提高成

---

① 中共都匀地委：《落后乡改造工作简报》（1955 年 12 月 20 日），黔南州档案馆：1－1－407。

② 中共都匀地委：《关于三个月来改造落后乡工作情况的报告》（1956 年 1 月 20 日），黔南州档案馆：1－2－150。

③ 中共都匀地委：《落后乡改造工作简报》（1955 年 12 月 20 日），黔南州档案馆：1－1－407。

④ 同上。

分、怕分田等顾虑，对运动持怀疑和观望态度。麻江县德新乡发现，有中农竟然也分散财产，有的中农提出不当互助组长。四区翁东乡上中农文玉香提出："干部喜欢贫农，让他们搞好了，我这个互助组长没有什么趣味。"麻江县德新乡召开贫农会时，有 7 户老中农没有参加，贫农金老发说，"你们中农没有资格参加这个会"，结果一户中农哭着找到乡长说，"他们又在收集我的材料了"。[①] 实际上，即便是中共都匀地委反复强调团结和保护中农，但在斗争常态化的乡村社会，中农往往会成为贫雇农的斗争对象。

最后，在民族政策上，也存在着大汉族主义和强迫命令的现象。有的干部说，少数民族妇女不会讲汉语是民族压迫的结果。有的不尊重民族干部与社会力量，个别干部甚至打贫农积极分子的耳光，严重违反了民族地区"更加慎重"和"民族自愿"的原则。[②] 麻江县二区副区长何先哲，因罗永春（贫农，互助组员）不愿跑腿，叫了别人来，自己未出现，何就大骂罗，罗则顶了嘴，结果何竟然打了罗几个耳光，影响甚坏。为了减少打人事件的负面影响，维护民族团结，麻江县委专门令何做了深刻检讨，向群众公开承认错误，并给予何纪律处分，以达挽回不良政治影响的目的。[③]

---

① 中共都匀地委：《关于三个月来改造落后乡工作情况的报告》（1956 年 1 月 20 日），黔南州档案馆：1 - 2 - 150。

② 同上。

③ 中共都匀地委：《落后乡改造工作简报》（1955 年 12 月 20 日），黔南州档案馆：1 - 1 - 407。

第三章　政治精英的思想改造与民族地区的改造运动

第一节　基层政治精英"富农思想"的批判

土地改革后的基层政治精英在分得土地之后，表现出了与中国革命者不一致的思想倾向，雇工、放高利贷、买卖土地和经营自由等传统经济手段得以更新，对政治运动热情和精力的降低使基层政治精英表现出明显的去政治化的离心倾向，在统购统销和合作化的浪潮中，抗衡国家意志的表现随处可见，因而在黔南改造落后乡村运动的同时，还发动了一场声势浩大的"富农思想"批判运动。

一　"富农思想"逻辑的产生

新中国成立之前，毛泽东就认识到："没有农业社会化，就没有全部的巩固的社会主义。"[①] 1955 年 7 月召开的中共七届六中全会通过了《关于农业合作化问题的决议》（以下简称《决议》），该《决议》指出：在农村合作化运动新阶段"主要是农民同富农和其他资本主义因素的斗争"，目的是"消灭富农经济制度和个体经济制度"。[②] 1955 年下半年，毛泽东对富农和富裕中农的批判

[①] 《毛泽东选集》第四卷，人民出版社 1991 年版，第 1477 页。

[②] 中共中央文献研究室编：《关于农业合作化和资本主义工商业改造的关系问题》（1955 年 10 月 11 日），载《建国以来重要文献选编》第 7 册，中央文献出版社 1993 年版，第 284—306 页。

也逐渐严厉，他在批阅彭真七届六中全会上的发言稿时指出："农业合作化运动，是一个最后彻底消灭农村中生产资料的私有制，消灭富农阶级的斗争，是五万万农民群众的一个翻天覆地的社会改革运动。"① 此时，对农村新精英，尤其是共产党员发家致富思想的定性已经发生了转变，他强调："在对于农业社会主义改造抱着右倾观点的共产党员中，确实有一些同资产阶级共呼吸的人，他们是对资产阶级思想的投降主义者。他们中的多数则是反映富裕中农的思想。"② 可以看出，富农已经被定性为敌对阶级。

随着富农的定性，黔南地区拥有富农思想的乡村新精英也被定性为两条道路的斗争。独山县委就认为："反对富农思想的斗争，即是尖锐、复杂的阶级斗争和两条道路的斗争。"③ 不仅如此，富农思想并不仅仅是农民追求走向富裕的思想，一切与当时中共中央走社会主义合作化道路的设想相违背的思想都被称为富农思想。中共都匀地委指出，富农思想"一般可以粮食统购统销、生产互助合作、服从以国家计划方面为主，可联系到与党和政府关系、工农联盟、厉行节约、反对浪费、镇反、与地富联系、不干工作、不交党费、想退党、不买国家建设公债……方面。总之，凡是牵涉富农思想有关的方面，都可以联系实际加以检查批判和提高，从各方面堵塞富农思想的引诱和侵袭"。④ 实际上，乡村新精英的富农思想更多的是一种与中国革命者对社会主义设想的政治分歧，是传统小农走发家致富的道路与社会主义集体化道路的分歧。其实，都匀地委也认识到了这种变化，并在《关于开展批判富农思想的情况报告》中指出，"农民生活改善了，随之自发倾向也上升了，政治上必然要

---

① 毛泽东：《对彭真在七届六中全会上的发言稿的批语和修改》（1955 年 10 月 9 日），载《建国以来毛泽东文稿》，中央文献出版社 1991 年版，第 415 页。

② 毛泽东：《对邓小平在七届六中全会上的发言稿的批语和修改》（1955 年 10 月 7 日），载《建国以来毛泽东文稿》第 5 册，中央文献出版社 1991 年版，第 412 页。

③ 中共独山县委：《关于县第八次党代会议情况向地委的简报》（1955 年 11 月 10 日），黔南州档案馆 1－1－429。

④ 中共都匀地委：《各县党代会情况第一次简报》（1955 年 11 月 2 日），黔南州档案馆：1－1－429。

产生分化"。①

二　"思想排队""阶级排队"与划定"富农思想"

哪些乡村新精英拥有"富农思想"？如何进行"富农思想"的批判？都匀地委使用了"思想排队"和"阶级排队"的方式进行分辨。1955 年，黔南地区先后召开了县级党代会议、县级人代扩大会议、乡级支部会议、乡级人代扩大会议，召集都匀地委农村 7887 名党员、19799 名团员、29327 名县乡人民代表，以及乡干部和积极分子，共 5 万人参加了"批判富农思想"大会。② 在批判过程中，"思想排队"和"阶级排队"成为乡村新精英个体必须面对的压力。

黔南地区将乡村新精英的思想状况进行排队。第一类是基本上没有受到"富农思想"的影响或个别受到轻度影响的，表现在工作上一贯积极负责，执行党的方针政策坚决，党性强；统购统销带头完成，供销社股金、公债等基本按期完成或完成了大部分。第二类是一直受到"富农思想"影响的，表现在工作上不够积极负责，执行党的各项政策不够坚决，不敢大胆和"富农思想"作斗争，迁就让步，不敢大胆开展批判与自我批评，统购统销、供销信用社股金、公债等各项工作完成得不够好。总之，本身已出现受"富农思想"影响的行为。第三类是"富农思想"影响严重的，表现在工作上闹情绪，不愿干，对统购统销抵触，不坚持党的互助合作原则，走富裕农民的路线等；个别极其严重的已经变质，表现在不参加合作社、黑市高价出售大小麦，套购粮食、面粉、面条等。③ 根据这种划分标准，黔南地区的农村新精英被划分为三类（见表 3 – 1）。

---

① 中共都匀地委：《关于开展批判富农思想的情况报告》（1955 年 12 月 13 日），黔南州档案馆：5 – 1 – 64。

② 同上。

③ 中共都匀县委农工部：《都匀县迎恩乡开展反富农思想斗争的专题报告》（1955 年 10 月 31 日），黔南州档案馆：5 – 1 – 74。

表 3-1　　　　　　　黔南地区农村新精英思想排队情况

麻江等6县农村党员			福泉等4县农村团员			都匀等4县社主任		
类别	人数（名）	比例（%）	类别	人数（名）	比例（%）	类别	人数（名）	比例（%）
一类	2225	44.9	一类	1780	45.7	一类	799	37.4
二类	1876	37.9	二类	1398	35.9	二类	903	42.2
三类	850	17.2	三类	713	18.4	三类	434	20.3
合计	4951	100	合计	3891	100	合计	2136	100

资料来源：整理自中共都匀地委《关于开展批判富农思想的情况报告》（1955 年 12 月 13 日），黔南州档案馆：5-1-64。

从表 3-1 中可以看出，黔南地区几乎所有的农村党员、团员、社主任都被囊括在"思想排队"的序列中，其中，有 20% 左右的乡村新精英被划入第三类，表明这 850 名党员、713 名团员、434 名社主任都存在严重的"富农思想"，需要进行长期的、严格的思想教育和批判。情况比较严重的都匀县迎恩乡有 3 名党支委、3 名党员、2 名团支委、12 名团员、18 名社主任、11 名委员被划入第三类，共计 49 人，占统计总人数的 27.4%。[①] 都匀一区纸房、凤麓两乡"思想排队"的情况基本一致（见表 3-2），"思想排队"的结果表明，都匀地委对"富农思想"的判断是十分严重的。

表 3-2　　　　　都匀一区纸房、凤麓两乡思想排队统计

类别	总数	一类	比例（%）	二类	比例（%）	三类	比例（%）
党组织支委	14	4	28.57	6	42.86	4	28.57
党组织党员	40	6	15.00	22	55.00	12	30.00
团员	117	23	19.66	80	68.38	14	11.96
农业社社主任	61	11	18.03	31	50.82	19	31.15

---

① 中共都匀县委农工部：《都匀县迎恩乡开展反富农思想斗争的专题报告》（1955 年 10 月 31 日），黔南州档案馆：5-1-74。

续表

类别	总数	一类	比例（%）	二类	比例（%）	三类	比例（%）
农业社社干	250	58	23.20	142	56.80	50	20.00
农业社社员	730	187	25.62	403	55.20	140	19.18

资料来源：整理自都匀地委工作组《都匀地委转发地委工作组关于都匀一区纸房、凤麓两乡开展批判富农思想情况的报告》（1955 年 12 月 1 日），黔南州档案馆 5 - 1 - 64。

作为"思想排队"的重要补充，对农村社会阶级变动的重新考察也成为"富农思想"考察的重要内容之一，由于整体生活水平的提高，阶级的变动也不可避免。黔南地区农村新精英的阶级变动十分明显，从表 3 - 3 看有以下三个特点值得注意：

一是在 4488 名农村党员、5413 名农村团员、3427 名积极分子和 1958 名农业社主任中，一半以上的贫农已经上升为下中农或上中农，乡村新精英的构成已经由以贫农为主发展为以中农为核心，个别的积极分子甚至还上升为新富农。

二是在中农的构成中，下中农仍占绝大部分比例。因而在乡村新精英的构成中，贫农和下中农仍然是主体，农村党员、农村团员、积极分子、农业社主任中，贫下中农所占比例分别为 72.2%、75.7%、87.9%、68.1%，即便如此，这个比例与中央后来对合作社领导成分的规定还存在较大差异。[①] 情况更为严重的都匀一区纸房、凤麓两乡，在 54 名党员、61 名社主任、260 名合作社干部中，贫农和下中农分别占总数的 40.74%、47.54%、50.7%。

三是乡村新精英的经济地位上升得要比普通农民快，比如纸房、凤麓两乡的社员 808 名，贫农和下中农占有 62.75%（见表 3 - 4），其贫下中农的比例明显高于上述乡村新精英的构成。

---

① 1955 年 12 月 21 日，在《征询对农业十七条的意见》中规定："合作社领导成分，由现有的贫农和原来是贫农的全部新下中农占三分之二，老下中农和新老两部分上中农占三分之一。"而黔南地区农村党员、农村团员、积极分子、农业社主任中，贫农和新下中农占有比例分别为 58.1%、56.4%、62.8%、53.5%，与中央规定仍存在一定差据。参见毛泽东《征询对农业十七条的意见》，载《建国以来毛泽东文稿》第 5 册，中央文献出版社 1991 年版，第 479 页。

表3-3 黔南地区农村新新精英阶层成分变动

组别	项目	总人数	土改时			1955年的变动					
			原有贫农	原有中农	其他	现有贫农	新下中农	老下中农	新上中农	老上中农	其他
都匀7县农村党员	人数	4488	3182	1281	25	961	1648	634	702	521	22
	比例（%）	100	70.9	28.5	0.6	21.4	36.7	14.1	15.7	11.6	0.5
都匀5县农村团员	人数	5413	3492	1918	3	1112	1946	992	477	883	3
	比例（%）	100	64.5	35.4	0.1	20.5	36.0	18.3	8.8	16.3	0.1
都匀6县积极分子	人数	3427	2376	1051	0	1232	923	861	219	185	7（上升为新富农）
	比例（%）	100	69.3	30.6	0	36.0	26.9	25.1	6.4	5.4	0.2
麻江3县农业社社主任	人数	1958	1375	583	0	257	789	279	329	304	0
	比例（%）	100	70.2	29.8	0	13.1	40.3	14.3	16.8	15.5	0

资料来源：整理自中共都匀地委《关于开展批判富农思想的情况报告》（1955年12月13日），黔南州档案馆：5-1-64。

表 3 - 4　　　　　　　　　　　　　阶级排队情况统计

类别	总数	贫农				中农			合计			
		原贫农	现保持贫农	上升为下中农	上升为上中农	原中农	现为下中农	现为上中农	贫农和下中农	占总数的比例（%）	上中农	占总数的比例（%）
党员	54	35	9	10	16	19	3	16	22	40.74	32	59.26
农业社社主任	61	46	8	18	20	15	3	12	29	47.54	32	52.46
农业社社干	260	176	33	77	66	84	22	62	132	50.77	128	49.23
农业社社员	808	549	193	216	140	259	98	161	507	62.75	301	37.25

资料来源：整理自都匀地委工作组《都匀地委转发地委工作组关于都匀一区纸房、凤麓两乡开展批判富农思想情况的报告》（1955 年 12 月 1 日），黔南州档案馆：5 - 1 - 64。

三　"富农思想"批判的地方实践

"思想排队"和"阶级排队"以后，都匀地委随即对拥有富农行为和思想的乡村新精英进行了规模浩大的教育与改造，都匀县、独山县、麻江县、福泉县、丹寨县、三都县最先展开，并形成了一定模式。独山县通过各种会议，首先由区委书记、区委委员，再到支委和一般党员，从上到下进行检查。其中，三四个区委书记承认放纵家庭成员有余粮，使用手中的权力减免统购统销的粮食，酿酒漏税；六区委书记因为并没有批评自己，而将矛盾指向副书记，结果成为富农思想的典型。丹寨县则通过抓住典型，突出一点，进行批判。县委抓住乌乐党委支部的集体闹粮事件，党支书、乡长、干事都因为闹粮分得粮食，结果在该乡国家只统购 10 万斤，而向市场出售 25 万斤，从而使该乡成为向资本主义道路发展、使社会主义阵营退缩的典型。麻江县采取的办法是先揭发党外，再揭发党内，然后联系开会的代表本身。县委认为："为了逐步提高觉悟，宜以党外典型教育到会代表，这样自己就会感到自然，不会碰钉子。"都匀县采取支书带头自我批评，群众提意见，对党员进行"思想排队"，结果造成党员都争当一类党员而互相揭发。①

----

①　中共都匀地委：《各县党代会情况第一次简报》（1955 年 11 月 2 日），黔南州档案馆：1 - 1 - 429。

　　针对上述四县"富农思想"批判的实践，都匀地委对其做法进行总结，认为独山、丹寨应该将其做法进行结合，"自上而下领导带头检查，启发一般自觉检查，抓住典型和突出一点"。"都匀过于急躁的走过场的做法应防止，麻江上下内外颠倒的做法应坚决纠正"。① 随后都匀地委在黔南地区推广反对"富农思想"的做法：一是层层推进、人人过关。在总结工作、肯定成绩、明确问题之后，采取先党内、后党外，先积极分子、后群众，由乡到社、再到组和广大群众，层层发动，人人教育，反复讲解"富农思想"产生的根源和它的危害，阐明开展批判"富农思想"的重要性，力求让群众解除顾虑，大胆开展批判。二是典型示范，重点突破。在做好准备、摸清底细、物色典型的前提下，采取逐级带头检查，党员和积极分子骨干深入到群众中进行活动，树立典型人物，以典型人物的示范作用带动一般群众开展自我检查，由浅到深，彻底剖析。三是举办各种会议。在批判中，反复召开党员会议、团员会议、积极分子会议、贫农会议、青年会议、妇女会议等，加上个别访问和串联，以揭发的实例进行反复教育。在此过程中，"思想排队"中的第三类和阶级排队中的新富农（甚至包括上中农在内），都承受着巨大的压力，乡村新精英的思想也在"富农思想"批判之中发生了转变。

第二节　民族地区的改造运动

　　新中国成立以后，面对国家的持续治理，包括黔南在内的贵州民族地区都呈现出不同的特点。不过，相比较云南、四川等地，国家在治理贵州民族问题时，独特性并不明显。比如说土地改革问题，云南、四川等地都实行了协商土地改革和分类指导。从1951年开始到1956年结束的云南省土地改革，主要实行分类指导，中共云南省委将云南的土地改革分为内地坝区土地改革、内地山区土地改

---

　　① 中共都匀地委：《各县党代会情况第一次简报》（1955年11月2日），黔南州档案馆：1-1-429。

革、缓冲区土地改革、和平协商土地改革和直接过渡五种。其中，
1954年以前主要是平坝和低山地区、多民族杂居的内地山区，以及
介于内地与边疆之间的缓冲地区三种。① 而贵州大部分民族地区的

---

① 根据中共中央的指示，中共云南省委和人民政府曾针对属于封建地主经济的各少数民族地区的不同情况，在从1951年9月开始到1954年下半年结束的土地改革过程中，先后采取了三种改革方式：一是平坝和低山地区，包括44个整县和22个县的一部分，人口约700万，其中少数民族约150万人。对这些地区的土地改革，在照顾各民族特点的同时，基本上执行了与汉族地区一样的土地改革政策，又称"汉族改革方式"。二是多民族杂居的内地山区，包括25个整县和25个县的一部分，人口约500万，其中少数民族约200万人。由于这些地区社会经济发展缓慢，存在着某些封建农奴制和奴隶制的残余；民族关系复杂，汉族与各少数民族以及各少数民族之间的隔阂较深；汉族地主在多数地区约占当地地主户数的80%。对这些地区的土地改革，始终注意和突出各民族特点，尊重各民族风俗习惯，谨慎对待各民族的宗教信仰，加强民族团结，并在政策规定上比平坝地区要宽些。例如，对少数民族地主，只没收其土地及多余的房屋、耕畜、农具和粮食，剿匪追赃时只追现存赃物，反霸赔偿时只按实际霸占、敲诈酌情合理赔偿，不算细账，不节外生枝，并多用协商和调解等方式进行；对土司、头人，除叛变为匪者外，一般都养起来，给予生活出路；对富农、小土地出租者则坚决不动；少数民族地主的土地和财产，原则上归本民族群众分配，不轻易向外调剂。对上述内地山区的土地改革政策，当时称为"内地山区改革方式"。三是介于内地与边疆之间的缓冲地区，是指内地土地改革地区与暂不实行土地改革的边疆民族地区之间的缓冲地带，包括1个整县和18个县的部分区、乡，人口约110万，基本上是少数民族。由于缓冲地区，大多地处国防前沿，存在着较为尖锐的阶级关系和民族关系，存在着更为复杂的内外关系，特别是容易受到来自帝国主义和境外国民党残余军队的威胁，为了有利于开展对帝国主义和境外国民党残余军队的斗争，也为了有利于减少土地改革的阻力和对边疆暂不进行改革的少数民族地区以及国外的震动，在缓冲区实行土地改革的政策和斗争方式较内地山区土地改革方式更为温和。其内容主要有八项，除三项与上述内地山区土地改革政策相同外，还规定：严惩现行破坏分子，不牵连其家属；逃亡地主回家认真悔过并遵守法令者，除分得一份与农民同样的土地及其他生产资料外，对其过去罪恶不予追究；欢迎被敌人胁迫逃亡在外的各阶层人民和其他人士回家分田，从事生产；国民党残敌之流散人员自动归来者，在土地改革中给予生活出路，自动立功者应予以奖励；在土地改革中，严格执行说理说法斗争，不许非刑或变相肉刑。各地在认真执行八项政策的基础上，还结合各自的实际，提出和采取了若干补充性政策措施。如保山、丽江等地规定，对民族上层一般不予斗争；对一般地主只进行缺席斗争；属土司所有的大片荒地经协商后分配给农民开荒；对少数民族地主的土地采取先留后分的办法；靠近凉山地区的彝族地主不划阶级，不侵犯其财产，等等。对缓冲区土地改革所实行的政策，当时又称"缓冲区土改方式"。上述三种改革方式，虽然在政策宽严尺度和斗争方式的激烈程度上有所区别，但是，其基本指导思想是一致的，都是采取群众运动、群众斗争的方式，严格执行《中华人民共和国土地改革法》。应该说，上述三种改革方式是符合云南省各少数民族地区实际的。这样做，不仅有利于顺利地完成具有不同特点的少数民族地区的土地改革，而且有利于稳定社会秩序，增强民族团结，巩固边防。参见杜润生主编《中国的土地改革》，当代中国出版社1996年版，第522—528页。

土地改革政策和实践方式与汉族地区基本无异。在落后乡改造中，也大体如此，虽然中央和都匀地委曾多次强调民族地区改造的独特性，但在实施中到底有多大的差异，可能需要总结。在改造落后乡村运动中，由于山区的生产改造和瑶族地区的土地改革与落后乡改造同步进行，因此最能反映黔南地区的民族特点。

一 山区的生产改造

贵州是个民族杂居且多山的省份，因而黔南的山区生产改造最能反映民族地区生产改造的特点。根据黎平县、从江县、榕江县、荔波县、丹寨县、麻江县的统计，属于贫瘠的高寒山区就有155个小乡，约占6县总乡数的39.4%。这些地区的共同特点是都属于少数民族地区，且处于县区的边沿，或县与县、省与省的结合部，山大、谷深、路远，交通闭塞，村寨分散，人烟稀少。这些特点也为落后乡村所具有，实际上，大部分高寒山区就是落后乡村。不仅如此，高山地区还表现为生产落后，特别是黎平、榕江和从江三县的高寒山区，一般不用牛犁田，农具缺乏又简陋，表现在铁器少，木器、石器多，多采用木耙、木锄、石耙、船耙等进行耕作，一般田土均少施肥，有的尚无积肥习惯，耕作粗糙，广种薄收；自然灾害多，农作物经常遭受旱、兽、水、风、病虫等侵袭，产量很低，农业收入微薄，农民生活特别穷苦。此外，这些地区土地改革一般较晚，群众发动较差，互助合作组织几乎没有发展。[①] 为此，中共贵州省委专门发文以加强高山地区的改造，将高山地区作为三类村的重点提出。

由于高山地区的落后主要表现为经济上的落后，因此，改造工作主要围绕农业生产展开。

（一）加强高山地区的组织建设

针对高山地区组织建设薄弱的问题，中共都匀地委采取了改造已有乡村干部思想、派遣外来干部、选拔新干部等多种方式，来加

---

① 中共都匀地委农村工作部：《关于对高山地区生产改造的情况报告》（1955年2月27日），黔南州档案馆：5-1-52。

强高山地区的组织建设。首先是把高山地区改造列入主要议事日程，加强宣传教育工作，逐步改变原有干部的保守思想，使干部原有的"重中心、轻边沿，重平坝、轻山区"思想得到扭转。针对山区组织基础较差的特点，中共都匀地委加派各类干部前往支援，同时培育和选拔当地新涌现的干部，积极发展和建立党的基层组织，充实领导力量。据不完全统计，中共都匀地委共向高山地区派遣7个县级干部、25个区级干部、86个一般干部（缺都匀）前往支援；麻江县和黎平县培养了少数民族干部56人，这些人大多进入了乡级政权领导机构，一部分还进入了区级政权领导机构。通过组织队伍的建设，山区基层组织无序的状况有了明显的改善，党团组织得到快速发展。仅黎平县沿边山区的四个区，1954年就发展了党员221名，团员595名，进而建立了36个党支部，68个团支部，山区基层组织初具规模。①

（二）在高山地区发展农业合作组织

在山区发展农业合作组织必须从认识高山地区的特点入手，采取灵活的措施，因地制宜地开展互助合作。首先，应适当控制合作组织的规模。由于山区分散，缺乏领导山区生产的经验，合作组织的户数一般宜小不宜大，5户左右为宜。这样做的好处是人数少、规模小，生产计划容易安排，便于统筹，也可避免因田土分散、分工不当而引起跑路多、做活少等浪费工时的现象。② 其次，依靠少数民族地区的干部。由于山区多为少数民族，内部原本就有换活习

---

① 中共都匀地委农村工作部：《关于对高山地区生产改造的情况报告》（1955年2月27日），黔南州档案馆：5-1-52。

② 同上。

惯，加之忌雷①等各种少数民族节日和习俗，一定程度上影响了生产的进行。为了解决这一问题，丹寨县委积极发动和教育民族干部、积极分子、党员、团员，提高他们的觉悟，尊重他们的意见，一定程度上改变了合作组织发展缓慢的问题。有的地方还分期分批地、有计划地训练了一批农业生产互助合作骨干。1955 年，黎平县训练了 2000 多名生产互助合作骨干，依靠他们动员了高山地区 48 个小乡中 48% 的农户参加了互助组，推动了互助合作运动的发展。再次，根据山区田土细小、零星、分散的特点，实行互助和单干结合。榕江县根据山区互助组发展的实际情况，核定生产和人数，分小组劳动。在犁耙田时，为了避免途中往返浪费，采用分片完工的办法。有些是采取大田工多互助、田小生产少单干的办法，或者将两种方法进行结合。最后，根据地区和民族特点，划片成立互助组织。黎平县七区在秋季时，把全区划为苗族一片、布依族一片、住高山的侗族一片、住沿河的侗族一片和一般侗族一片，有计划地培养各片较好的互助组，形成典型，进而推广。由于采取了灵活多样的方法，高山地区的互助合作组织发展很快。据黎平县 48 个山区小乡的不完全统计，在原有组织农户 2% 的基础上，到 1955 年年初已发展到 46% 以上；榕江县 26 个山区小乡组织起来的农户已达总农户的 34.2%。发展较快的互助组还学习了死分死评、死分活评、按件计工，做到灵活安排、按计划实施生产，一般组也基本固定了组织形式，没有互助组的空白寨子大为减少，个别工作基础较好的山区，已将群众动员起来，农业生产互助合作初步建立。如麻江 6 个

---

① 一种少数民族节日，水族、苗族、彝族、布依族、普米族等以农耕为主的民族，都有这种忌雷习俗。忌雷主要是针对每年头次雷声而言。这种忌雷的生产民俗形成的原因，一是由于敬畏雷神，雷声表明天神又开始光顾下界，大地又将生机勃勃。农夫必须若干天禁止耕作，以示迎接雷神的庄重。二是以每年第一次响雷为信息标志，确定春耕春种的起始时间。因为头几次春雷常在正月下旬，二月上中旬，这时尚属早春，寒潮未止，所以，禁忌过早翻地下种，以免春苗受到寒冻。水族忌雷期最长，每年春天第一次打雷，忌生产劳动九天，第二次七天，第三次五天，第四次三天，第五次一天，以后每逢十三天忌一天，直到插秧播种为止。

山区小乡试办了 3 个农业生产合作社。①

（三）努力发展高山地区农业生产

高山地区改造最重要的内容就是从生产入手，大力帮助山区农民解决生产生活问题，大体包括逐渐推广农业技术改革、无偿发放农具、教会少数民族农民学会用牛犁田、使民众养成积肥习惯等。

在改善生产农具和生活用品方面，1954 年各级政府在山区农民中共发放了包括犁、耙等免费农具近万件，农具贷款数量更多。由于免费农具的发放，不少地区初步改变了农具简陋的现象，铁质农具基本上代替木制、石制农具。在发放无偿农具的同时，工作组还贯彻了"边发放、边教育、边推广"的方针，以便推动农业生产工具的根本提升。为了改善山区农民的生活条件，中共都匀地委还为山区农民发放了大量的棉被、棉衣、单衣等。② 希望改变山区农民极为落后的生活条件。

在农具发放的同时，工作组还逐步教会山区农民使用铁质农具，并以畜力代替人力，以铁器代替木器。不少农民学会了用牛犁田，据黎平县 17 个小乡的统计，1954 年用牛犁田的农户才 1268 户，1955 年已增加到了 3161 户，增加了 149%。黎平县高青乡归白寨共有 144 户农民，通过指导和教育，用牛犁田的农户由 1953 年的 38 户增加到 1955 年年初的 93 户。为了说服高山地区的农民使用牛犁田，工作组采取了多种方法，包括基层干部深入田间重点指导农民学会使用，有计划有领导地组织参观和座谈，充分发挥重点示范的作用等。1954 年，从江县宰河乡提前 10 日春耕，初步克服了生产季节晚的旧习，其动因就是单白侯互助组带头先插秧所起的示范作用。不仅如此，基层骨干还发挥带头作用，利用党员、团员、积极分子、互助骨干的模范行动带动周围农民。如从江县潘里乡团总支书陈启祥（苗族）在党员陈秀光的帮助下，学会了使用牛犁田。此

①　中共都匀地委农村工作部：《关于对高山地区生产改造的情况报告》（1955 年 2 月 27 日），黔南州档案馆：5 - 1 - 52。

②　同上。

后，他主动召开全寨党员、青年座谈会，总结自己学习过程的思想变化和经验，结果带动和影响了 12 户青年学会使用牛犁田。工作组还利用中心区支援高山区的办法，以先进带动落后，如黎平县供销合作社采取以中心地区购买会犁田的耕牛到山区，而将山区不会犁田的耕牛购在中心区，支援推广牛犁田，以此办法供应和承交的耕牛就有 137 头。①

在农业技术的改革方面，中共都匀地委有组织有规模地推行了农业技术改革，特别是精耕细作，包括推广盐水泥水选种、新式秧田、少秧密植、秋耕秋种、变一季收为两季收等。其中重点是推广先进生产经验，克服广种薄收、耕作粗糙的传统方式。有些地区根据就地取材、就地推广的原则，将外地经验与本地经验结合起来。1954 年，榕江县计划乡成功推广的"三角稀株密植法"就是在当地原有"三角密株密植法"的基础上试行的。在生产实践中，工作组教育山区农民逐步改变以往不良的生产习惯，改变了秧头和忌日的传统，使 1954 年春耕生产提前了 10—20 日。②

在推广积肥方面，工作组向农民宣传积肥的好处，以及积肥和生产之间的关系。1954 年，黎平县高山地区积肥工作开展得比较顺利，最主要的经验就是向山区农民说明积肥与生产的重要关系，并以增肥料而增产的办法耐心说服教育，初步改变了高山地区"人无厕所、猪无圈""拉野屎、放野猪"的现象。据黎平县巴挨乡的统计，1954 年就修了厕所、猪圈、牛棚 166 座，改变了"白水田"的现象。③ 其实，积肥不仅能提高农作物的产量，提高农民的生活水平，还能为乡村社会创造一个良好的卫生环境。

黔南地区还因地制宜地扩大高山地区耕地面积，增加山区农民收入。清水江和都流江流域是贵州森林分布的主要区域，以栽种杉木、松树为主，早在清代中期就因外销木材而著名。新中国成立初

---

① 中共都匀地委农村工作部：《关于对高山地区生产改造的情况报告》（1955 年 2 月 27 日），黔南州档案馆：5 - 1 - 52。

② 同上。

③ 同上。

期，黔南地区的榕江县、从江县和三都县都属于清水江和都柳江流域。为了将林业经济继承和发扬，新中国成立初期，很多县份大量栽种了杉木。据黎平县三个区的不完全统计，他们共种植了杉木784366 株。为此，县委还专门训练了山区林业积极分子 153 人，并以农林部门为主，建立了县区乡三级造林委员会，制订造林计划，加强对山区林业生产发展的指导。在农业区，扩大耕地面积的主要方式是开荒垦地。黎平县六区水口、岑头和岑亚三乡，在推广试种小春中有计划地进行开荒，据统计，仅 1954 年就新开了 272000 斤粮食的荒地。①

根据山区村寨分散、地广人稀、交通闭塞的特点，各个经济部门根据实际情况开展业务，积极为山区农业生产服务。如供销合作社和国营贸易部门所推行的送货上门与临时收购两者相结合的供销收购办法，增加了乡村社会中基层社、代销店和流动小组，既活跃了山区经济，也及时满足了山区农民对生产生活资料的需求，密切了山区农民与各级政府的联系。②

中共都匀地委还组织山区农民与自然灾害作斗争。在斗争中，贯彻了"防重于治"的方针，积极教育山区农民克服迷信落后思想。黎平县六区南江乡发生了虫灾，群众认为是天虫，杀狗敬神，后经基层干部深入宣传，重点推广了六六六药粉，帮助农民克服了迷信思想。同时，又具体组织群众捉虫、狩猎，减少虫兽的危害。据从江县的统计，1954 年组织力量捕杀了妨碍生产的老虎、豹子44头，野猪 44 头，野牛 4 头，老鼠 10966 只。③ 这些与自然灾害作斗争的实践有效地保障了山区农业生产的发展。

由于农业技术的改良，无偿农具的发放，牛犁田的推广，积肥习惯的养成，1954 年高山地区的农业生产获得了比较大的增产。据榕江县 26 个乡的统计，增产达 12%；据黎平县 4 个乡的统计，增

---

① 中共都匀地委农村工作部：《关于对高山地区生产改造的情况报告》（1955 年 2 月27 日），黔南州档案馆：5 - 1 - 52。

② 同上。

③ 同上。

产为 10%；从江县和黎平县的 2 个区看，仅 1954 年秋就种了麦子 61250 石，播种面积平均比 1953 年扩大 137%，其他油菜、豆类也有所增加。① 黔南高山地区经过组织建设、合作社发展，以及农业生产水平的提升，落后状况也有很大改变。1954 年，仅在高山地区就改造了 38 个三类乡和 10 个三类村。

二　民族地区的土地改革

由于受特殊民族文化的内部环境以及被制约的自然环境与社会环境的影响，荔波瑶族在历史上一直是受压迫最深、经济最落后、生活最贫困的典型代表，这种状态直到新中国成立后才有所改变。新中国成立前，瑶麓瑶族人口大量减少，在 19 世纪 50 年代，瑶麓数村尚有七八百户，至民国十三年为 400 余户。② 到 1951 年仅为 191 户 844 人，人口损失巨大。③

新中国成立前，瑶族在生产上农具极度缺乏，生活上极端贫困。1953 年 10 月 26 日的《关于故类瑶族自治区生产变化的调查报告》中记载，"冗哄共 19 户瑶民，全寨仅有钉耙 2 把，翻锹 5 把，由于无农具，只能在石缝中种火捞地，放火烧山后就撒种，不犁不姆锄，种一山收一箩，赶山吃饭，人随地走"；"洞括寨有 27 户瑶民，共有田地 417 挑面积（8 挑折合一亩），每年仅能收 100 挑杂粮"；"贫农何老九有 2 挑土地，一年只能收苞谷半挑（40 斤），吃了上顿无下顿，只能去董界、翁昂去给布依族地主当长工，挖野菜度日"。全乡 190 多户人家，没有一架铁犁，仅有 18 套木耙，韦明东三爷的儿子没有牛耕，只好让老人在前面拉木耙，儿子在后面掌木耙。全乡瑶族只有靠外出打长工、卖零工度日，常年在外做长工的就有 31 户，占总户数的 17% 以上；借高利贷 59 户，占总户数的 31%；常外出卖零工 403 人，只收 700 斤粮，人均 140 斤。全乡每

---

① 中共都匀地委农村工作部：《关于对高山地区生产改造的情况报告》（1955 年 2 月 27 日），黔南州档案馆：5－1－52。

② 佚名：《荔波县志资料稿》（手稿），潘一志重编，分 4 编，1954 年，油印本。

③ 黄海：《建国初期荔波瑶族经济类型变革的回顾与反思》，参见贵州民族研究所、贵州民族研究学会《贵州民族地区脱贫之路调查专辑》，1996 年，第 148 页。

年人均吃不上 4 两盐，有的甚至全年吃不上盐，只好以野生花椒代替盐。全乡缺衣少被，韦朝寿、欧木生等连裤子都穿不上，欧老优四爷的儿子，只有一床秧被。[①]

新中国成立后，地方政府采取了多项措施来发展瑶族经济，一定程度上改变了以往极度贫困的面貌。1952 年 6 月，贵州省土地改革工作队、地委土地改革干部和农民积极分子 280 多人联合组成了荔波县土地改革工作队、帮翻队在翁昂、瑶庆等 9 个乡开展了土地改革的试点，随后于 1953 年 1 月在捞村、王蒙等乡进行了土地改革。在土地改革中，由历史原因造成的民族隔阂得到了一定程度上的缓解和消除。土地也是优先分给瑶族，布依族农民人均分得 550 斤米的田，而瑶族人均分得 580 斤米的田。瑶族到五村参与土地改革果实分配时，布依族将较好的农具分给瑶族农民。捞村乡的布依族在分粮食时，将多余的 3300 余斤粮食主动分给了生活困难的六村瑶民。1953 年 1 月 20 日，捞村乡姑类村发生大火，帮翻队动员周边布依族、苗族、汉族干部向姑类村瑶民捐献了食盐、大米、被盖等大批物资，计有大米 980 斤，苞谷 180 斤，盐巴 24 斤，人民币 18 万元。[②]

在土地改革中，政府还动员瑶山瑶族下山到翁昂乡的贬禾，捞村乡的浪祥、平林，王蒙乡的海利、江董、界牌等地参与分配土地和房屋等财产，共将上述三个乡的 2885 挑田、1434 挑土分配给了瑶民，土地合计 736.5 亩，使瑶民人均占有土地达到 1 亩左右。后又调出耕牛 397 头分配给瑶民，户均 2.18 头。此外，政府还组织了大批铁质农具无偿发放给瑶民，仅 1953 年就给姑类村瑶族自治区的 160 户瑶民 867 人发放了铁犁、铁耙、锄头、翻锨、镰刀、柴刀等农具 1650 件，发放农业贷款 1210 万元。应该说，通过土地改革，

① 黄海：《建国初期荔波瑶族经济类型变革的回顾与反思》，参见贵州民族研究所、贵州民族研究学会《贵州民族地区脱贫之路调查专辑》，1996 年，第 151 页。
② 同上书，第 158—159 页。

大部分瑶族地区已经基本实现了从斯威顿经济①向农业经济的过渡。②

不过，并非所有瑶民都愿意在政府的倡导下进行土地改革。瑶麓瑶族在 1952 年的土地改革中并不同意土地改革，瑶民对在瑶族内部划分敌对阶级的做法很不理解，普遍反映说，"我们四周都是汉、水、夷等民族，只有中间我们这点瑶族，我们祖先都是这样过的，何必要什么'土改'呢？"当时荔波县委贯彻"少数民族自己决定自己的问题"的原则，"依靠少数民族自觉，同意一户改一户，同意两户改两户"的灵活政策，对不同意土地改革的瑶麓瑶族明确宣布坚决不强迫他们土地改革，而把瑶麓瑶族问题作为特殊情况来看待。

瑶麓全乡 4 个寨子是瑶族聚居区，196 户 870 人，常年产量 345219 斤，有韦、覃、欧、卢、常、莫六姓，韦姓最多，莫姓最少，历史上韦、卢两姓占主体地位。新中国成立以后，未实行土地改革及划分阶级，各项工作均以特殊情况看待，1954 年的粮食统购统销也未在该区推行。③ 1955 年 9 月，黔南地区的改造落后乡村运动进入高潮时，瑶麓瑶族韦老等 27 名瑶民联名向瑶麓乡党支部提出

---

① 斯威顿经济是在狩猎—采集生计基础上发展起来的经济类型。包括一切极为粗放的原始农业耕作形式，从开辟小块土地，种植些薯芋之类的块根植物，到当今世界上仍广泛存在的刀耕火种农业。这一类型的共同特点是：使用简单的工具，不用犁及其他较现代的耕具，也不实施人工施肥和水利灌溉。其基本特征是：使用人为的手段，从自然环境中划出地段，让那些对人类有用的植物和动物在该地段中以其原生的状况自然生长，以利人类换取和利用。所谓人为的手段，一般包括火烧、水淹，以刀和锄开掘、排水、客土铺设等众多的特化性办法。我国西南山区现存的一种耕地固定、已知用犁但因高坡、陡而不便用犁耕作，就属于这类农业范畴。在人类学、民族学等学科的发展史上，对这一经济类型曾有过不同的称谓，如初级农业、刀耕火种、游耕、园艺农业、锄耕农业等，不过，相对科学而普遍使用的学术术语是斯威顿经济。参见江帆《生态民俗学》，黑龙江人民出版社 2003 年版，第 76 页。

② 黄海：《建国初期荔波瑶族经济类型变革的回顾与反思》，参见贵州民族研究所、贵州民族研究学会《贵州民族地区脱贫之路调查专辑》，1996 年，第 160 页。

③ 中共荔波县委：《荔波县委农村工作部关于瑶麓乡 3 个月来土改工作的情况报告》（1955 年 12 月 20 日），黔南州档案馆：5 - 1 - 67。

申请，要求进行土地改革，该乡的土地改革工作才正式开展。[①]

工作组入村以后，经过 3 个月的调查，在瑶麓全乡 4 个寨子中，共划出地主 12 户，富农 4 户。此后的工作主要是围绕生产、阶级教育、发展积极分子等方面展开。

1955 年 9 月，工作组入村以后，首先从生产入手，了解并分析农村生产的实际情况。当时正值天旱，部分田既未插秧也未改种，受灾减产现象十分严重。入村干部抓住这一问题，及时召开了乡政府委员会，指导农民改种了 52 挑田的秭子，动员农民捉虫 55 斤半。通过抗旱、改种、捉虫等具体工作，工作组很快就取得了当地农民的支持和信任。[②]

在生产建设中，工作组还面临着处理宗族与阶级之间关系的矛盾。在瑶麓乡 4 个寨子中，有 6 个姓氏，阶级观念普遍缺乏。工作组在处理此问题时，主要采用谈心的办法进行阶级教育，访问的主要对象是生产互助合作差和群众生活较苦的瑶民，在交谈中，向访谈对象进行阶级观念教育。访谈结束以后，瑶民普遍反映，"生产互助组搞不起来原因是不愿和田多的财主（地主、富农）一起互助"。[③] 此时，原来从未有的阶级观念逐渐涌现，开始代替宗族观念。

此外，工作组还为土地改革工作动员，培养了一批骨干。通过秋季生产动员了 31 人，其中，有四寨六姓中公认的自然领袖 6 人（贫农）；在参加县改造落后乡会议中，发展了十余名积极分子；在乡人民委员会（扩大）上，吸收 13 名积极分子。在积极分子动员的基础上，成立了农民协会。从成分上看，正副主席都为贫农，委员则有中农 2 人，贫农 5 人，其成员中六姓都有代表。此外，还成立了民兵分队，共有成员 42 人，其中 6 名小队长成为骨干，这 6 人

---

①　黄海：《建国初期荔波瑶族经济类型变革的回顾与反思》，参见贵州民族研究所、贵州民族研究学会《贵州民族地区脱贫之路调查专辑》，1996 年，第 163 页。

②　同上。

③　中共荔波县委：《荔波县委农村工作部关于瑶麓乡 3 个月来土改工作的情况报告》（1955 年 12 月 20 日），黔南州档案馆：5 - 1 - 67。

中有贫农 5 人，中农 1 人。可以看出，以贫农为核心的乡村政权领导机构基本建立。①

在瑶麓乡土地改革中，各级基层政府都对此事给予了足够的重视，下面一组文件颇能反映各级政府对土地改革的态度和立场。

1955 年 9 月 15 日，中共荔波县委对瑶麓工作组的工作指示：

五区委并瑶麓工作组：

5 月 11 日来信收悉，提出如下意见：

（一）目前以领导"三秋"为中心，可以结合土地改革，交代具体政策，应着重交代什么叫地主？什么叫富农？结合启发诉苦，以提高广大农民特别是贫雇农的阶级觉悟，并从中发现培养积极分子，待群众真正动了起来以后（就是说发动面达到 80% 以上），再开始划阶级、进行阶级斗争，目前主要把材料整理收集好，不要仓促，对农民内部，不要划得过细过认真。

（二）关于群众要求重新评产问题，对地主富农可进行评定产量，对农民内部不要大搞，对畸轻畸重的，可作个别调整，要斗争可以，关于分田分地问题，待进一步研究后答复，切实掌握慎重方针。

荔波县委办公室
1955 年 9 月 15 日

同时，中共荔波县委向中共都匀地委请示：

地委：

我县确定在这批消灭三类村中，将原未进行土地改革的瑶

---

① 中共荔波县委：《荔波县委农村工作部关于瑶麓乡 3 个月来土地改革工作的情况报告》（1955 年 12 月 20 日），黔南州档案馆：5 - 1 - 67。

麓乡（瑶胞聚居区）同时进行。该乡 194 户，常产 245219 斤，历来工作都作特殊情况看待，如统购统销等均未实行。但从该乡看，群众有反封建要求，据初步调查，有地主两三户，去年未统购，他们自觉卖余粮，据此，确定搞的，已派干部去协助，目前发现的问题是要求划阶级劲头大，要评产（过去未评过），要斗争，要分田地。我们的意见是首先以领导三秋工作为主，可结合交代土地政策，在群众中发动面至少达到 80% 以上再开展阶级斗争，而对农民内部，阶级不要求划得过细过认真。其次关于评产问题，我们建议，对农民内部不要大搞，对地主富农可进行评定产量，对畸高畸低的可作个别调整。关于分田地问题，我们认为，有要求可以进行。

　　以上是否妥当，请批示。

荔波县委办公室
1955 年 9 月 15 日

中共都匀地委对荔波县委的指示进行了分析之后，批复：

　　中共荔波县委：

　　关于瑶麓乡土地改革方案阅悉，除基本同意县委方案外，特提出以下意见，请注意。

　　1. 划分阶级成分问题，为稳慎起见，县委应将划分阶级成分的材料，提出意见后，报经地委审批、批行。

　　2. 瑶麓乡虽有 196 户，但有韦、覃、欧、卢、常、莫六姓，应注意发动六姓群众，培养各姓的积极分子，农协组织也应照顾这一点，吸收各姓的优秀人物参加领导，以免引起内部纠纷，不给敌人留空子。

　　3. 始终均应密切结合当前群众的要求，一定要与中心工作紧紧结合进行，全面深入地向广大群众交代政策，组织动员群众，消除思想顾虑，如大多数群众（80% 以上）坚决要求斗争时，即可掀起斗争，但应慎重掌握，免出偏差，必须照顾六姓群众，如斗争条件不成熟时，可用民主协商的办法解决土地改革问题也可。

中共都匀地委

1955 年 11 月 30 日[①]

从上述三份文件的内容看出，中共都匀地委和中共荔波县委对瑶麓乡土地改革的态度基本一致，都是强调慎重进行阶级划分，重点照顾六姓的宗族势力，联合各县的民族人士参加。也就是说，各级政府在阶级观念和社会主义教育的同时，着重考虑本地区本民族的特殊性，最终实行了"和平土改"[②] 的方式。这种土地改革方式不仅能达到增强瑶民阶级意识和阶级观念，平均瑶民财产，缩小收入差距的目的，而且减少了暴力，显然更有利于乡村社会的稳定与发展。据 1955 年统计，瑶麓乡共有余粮 59 户 43400 斤，缺粮 116 户 33510 斤，通过统购统销后，基本相抵。

"和平土改"中，最重要的就是对瑶民中有威望的自然领袖和积极分子进行教育，利用民族上层人士的影响，增强瑶民对国家的认同感。为此，黔南地区从 1951 年 9 月到 1957 年 7 月，先后组织了荔波瑶族中的欧木安、罗伯清、覃永光、韦木高、陆老年、罗老保、卢康礼、谢吉妹（女）、罗吉香（女）、姚志荣（女）、覃金德、陆吉勇等人到北京、成都、重庆、武汉、朝鲜、贵阳等地参观学习，还组织积极分子到贵州民族学院、西南民族学院进修学习。在他们中产生了乡长 2 人、副乡长 2 人、乡农协主席 1 人、高级社主任 1 人、互助组长 1 人、民间医师 1 人、妇女 3 人。中共荔波县

---

① 黄海：《建国初期荔波瑶族经济类型变革的回顾与反思》，参见贵州民族研究所、贵州民族研究学会《贵州民族地区脱贫之路调查专辑》，1996 年，第 163—165 页。

② 所谓"和平土改"，就是采用和平的而非暴力的办法，相对温和而非激烈敌对的态度，从地主手中取得土地，分配给无地、少地的农民。参见杨奎松《关于战后中共和平土地改革的尝试与可能问题》，《南京大学学报》（哲学社会科学版）2007 年第 5 期。

委还特别对瑶族的末代头人覃金德①进行了持续而深入的争取和教育，让其到北京、上海，甚至朝鲜等地参观慰问。1953 年，覃金德被选为副乡长。1955 年土地改革时，覃金德主动发动群众，作自我批评，退出帮工帮粮，且退出的数额远超过应退之数。②

荔波瑶族的土地改革是贵州民族地区土地改革特殊性的典型代表。在民族特点十分鲜明的地区，实行"和平土改"的政策，减少暴力成分，联合本民族有威望的自然领袖，并大力培养对国家具有认同感的积极分子，也是民族地区社会治理的重要方式。这种方式同样可以增强少数民族的阶级意识和社会主义的理想信念，也能达到国家权力对民族地区顺利下延的目的。

---

①　覃金德是瑶族的末代头人，其父覃尚中、祖父覃建中都是瑶麓头人，但他们并无血债，并在瑶族群众中有较高的威望。在新中国成立初期的镇压反革命运动中，因覃金德当过伪保长而被捕，瑶族民众联名上书为其担保，要求无罪释放，最终成功。1953 年，覃金德被选为刚成立的瑶麓乡副乡长，土地改革后调至荔波县民政科任副科长，并被选为中国人民政治协商会议黔南布依族苗族自治州第一至第四届常务委员，直到 1966 年病逝。

②　黄海：《建国初期荔波瑶族经济类型变革的回顾与反思》，参见贵州民族研究所、贵州民族研究学会《贵州民族地区脱贫之路调查专辑》，1996 年，第 165—166 页。

第四章 改造后的黔南乡村

作为土地改革的继续，改造落后乡村运动在乡村社会结构变迁的历史进程中同样具有标志性意义，其给三类村带来的不仅是土地占有关系的变化，更重要的是乡村基层政权建设、农民日常生活、社会心理、乡村习俗，甚至是私人生活领域的改变。

第一节 生产力的发展

相比较土地改革时期建立的一个相对平均的自耕农经济社会和土地改革后乡村地权的流动与分化，改造落后乡村运动则是对前者的强化。相对而言，改造落后乡村直接带来的土地重新分配和财产增加相对较少，但伴随着改造运动所带来的地权观念强化和国家大量投入却是显而易见的，也由此带来了农村生产力的发展。

一 地权观念的强化和国家的物质投入

由于土地改革是一场强制性的地权再分配运动，无地少地的农民把土地改革看作是一个得到土地的好机会，这种强制性分配的平均主义地权观念在土地改革结束以后逐渐得到认同。在改造落后乡村运动中，这种强制性分配地主富农土地和财产的地权分配再次被提及，农民被发动起来，积极要求分配地主富农的土地和财产。1955 年 9 月，据福泉县 8 个乡的统计，没收地主的田 889 挑、土

253 挑、山林 15 幅、房屋 226 间。① 荔波县地巍、中心、达便、水庆 4 乡在改造中，新划出地主 15 户，退出田土 50292 斤、帮工 47896800 元、帮粮 35 斤（见表 4 - 1）。当农民被彻底发动起来以后，他们就会向地主富农索要更多的东西，甚至会将矛头指向中农和贫农，有的县一律把反属、甲长、懒汉、小偷清洗出互助组和行政组织，不准参加开会。②

表 4 - 1　　　　　　　荔波县 4 个三类乡果实情况统计

乡别		地巍乡	中心乡	达便乡	水庆乡	合计
新划地主	户	8	4	2	1	15
	人	47	22	11	9	89
没收	田（斤）	2914	10393	94500		107807
	土（斤）		1207	300		1507
	房（间）	49.5	15	12		76.5
	盒仓		3	2	1	6
	盒廊		4		1	5
	耕牛	18	8	3	4	33
	马匹	9	1			10
	农具	112	75	23	13	223
	家具	2309	604	155	17	3085
帮工	应退（元）	28787100	3528000	1047800	1110000	34472900
	已退	17605200	3528000	1047800	1110000	23291000
	减免	9881900				9881900
	尾欠	1300000				1300000
	已退占应退比例（%）	61.16	100	100	100	67.56
帮粮	稻谷数（斤）				35	35
	折合人民币（元、旧币）				20000	20000

资料来源：中共荔波县委：《第二期改造三类村工作总结报告》（1955 年 3 月 11 日），黔南州档案馆：1 - 1 - 471。

---

① 中共福泉县委农村工作部：《福泉县改造落后乡工作总结报告》（1955 年 9 月 30 日），黔南州档案馆：5 - 1 - 67。
② 中共都匀地委：《关于落后乡连续死人事件的第二次通报》（1955 年 12 月 25 日），黔南州档案馆：5 - 1 - 64。

对逮捕地主富农的热情，农民的表现也超出了想象。独山县五和乡积极分子蒙开永向干部说："材料好了还不逮捕，我们将来吃不消。"蒙永尧对党员反映："上级逮捕不？若不逮捕，我们的命难保。"① 或许这种心情多半是由于将地主及富农的土地和财产强制分配以后的担忧。

革命的日常化分析视角或能反映新中国成立以后的乡村社会。满永认为，对乡村人来讲，所谓的革命日常化，实际上是指作为一种外在影响力的革命，一步步走入他们生活并作用于其生活的内在化机制及其过程。正是在革命日常化的机制中，我们能够体会到，影响人们行为的绝不是什么"听话"与"相信党"的道德逻辑，而是革命已经内在于他们的生活之中。在这样的情势下，人们都能明白，再简单的越轨也可能是严重的"反革命"罪行，这是一种革命日常化的效果。于是，在此日常化机制下，每个人都会自觉遵循着革命逻辑。② 陈志武为我们描述了这样一种私人生活政治化的情形："对于想回避政治而生活的人来说，具有同样颠覆性的是从 1958 年左右开始的公家食堂，以小生产队为单位大家一起吃饭，吃'大锅饭'不再是一个抽象的形容词。在村里，这种新集体生活开始从根本上挑战、瓦解基于祠堂的宗族社会结构，瓦解私人生活空间。夫妻吵架、子女婚嫁、小孩不当行为等家里私事不再由族里长者调解，不再到祠堂处理，而是由生产队长、大队长、支部书记政治解决，私人生活被名副其实地政治化。"③ 在私人生活政治化之下，平均的地权观念得到前所未有的强化。

同时，国家开始向乡村社会投入大量资金、技术、农具，以帮助农村发展生产。1955 年，国家决算在农业、林业、水利等方面支出 1497616000 元，为预算数的 114.13％。农业支出对于全国农业

---

① 中共独山县委农村工作部：《改造落后乡工作简报》（1955 年 11 月 5 日），黔南州档案馆：5－1－77。

② 满永：《政治与生活：土地改革中的革命日常化》，《开放时代》2010 年第 3 期。

③ 陈志武：《不想谈政治但又离不开政治的生活》，《南方都市报》2009 年 3 月 22日。

生产的改进、农具改良和农药农械的推广，特别是对灾民的恢复生产和重建家园起了重要的作用。1955 年，政府供应农民饼肥和化学肥料 450 万吨，农药 9 万吨，并且减价 40% 供应新式农具 51 万部。对 1954 年的灾区，政府继续拨付复堤、修垸经费 3 亿元，帮助农民新修和整修了许多小型水利工程，贷放水车 17 万辆，扩大和改善了灌溉面积 6500 万亩。此外，1955 年，政府还支出农村救济费 2 亿余元，发放农业贷款 10 亿余元。在林业方面，1955 年完成造林面积 2560 多万亩，比 1954 年完成数增长 47%。在水利建设方面，1955 年完成土方 14 亿多公方，石方 1400 多万公方，混凝土 60 万公方。在 1954 年堵口复堤的基础上，继续整理了长江中下游、淮河、辽河、珠江和华北各河的堤堰，恢复了洞庭湖滨的堤垸，举办了汉水下游分洪工程，基本完成了淮河的南湾水库工程。这些工程对防御水害和扩大灌溉面积都有显著的效果。①

　　1955 年，黔南地区诸如山地犁、七寸步犁、水田犁、座式玉米脱粒机、打稻机、六六六粉剂、硫酸铜等农具药械被大量免费或低价投入乡间，并帮助农民学会使用（见表 4 - 2）。国家还向乡村社会发放了农贷基金，1955 年平均每户 33 元，帮助当时生活极其贫困、生产极为落后的农民获得了最初发展的资金积累（见表 4 - 3）。农业贷款②是乡村经济发展的重要保障。20 世纪 50 年代中期，农民经济基础还很薄弱，相当一部分农民无力缴纳入社时所需分摊的股份基金。针对这种情况，国家发放了大量的贫农合作基金贷款，这些贷款成为适当缩小贫农与中农在生产资料上差别的保证，对扶持农村弱势群体、推动农业合作化和农业生产发展都具有重要的作

---

① 《1956 年国务院政府工作报告》，《人民日报》1956 年 6 月 16 日。
② 20 世纪 50 年代中期，为帮助贫困农民解决入社基金困难，扶助他们走合作化道路，国家发放了贫农合作基金贷款，并对贷款对象、额度、用途、还贷期限、利率、发放措施等作出规定。该贷款的发放，支持了入社贫困农民，加强了贫农与中农之间的团结，鼓励了社员的生产积极性，促进了农业合作社的巩固和发展。但在运作过程中也存在种种偏向。由于 50 年代末期的经济困难，该贷款未偿还的部分最终被国家核销。

用。① 1955 年第一季度和第二季度，国家向黔南乡村投放 115 万元农业贷款，极大地促进了乡村经济的发展（见表 4 - 4）。

表 4 - 2　　都匀专区 1955 年农具药械分配情况（1955 年 1 月 17 日）

品种	合计	都匀县	独山县	福泉县	麻江县	三都县	平塘县	荔波县	黎平县	丹寨县	榕江县	从江县	机动数
山地犁（部）	2000	300	300	230	220	140	200	150	120	130	110	100	
七寸步犁（部）	200	45	40	25	25	15	25	15		10			
水田犁（部）	700	110	115	90	90	50	85	60	30	40	20	10	
座式玉米脱粒机（架）	600	100	100	90	80	50	70	70		40			
打稻机（架）	1200	180	180	140	150	80	130	100	70	70	60	40	
六六六粉剂（公斤）	46215	5100	5100	5000	5000	4000	4000	5000	2000	2800	1800	1500	4915
6%可溶性六六六粉剂（公斤）	6030	700	700	650	650	550	550	450	300	450	200	100	730
硫酸铜	1422	100	100	310	240	120	100	100	60	80	30	10	172
赛力散（公斤）	370	45	45	40	40	30	30	30	15	20	15	10	50
鱼胜精（瓶）	3060	500	500	500	500	200	200	120	70	80	40	30	320
手动喷粉器（具）	300	35	35	35	25	25	25	25	15	20	15	10	30

注：（1）本表所列数字系为省供销社、农林厅分配计划研究分配。（2）分配各县推销数曾在各县农林科长会议及县社主任研究讨论，并报地委农林工作部批准。

资料来源：中共都匀地委农村工作部：《都匀专区 1955 年农具药械分配表》（1955 年 1 月 17日），黔南州档案馆：5 - 1 - 62。

　　国家在向乡村社会投入资金、农具和技术中，倾向非常明显，目的多为鼓励农业合作社的发展。中共都匀地委供销合作社明确规定："推广的对象首先是农业生产合作社、互助组。密切与银行、信贷配合。防止单纯追求任务，盲目赊销，或强行摊销，造成不良

---

① 常明明：《二十世纪五十年代贫农合作基金贷款的历史考察》，《中共党史研究》2010 年第 12 期。

表4-3　　　　1955年中共都匀地委农贷基金分配情况　　　单位：元

县别	都匀	独山	麻江	福泉	榕江	平塘	三都	丹寨	黎平	荔波	从江
现有社	128	100	53	60	20	48	36	36	28	22	12
现有户	2921	2568	1047	1754	470	1143	903	976	760	670	439
现有计净扩社户	694	440	504	486	8	774	180	800	154	92	68
现有分计基金数	1048	1600	728	600	340	864	436	648	476	352	289
今年计划建立社	362	332	814	288	110	229	182	160	155	160	80
今年计划建立户	8174	8089	5136	7845	2222	4834	3698	3590	3565	3622	1522
贫农基金分配	13394	12284	8132	10944	4125	8473	6734	5920	5813	6000	3000
平均每社分计数	37	37	38	38	37.5	37	37	37	37.5	37.5	37.5
全县合计总社数	490	432	267	348	130	277	218	196	183	182	98
贫农基金总结	15442	13884	8860	11544	4465	9337	7170	6568	6289	6352	3289
每社平均数	31.5	32.1	33.1	33.1	34.3	33.3	32.8	33.5	34.4	34.9	33.6

资料来源：中共都匀地委办公室：《都匀地委农村工作部关于转发试行贫农合作基金实施的通知及分配各地贷款数字的意见》（1955年7月19日），黔南州档案馆：5-1-62。

表4-4　　　1955年中共都匀地委农贷贷款发放和收回数额　　单位：百元

县别	发放			收回		
	第一季度	第二季度	合计	第一季度	第二季度	合计
都匀	403	862	1265	540	140	680
独山	403	862	1265	530	190	720
麻江	307	728	1035	360	70	430
福泉	307	728	1035	320	40	360
榕江	307	728	1035	390	150	540
平塘	284	636	920	340	120	460
三都	238	452	690	405	135	540
丹寨	188	502	690	350	80	430
黎平	449	1046	1495	505	225	730
荔波	296	682	978	390	120	510
从江	318	774	1092	370	130	500
合计	3500	8000	11500	4500	1400	5900

资料来源：中共都匀地委农村工作部：《地委农村工作部批转省财经委党组〈关于对做好1955年上半年银行农业贷款工作的几点意见〉》（1955年2月4日），黔南州档案馆：5-1-62。

影响。"① 农贷秉承"以发展农业为重点，以互助合作为中心"的精神，使银行农业贷款工作做好"支持春耕生产""积极扶持合作化运动"。② 这种政策的倾向无疑使未入社的农户压力大增。

改造落后乡村运动中，国家对三类村生产的投入力度更大。荔波县的 4 个三类乡均属沿边和民族杂居地区，土地改革较晚且时间短，土地改革后群众发动不充分，骨干少，干部也很少去。对于这类乡村，国家在投入方面要较其他乡村更为重视。荔波县的地巍、中心、达便和水庆 4 乡在改造中，发放贷款为 415 万元，农具为131 件，这些贷款和农具在一定程度上满足了农民对原始资金和生产工具的需求。③

表 4 - 5　荔波县 4 个三类乡秋耕秋种积肥与水利情况统计情况　单位：挑

乡别		地巍乡	中心乡	达便乡	水庆乡	合计
全乡总面积		11519（挑）	21014	16673	423.81	49628.8
冬耕	面积		15736	12529	43	28718
	占总数的比例（%）		7489	7515	10.21	5704
秋种播种面积	大麦	912.8	1630	1673	34.5	4328.78
	小麦	1724.26	135	972		2331.26
	油菜	270.6	17	97	3	387.6
	其他	24.65				24.66
	合计施肥		23236			
	合计面积	2510（挑）	1782	2742	37.5	7072.29
	占总数的比例（%）	21.79	8.48	16.45	8.85	14.25
	圈肥		4325	64100		38425
	草木灰		44			44
	合计		4369	64100	38469	

---

①　中共都匀地委农村工作部：《贵州省供销合作社都匀专区办事处指示》（1955 年1 月 17 日），黔南州档案馆：5 - 1 - 62。

②　中共都匀地委农村工作部：《地委农村工作部批转省财经委党组"关于对做好1955 年上半年银行农业贷款工作的几点意见"》（1955 年 2 月 4 日），黔南州档案馆：5 - 1 - 62。

③　中共荔波县委：《第二期改造三类村工作总结报告》（1955 年 3 月 11 日），黔南州档案馆：1 - 1 - 471。

续表

乡别		地巍乡	中心乡	达便乡	水庆乡	合计
水利	沟（条）	1.5	4			
	塘（口）	6	3			

注：原文中小数点部分有很大问题，可能导致计算错误。

资料来源：中共荔波县委：《第二期改造三类村工作总结报告》（1955 年 3 月 11
日），黔南州档案馆：1－1－471。

二　农民收入的变动和阶级的变化

由于乡村地权的变化和国家的持续投入，并伴随着农业合作化
的开展和农民积极性的提升，加之雨水及时，1955 年，全国绝大部
分地区的农业都获得了丰收。粮食总产量达到 3680 亿斤，完成年度
计划的 102%，比 1954 年增长 9%。棉花产量达到 3036 万石，完成
年度计划的 117%，比 1954 年增长 43%。其他各种主要农作物，除
甘蔗比 1954 年稍有减少外，都有不同的增长，甜菜比 1954 年增长
61%，黄麻增长 95%，烤烟增长 28%，花生增长 6%，茶叶增长
17%，蚕茧增长 44%，各种水果增长 10%。[①]

黔南地区农业的主要指标增长也比较明显。1957 年，农业总产
值比 1949 年增长 72.2%，八年间，农业总产值每年平均增长 9%，
新中国成立初期的几年成为黔南农村经济发展的黄金时期之一。[②]
1955 年，粮食总产量比 1954 年增加 6.6%；1956 年，粮食总产量
比 1955 年又增加 13.7%，达到 11541300 石。1955 年，大牲畜比
1954 年增加 6.5%，1956 年又比 1955 年增加 5.9%，达到
505459 头。[③]

随之而来的是农民生活水平的改善和阶层的变动。从表 4－6 和

[①]　《1956 年国务院政府工作报告》，《人民日报》1956 年 6 月 16 日。
[②]　黔南布依族苗族自治州概况编写组：《黔南布依族苗族自治州概况》，贵州民族
出版社 1985 年版，第 88 页。
[③]　《黔南布依族苗族自治州 1949—1961 年农业生产情况统计资料》，黔南州档案馆：
58－2－78。

表4－7都匀地委重点规划乡农民阶级排队的情况看，土地改革后，黔南13乡贫农为4002户，占统计户数的54.3%；中农2406户，占统计户数的32.6%；贫农仍占黔南人口的多数。1955年，经过发展后的黔南13乡，贫农为1735户，新下中农和老下中农分别为1740户和1299户，新上中农和老上中农分别为579户和1118户，从贫农所占的比例看，贫农仅占统计人数的20.7%，贫农阶层所占比例已为少数。

表4－6　　土地改革后各县重点规划乡农民阶级排队情况（一）

县	重点乡		原有						
	各乡	总户数	贫农	占总数的比例（%）	中农	占总数的比例（%）	其他	占总数的比例（%）	合计
都匀	迎恩	588	316	53.7	187	31.8	27	4.6	530
	纸坊	572	328	57.3	162	28.3			490
	凤麓	369	226	61.2	97	26.3			323
独山	麻江	515	264	51.3	209	40.6	7	1.4	480
	南岩	616	363	58.9	179	29.1	22	3.6	564
福泉	有昌	600	324	54.0	204	34.0			528
丹寨	付贵	267	163	61.0	81	30.3	2	0.7	246
	金山	511	271	53.0	197	38.6			468
三都	三郎	572	296	51.7	214	37.4	14	2.4	524
平塘	新隆	483	213	44.1	219	45.3	12	2.5	444
荔波	济阳	625	285	45.6	247	39.9	39	6.2	571
榕江	中宝	989	585	59.2	300	30.3	20	2.0	905
黎平	潘老	681	408	59.9	150	22.0	80	11.7	638
总计	13乡	7388	4002	54.2	2406	32.6	223	3.0	6631

资料来源：中共都匀地委农村工作部：《全区农业生产互助合作和党代会情况及重点规划情况统计表》（1955年12月10日），黔南州档案馆：5－1－38。

表4-7　　1955年各县重点规划乡农民阶级排队情况（二）

县	重点乡		现有										
	各乡	总户数	贫农	新下中农	老下中农	小计	占总数的比例（%）	新上中农	老上中农	小计	占总数的比例（%）	新富农	其他	合计
都匀	迎恩	588	96	182	94	372	63.3	65	93	158	26.9			530
	纸坊	572	103	132	56	291	50.9	93	106	199	34.8			490
	凤麓	369	90	84	42	216	58.5	52	55	107	29.0			323
独山	麻江	515	38	157	145	340	66.0	29	70	99	19.2		1	440
	南岩	616	117	197	119	433	70.3	54	55	109	17.7		22	564
福泉	有昌	600	115	169	132	416	69.3	49	63	112	18.7			528
丹寨	付贵	267	99	45	48	192	71.9	19	33	52	19.5		2	246
	金山	511	196	47	89	332	65.0	28	108	136	26.6			468
三都	三郎	572	142	133	109	384	67.1	25	101	126	22.0		14	524
平塘	新隆	483	82	61	78	221	45.8	71	138	209	43.3	2	12	444
荔波	济阳	625	86	193	168	447	71.5	11	74	85	13.6		39	571
榕江	中宝	989	372	175	131	678	68.6	57	160	217	21.9		10	905
黎平	潘老	681	199	165	88	452	66.4	44	62	106	15.6		80	638
总计	13乡	7388	1735	1740	1299	4774	64.6	597	1118	1715	23.2	2	180	6671

资料来源：中共都匀地委农村工作部：《全区农业生产互助合作和党代会情况及重点规划情况统计表》（1955年12月10日），黔南州档案馆：5-1-38。

　　就阶层变动的具体情况看，都匀县二区迎恩乡的阶级变化①情况可作典型分析。迎恩乡是都匀县的三类乡，1951年完成土地改革

---

　　①　阶级划分是根据以下标准确立的：（1）贫农：土地改革后虽分得了土地和一部分生产、生活资料，生活稍有改善，但耕牛、农具仍不齐全，无多少副业收入，欠账多，生产、生活仍很困难。（2）下中农：原有土地、耕牛、农具、有某些副业收入，生活过得去，但在生产、生活上有些临时性困难。（3）上中农：生产、生活资料齐全并充足，占有较多较好的土地，农副业收入发达，并且在新中国成立前（指老上中农）后轻度剥削和自发倾向，如商业、房贷，请短工等。参见都匀县农村工作部《都匀县二区迎恩乡阶级变化情况》（1955年12月7日），黔南州档案馆：5-1-93。

后，1952 年即开始组织互助组，1954 年试办了 2 个农业生产合作社，到 1955 年年底，已经建立了 16 个农业生产合作社，入社农户占全乡总农户 70% 以上。由于该乡互助合作发展得较早，生产发展也较快，贫农地位迅速上升，特别是互助合作发展较早的村寨，这种变化更加突出。据 3 个不同寨子的调查，互助合作基础好、建设早、生产发展快的张冠堡有 62% 的农户经济地位上升了。① 随着农户经济地位的上升，各阶层的比例也随之改变。

从迎恩乡 530 户农民来看，原贫农 329 户，有 65 户上升为上中农，有 182 户上升为下中农，仍是贫农的有 82 户；原下中农 135 户，现有 34 户上升为上中农，有 88 户仍为下中农，有 13 户下降为贫农；原上中农有 69 户，现仍为上中农的有 62 户，有 6 户下降为下中农，有 1 户下降为贫农。阶级变化后的结构分布是：贫农和新老中农的下中农有 372 户，占全乡总农户的 70.2%，新老中农的上中农有 158 户，占全乡总农户的 29.8%。②

从迎恩乡党团员来看，党支委共 7 人，原贫农有 6 人，现有 4 人上升为上中农，2 人上升为上中农；原下中农的有 1 人，仍为下中农。党员共 16 人，原贫农有 12 人，现有 9 人上升为下中农，1 人上升为上中农，2 人仍是贫农；原下中农有 3 人，现仍为下中农；原上中农有 1 人，现仍为上中农。团员共 40 人，现有 12 人上升为下中农，3 人上升为上中农，9 人仍为贫农；原下中农有 10 人，现有 2 人上升为上中农，1 人仍为下中农；原上中农的有 1 人，现仍为上中农。合计全乡党支委、党员、团员共 63 人，原贫农有 42 人，现有 25 人上升为下中农，6 人上升为上中农，11 人仍为贫农；原下中农有 14 人，现有 3 人上升为上中农，11 人仍为下中农；原是上中农有 7 人，现仍为上中农。阶级变化后的结构分布是：贫农和新

---

① 都匀县农村工作部：《都匀县二区迎恩乡阶级变化情况》（1955 年 12 月 7 日），黔南州档案馆：5 - 1 - 93。

② 同上。

老中农中的下中农共 16 人，占 25.4%。①

另外，从全乡农业生产合作社的主任、委员、社员来看，主任共 47 人，原贫农 38 人，现有 25 人上升为下中农，12 人上升为上中农，仍为贫农的有 1 人；原下中农有 7 人，现有 4 人上升为上中农，3 人仍是下中农；原上中农有 2 人，现仍为上中农。委员会共 69 人，原贫农有 44 人，现有 30 人上升为下中农，8 人上升为上中农，仍为贫农的有 6 人；原下中农 13 人，现有 8 人上升为上中农，5 人仍为下中农；原上中农有 12 人，现有 1 人下降为下中农，11 人仍为上中农。社员共有 383 人，原贫农有 260 人，现有 154 人上升为下中农，40 人仍为下中农；原上中农有 52 人，现有 1 人下降为下中农，51 人仍为上中农。合计全乡社主任、委员、社员共 333 人，原贫农有 342 人，现有 209 人上升为下中农，59 人上升为上中农，74 人仍为贫农；原下中农 91 人，现有 43 人上升为上中农，48 人仍为下中农；原上中农有 66 人，现有 2 人下降为下中农，64 人仍为上中农。阶级变化后的结构分布是：贫农和新老中农中的下中农共 333 人，占社主任、委员、社员总数的 66.74%，新老中农的上中农共 166 人，占 33.23%。②

不论是农民经济地位变动的总体情况，还是党团员，合作社主任、委员、社员单类群体，都匀县二区迎恩乡的农民阶层变动情况十分明显，即大部分农民的经济地位都有提升。

一般而言，主要有以下几个原因：（1）农民参加了互助组和农业社，他们依靠组织起来的集体力量，解决了生产和生活上的困难，战胜了各种自然灾害，使用了新式农具，推广了先进的生产经验，进行了精耕细作，增施肥料，因而获得丰产丰收。如张冠堡的 13 户贫农就有唐泽、代冲明、李玉华等 12 户实收超过常年产量的 20%—50%，生产、生活大幅改善，因而上升为中农。贫农绍明、

---

① 都匀县农村工作部：《都匀县二区迎恩乡阶级变化情况》（1955 年 12 月 7 日），黔南州档案馆：5-1-93。

② 同上。

喻开赔等 22 户上升为新上中农，也是通过互助组，获得了增产。
（2）占有土地较多且好，家底厚。他们土地增多的主要原因，除老
中农（佃中农除外）原来就占有较多土地外，主要是因为在土地改
革和落后乡村改造中分得了土地。如江边堡雇农陈德林土地改革时
一个人分得 20 挑田，以后讨了富农老婆又带来 33 挑，全家只有 3
人吃饭，生活水平迅速上升。（3）劳力强，又勤俭节约。如张冠堡
石有珍拥有 39 挑田，收入达 4700 斤以上，一年卖一两头肥猪，加之
省吃俭用，又打草鞋卖，因而生活水平得到提升。（4）副业收入大。
如打鱼、赶马、烧石灰等，这种副业收入每年约为 150 元以上。①

　　不过，仍有一部分农民的生活水平有所下降，多为天灾人祸、
懒惰等因素所致。如房子被火烧、死人以及旱、虫、水灾等侵袭，
张冠堡罗名成土地改革后被火灾烧尽两次。一部分家庭劳力弱、鳏
寡孤独和残疾等不能劳动，又无其他收入。有些移民户家底很薄，
甚至还有老账，新债也是一年还不清，第二年又借。极少数农民比
较懒惰，不会持家，生产搞不好，而且大吃大喝，浪费极大。这些
都会造成极度贫困。②

第二节　政治格局的变动

　　就农村政治格局的变动而言，土地改革和农会组织无疑是具有
决定性意义的，它们将原有的自然村落转变为国家基层体系的"建
制单位"，由于这些正式权力组织的建立，在事实上加强了国家与
乡村社会的联系，新的具有国家权力背景的地方权威得以形成，
"阶级观念"得以引入，使得乡村从过去的族姓和家庭的划分中演
变为不同的阶级阵营，通过行政区划方式，不仅将每一个农民都编

---

① 都匀县农村工作部：《都匀县二区迎恩乡阶级变化情况》（1955 年 12 月 7 日），
黔南州档案馆：5 - 1 - 93。
② 同上。

入到新的组织序列之中，而且形成了新的社区边界。① 随着土地改革的结束，此后的划乡建政和合作化组织取代了农民协会，农民协会逐渐退出历史舞台。取消农民协会的因素可能很多，其根本原因可能是农民协会与中国共产党领导人的政治理想和现代化进程不一致。② 此时，落后乡村改造所引发的政治格局变动正是建立在基层政权建设、党团组织发展和合作化运动之中。

一 新旧势力的再次演变

在土地改革运动中，地主作为一个阶层基本上被消灭，富农经济得到保存，大量积极分子和群众被动员起来。不过，这种动员在落后乡，甚至是一类乡、二类乡都仅仅是个开始。要想把国家意志完全灌输到乡村社会，就需要持续不断地动员。同时，乡村社会中土地买卖的情况还普遍存在，土地租赁时常发生，雇工情况也未杜绝，民间借贷十分普遍，这些"自由"都会导致新富农的产生和两极分化的扩大。在此背景下，中国共产党在乡村社会发展路径上进行了一系列的调整，包括逐渐限制和消灭富农，重新划分地主和富农，大力选拔新型积极分子，最终鼓励农民走合作化道路。

中国共产党在20世纪50年代对富农的政策，经历了一个从保存、限制到消灭的演变过程。这个过程，与中国共产党对土地改革后社会结构的认识及农村阶级政策的调整有密切的关联。大致来说，中国共产党在新区土地改革运动中采取了"保护富农经济"的政策；土地改革运动结束后，为了恢复和发展农业生产，中共中央在充分肯定农民发展个体经济积极性的基础上，采取了"限制富农经济"的政策，同时逐渐引导农民走互助合作的道路；但在1953年以后，随着富农经济在农村经济中势力的增强及两极分化的出

① 于建嵘：《岳村政治：转型期中国乡村政治结构的变迁》，商务印书馆2001年版，第228—229页。

② 亨廷顿认为："建立农民协会是一种政治行为，而最经常、最有效地采取这种行动的又是政党，因为它需要农民组织的机制来取得农民的支持，几乎每一个强大的政党都与某一个农民组织保持着密切的联系。这种组织当然能给党的领袖们效劳，但同样也给农民效劳。"参见亨廷顿《变化社会中的政治秩序》，生活·读书·新知三联书店1989年版，第365页。

现，农村"两条路线"斗争的日渐"尖锐"，中共中央采取了"消灭富农经济"的政策，富农阶级成为继地主阶级之后的农村"敌人阶级"和斗争对象。在合作化运动完成之际，富农作为农村的一个阶层被消灭了。①

在改造落后乡村运动中，重新划分、打击地主和富农是其重要内容。1955年3月，荔波县4个三类乡在改造中新划出地主15户89人。② 福泉县的9个乡，到1955年9月，新划出地主66户，富农20户。③ 三都县孟明乡新划出地主13户，富农10户。④ 荔波县王蒙乡共有4个行政村29个自然寨467户，其中，贫雇农201户，中农223户，富农12户，地主20户，其他11户。在落后乡村改造中，又新划出地主5户。⑤ 大量以前未被划为地主和富农的农民，在改造落后乡村运动中被划为漏网地主，重新受到批判、没收财产，甚至管制和处决。农村中重新出现的土地买卖、土地租赁、雇工、民间借贷等现象受到批判和打击。此后，在历次政治运动中，这些地主和富农频繁受到冲击。

在打击地主和富农势力的同时，包括党员、团员、积极分子、互助组长、积极分子等乡村新的基层政治精英逐渐成为乡村政权建设的支持者和主导者。在三类乡村的改造中，荔波县4乡共发掘基层政治精英284人，总数达到439人，其中，党员5人，团员35人，互助组长149人，积极分子250人。此外，还动员了大批群众，这种动员具体到独立的个体，未被发动的民众只占群众总数的3.44%（见表4-8）。

------

① 王瑞芳：《土地制度变动与中国乡村社会变革——以新中国成立初期土改运动为中心的考察》，社会科学文献出版社2010年版，第323页。

② 中共荔波县委：《第二期改造三类村工作总结报告》（1955年3月11日），黔南州档案馆：1-1-471。

③ 中共福泉县委农村工作部：《福泉县改造落后乡工作总结报告》（1955年9月30日），黔南州档案馆：5-1-67。

④ 中共三都县委农村工作部：《孟明乡改造工作总结报告》（1955年12月12日），黔南州档案馆：5-1-94。

⑤ 中共荔波县委：《王蒙三类村工作情况简报》（1955年10月10日），黔南州档案馆：1-1-471。

表 4 – 8　　　　荔波县 4 个三类乡积极分子和群众发动情况

		乡别	地巍乡	中心乡	达便乡	水庆乡	合计
		全乡总户数	438	713	517	334	2002
		全乡总人口	1857	2793	2361	1439	8450
培养积极分子	原有	党员		2	3		5
		团员	7	12	10	1	30
		互助组长	6	17	7		30
		积极分子	9	45	36		90
		合计	22	76	56	1	155
	现有	党员		2	3		5
		团员	11	13	10	1	35
		互助组长	37	52	51	9	149
		积极分子	82	58	82	28	250
		合计	130	125	146	38	439
		扩大	108	49	90	37	284
发动群众	应发动数	男	40	843	705	33	1621
		女	28	812	755	43	1638
		合计	68	1655	1460	76	3259
	已发动数	男	39	678		18	
		女	4	519		6	
		合计	43	1197	1065	24	2329
		占应发动的比例（%）	63.24	79.88	82.95	31.58	79.78
	半发动数	男	1	62		9	
		女	21	224		14	
		合计	22	286		23	
		占应发动的比例（%）	32.35				16.78
	未发动数	男		16		6	
		女	3	31		21	
		合计	3	47	35	27	112
		占应发动的比例（%）	4.41	2.84	2.39	35.53	3.44

　　资料来源：中共荔波县委：《第二期改造三类村工作总结报告》（1955 年 3 月 11
日），黔南州档案馆：1 – 1 – 471。

在地主富农受到批判和打击、基层政治精英和农民被动员起来之下，地主和农民斗争"一边倒"的局面也就形成。斗争会成为乡村社会日常生活必不可少的组成部分。当时的文件这样记载王蒙乡农民的批判斗争会：群众被发动起来，积极参加批斗运动，农民白天进行生产，晚上开斗争会，"越开情绪越高，隔 15 里的小寨苗族农民下雨晚上都来参加斗争，十几岁的苗族姑娘和瑶族妇女同胞已积极起来面对地主斗争，只要听钟声一响，男男女女、老老少少都来参加开会斗争，每晚都斗到十二点钟左右，群众不但不感到疲倦，越斗越有劲头，阶级觉悟上是大大地提高了一大步"。① 可想而知，此时，地主和农民的关系已经完全被阶级斗争所取代，传统乡村的势力格局完全倒置。

二　乡村合作组织的建立与乡村政治格局的变动

落后乡村改造是合作化浪潮中发生的一场政治运动，改造后期的指标之一就是建立互助组和合作社。因此，在改造落后乡运动中，互助组和合作社的发展速度很快。从荔波县 4 个乡互助组的情况看，在改造前，参加常年互助组和临时互助组的农户为 244 户，占全部农户的 11.87%，在改造后的 1955 年，4 个乡参加常年互助组和临时互助组的农户已经达到 64.69%（见表 4 - 9）。截至 1956 年年底，黔南全州基本上实现了农业合作化。自 1952 年开始，4 年间共建社 5026 个，其中高级社 1219 个，初级社 3807 个，入社农户为 182946 户，占总农户数的 94.12%。②

在合作化运动中，乡村社会组织总的发展趋势是"政治组织"和"社会组织"的"经济化"，即以各种集体化的"经济组织"职能和形式代替或统领乡村社会的各种政权组织和社会组织。合作化运动中的组织状况如表 4 - 10 所示。随着高级社的建立，村级政权组

---

① 中共荔波县委：《王蒙三类村工作情况简报》（1955 年 10 月 10 日），黔南州档案馆：1 - 1 - 471。

② 中共黔南州委党史研究室编：《中共黔南州历史大事记（1930—1989）》，内部资料，1996 年，第 94 页。

表 4 - 9　　　　荔波县 4 个三类乡互助组发展情况统计情况

乡别			地巍乡	中心乡	达便乡	水庆乡	合计
全乡总户数			438	713	517	334	2002
原有	常年	组	2	1	1		4
		户	22	13	11		46
		人		59	51		110
	临时组	组	4	16	6	1	27
		户	33	112	47	6	198
		人		438	183	30	651
	合计	组	6	17	7	1	31
		户	55	125	58	6	244
		人		497	234	30	761
占全乡总农户的比例（%）			12.56	17.53	10.16	1.9	11.87
现有	常年	组	9	12	11	3	35
		户		112	104	23	239
		人		449	413	116	978
	临时组	组	28	40	40	16	124
		户		261	324	159	744
		人		818	1324	64.7	2206.7
	合计	组	37	52	51	19	159
		户	337	373	428	182	1330
		人		1267	1737	363	3367
占全乡总农户的比例（%）			36.94	52.31	76.71	54.49	64.69
领导成分	中农		13	12	13	6	44
	贫农		24	40	38	13	115
	合计		37	52	51	19	159

资料来源：中共荔波县委：《第二期改造三类村工作总结报告》（1955 年 3 月 11日），黔南州档案馆：1 - 1 - 471。

表 4 – 10　　　　　　　　合作化运动中的组织状况

类别	土地	耕牛与农具	生产管理	收益分配	公共权力状况
临时互助组	个人所得	私有私用	各家自由安排	换工	没有建立公共权力组织，有一些权威人物存在
常年互助组	个人所得	私有私用	组内协商安排	换工折算	设立组长等职位，组内有分工
初级合作社	个人私有，随人入社，土地分红	私有公用或由社付租金，或折价入社，分期偿还	统一安排，社员参加集体劳动	按劳分配与土地租金相结合，一般按"劳六地四"	设立社长等职位，形成与村级政权平行的组织体制
高级合作社	土地集体所有，取消土地分红	除小农具外，全归集体所有	劳动、财务、种植、产品、分配统一管理	按劳分配。除各种费税外，视投工和投肥分配	取代了村级政权的职能，实现了村社合一

　　资料来源：陈吉元等：《中国农村社会经济变迁（1949—1989）》，山西经济出版社1993年版，第248页。

织的职能被经济合作组织所取代，实现了村社合一。可以说，这是一次对中国乡村政治结构真正彻底的改变。①

　　（一）国家权力强制性地进入乡村社会，成为合作化运动的主导力量

　　从理论上说，乡村社会经济和政治资源进行重新配置往往很难依靠其内部的力量来推动和完成，因而需要新的利益机制和强制性保护，而且保护提供相应的组织原则和操纵程序。

　　首先，乡村社会建立了一套完整的地方行政系统，加强了国家权力对乡村社会的控制能力。1954年1月，中央人民政府内务部发出了《关于健全乡政权组织的指示》，要求在普选的基础上，建立

---

　　①　于建嵘：《岳村政治：转型期中国乡村政治结构的变迁》，商务印书馆2001年版，第228—229页。

乡人民代表大会和人民政府委员会制度，使之真正成为领导生产建设、组织人民行使权力的机关。为了达到此目的，乡人民政府应设立生产合作、文教卫生、治安保卫、人民武装、民政、财粮、调解等工作委员会，进一步加强乡的行政体制建设。最初实行的是小乡制，户数比较少。后来，在合作化的过程中，小乡逐渐合并成大乡。1954 年 9 月第一次全国人民代表大会第一次会议通过的《中华人民共和国宪法》规定，地方各级人民委员会，即地方各级人民政府，是地方各级人民代表大会的执行机关，是地方各级国家行政机关。实际上，1951 年土地改革到 1958 年的人民公社化运动期间，制度变革表现出明显的集中性特征。变革的方向是由小到大、由少到多、由分散到集中。[①] 这种行政建制的改变，使社会民众能够更容易接近国家的行政权力，并有可能改变社会民众与政治的亲和力，而使权力机构的行为职能更为有效。

其次，大力发展国家工作人员，组建各种工作组和工作队，让这些"国家的代表"直接进入乡村社会。新中国成立初期，是国家机器急剧膨胀的时期，国家工作人员大量增加，这不仅是新生政权的需要，也是国家职能扩大的结果。在改造落后乡村运动中，各地均需要专职的改造人员，从各地改造落后乡村的情况来看，几乎每一个村庄的改造工作都是在工作队的直接参与和领导下进行的。工作队以国家意志代理人的身份，在村庄社区内拥有至高无上的权力，并借助群众运动的方式，帮助国家完成民众动员、资源汲取、精英监控等任务，以期达到实现乡村治理的目标。[②]

[①] 胡必亮：《中国村落的制度变革与权力分配》，山西经济出版社 1996 年版，第 49 页。

[②] 派遣行政人员到农村指导土地改革，并非中国共产党的独创。亨廷顿指出，动员官僚机构中的行政人员到农村去办理具体事务，乃是各国土地改革中通行的做法，例如，日本在土地改革期间曾动员 40 万人协助工作，中国台湾的土地改革抽调了大约 3.3 万名行政人员，菲律宾和伊朗则动用军队去协助完成土改。但这些下派行政人员的职责和权限仅限于与土地改革相关的具体事务，与中共的土改工作队显然不可同日而语。参见亨廷顿《变化社会中的政治秩序》，生活·读书·新知三联书店 1989 年版，第 364 页；李里峰：《工作队：一种国家权力的非常规运作机制——以华北土改运动为中心的历史考察》，《江苏社会科学》2010 年第 3 期。

　　最后，国家权力对乡村社会主导的具体方法，体现了文化引导、利益诱导和权力强制的结合。为了实现合作化，党和政府必须采用新方法引导和教育传统小农，必须造就新的文化气氛，并运用新的利益诱导和权力制约机制。[1] 文化引导是指在广大乡村展开对传统的小农经济的批判和强大的攻势，描述出合作社的优越性。利益诱导则是指中央要求供销合作社应该与农民合作组和农业生产合作社建立推销、订购和贷款的合同关系，帮助他们克服生产、生活和交换方面的困难。而权力制约则是一种强制性、威胁性的权威。在文化引导、利益诱导和权力强制等多方面的整合下，合作化最终得以实现。

　　（二）在国家权力延伸下，地方权威存在的状况和作用也逐渐改变

　　土地改革后，中国乡村社会的政治结构发生了较大的变化，形成的基本政治格局是："昔日生活在乡村社会最底层、在政治上毫无地位可言的贫雇农，一夜之间成了农村中的主人，而昔日把持乡村社会、政治生活的地主富农却一夜之间变得威风扫地，落到了在乡村社会和政治生活中毫无地位可言的最底层。"[2] 中农由于所受教育以及在地方上享有较贫雇农高的威望，使他们成为乡村社会的领导角色，而外来的干部也对乡村社会的政治格局起着决定性的作用。还有一些生产能手通过自己的力气大和农作物技术来成为事实上的权威人士。在持续的社会动员下，这些新的具有国家权力背景的地方权威人士也就自然而然地产生了。

　　（三）家族性组织逐渐遭受破坏，家庭权威不断弱化

　　在土地改革中，国家没收了家族活动的寺庙、祠堂、族田等财产，摧毁了家族活动的物质设施，并用阶级划分等手段强制地隔断

　　① 张乐天：《告别理想——人民公社制度研究》，东方出版社1998年版，第60—61页。
　　② 陈吉元等：《中国农村社会经济变迁（1949—1989）》，山西经济出版社1993年版，第86页。

人们的宗族联系。① 在合作化运动中，国家又运用"行政力量对长期以来形成的家族聚居的社区格局作了持续有力的干预、调整和组合，通过对原有居住点的重组，以及开发荒地、移民建立新区等措施，形成混合的、杂居的新的行政格局，使家族聚居、家庭联系失去了原有的便利的地理条件，家庭间日常的交往更困难。"② 国家权力对家族的冲击和改造是一个渐进的过程，尤其到高级社时期建立的集体组织作用更为显著。由于这些组织不同于家族共同体的组织形式，而是将绝大部分农民组织在集体组织上以社区行政群体取代村落家庭共同体，这很大程度上削弱了家族的社会功能，弱化了家族权威。

第三节　思想教育与改造

新中国成立以后，国家还通过多种手段来实现农民的思想教育与改造。土地改革后，重新分得土地的农民普遍出现了松气思想，比较典型的就是"李四喜思想"。根据湖南省邵阳、衡阳、长沙、益阳4个专区的调查，许多乡村主要干部土地改革后埋头生产，不问政治的"李四喜思想"倾向非常严重。据鸟石乡的统计，乡村干部共55人，其中，回家生产的15人，不敢工作的5人，被坏分子打击消沉下去的16人，被坏分子挟持但未脱离工作的4人，仅有12人继续工作。③ 另据湖北、湖南、江西、广东、广西省5个乡的调查，乡村干部存在松劲、退坡、换班思想普遍，约30%的乡村干

① 于建嵘：《岳村政治：转型期中国乡村政治结构的变迁》，商务印书馆2001年版，第258页。

② 王沪宁：《当代中国村落家族文化——对中国社会现代化的一项探索》，上海人民出版社1991年版，第59—60页。

③ 王健：《土改后乡村存在的问题》，载中国社会科学院、中央档案馆编《1949—1952中华人民共和国经济档案资料选编》（农村经济体制卷），社会科学文献出版社1992年版，第374—375页。

部产生了埋头生产、不问政治的倾向。① 经过 1951 年的"李四喜思想"讨论以后，乡村干部和农民的思想有所扭转。但是，传统的思维方式和经济利益的追求会不可避免地影响农民的行为，在三类乡村这种表现尤其明显。在落后乡村改造后，这些问题都有不同程度的改变。

一　农民思想的教育与整合

在农村社会由传统向现代转型中，新政权对农民的教育动员扮演着重要的角色。毛泽东曾经说过："农民的情况如何，对于我国经济的发展和政权的巩固，关系极大。"② 为此，国家对广大农民进行了内容丰富而长期的业余文化教育和思想政治教育。

（一）业余文化教育

新中国成立初期，业余文化教育工作的重点是普及，而普及教育的主要对象是占人口绝大部分的农民。当时，主管文教工作的周扬说："现在又要普及又要提高，普及仍然是最重要的，是第一位。普及是大量的，要讲文化革命就是要普及，最重要的是提高农民的文化。因为农民最多。"③ 从新中国成立到 1957 年下半年，农民的扫盲运动大体经历了两个高潮。第一个高潮的产生是祁建华④"速成识字法"的广泛推广。⑤ 第二个高潮就出现在改造落后乡村运动

---

① 李学谦：《五省之内的五个乡的基层组织调查》，载中国社会科学院、中央档案馆编《1949—1952 中华人民共和国经济档案资料选编》（农村经济体制卷），社会科学文献出版社 1992 年版，第 375—376 页。

② 毛泽东：《关于正确处理人民内部矛盾的问题》（1957 年 2 月 27 日），载《毛泽东著作选读》下册，人民出版社 1986 年版，第 773 页。

③ 庞守兴：《困惑与超越：新中国农村教育忧思录》，广西师范大学出版社 2003 年版，第 133 页。

④ 祁建华：1921 年生于河南省郏县，后成为人民解放军西南军区普通的部队文化干事，1952 年发明了"速成识字法"，被全国推广，同时被提升为国家扫盲委员会副主任，毛泽东称之为"名副其实的识字专家"，刘少奇称之为"续仓颉之后的中国第二大文人"，陆定一则叫他"中国第二大圣人"，1957 年被划为"右派"，1978 年平反，晚年又发明"拼音方案"，2001 年 8 月病故于郏县，他的名字和传记被收入《中国名人大字典》和《中华人民共和国职官志》。

⑤ 李飞龙：《20 世纪 50 年代农民业余文化教育述论》，《当代中国史研究》2009 年第 3 期。

中，1954—1957 年扫盲取得了很大的成绩，4 年内共扫除文盲
2095.6 万人（见表 4 - 11）。

表 4 - 11　　　　　　参加业余学校学习人数和
扫除文盲人数（1954—1957）　　　　单位：万人

年份	业余高等学校	业余中等学校	业余中学	业余小学	扫除文盲
1954	1.32	18.6	76.0	208.3	263.7
1955	1.59	19.5	116.7	453.8	367.7
1956	6.38	56.3	223.6	519.5	743.4
1957	7.59	58.8	271.4	626.7	720.8

资料来源：国家统计局编：《伟大的十年——中华人民共和国经济和文化建设成就的
统计》，人民出版社 1959 年版，第 176 页。

此时，黔南地区对农民的业余文化教育也呈现出积极的发展趋
势。从 1954 年开始，全专区农民教育工作随着农民合作化运动的发
展而得到重视。1954 年，入学 35069 人，由冬学转为常年业余学
校学习的有 17694 人，全专区 549 个农业合作社，以社办学的有 241
个，占 43.9%，学员中社员 6079 人，占社员总数 36783 人的
16.5%。通过 4 个月 80 个小时（每周 5 个小时）的学习，脱盲 825
人，高小毕业 32 人。1955 年，入学 33596 人。1956 年，全专区集
中 3500 多名中小学教师和中学师范学生组成宣传队，深入农村宣传
农业发展纲要 40 条草案，同时进行扫盲。据 2 月 24 日统计，全专
区共办扫盲班 3849 个，组织入学的农民为 195176 人。1956 年年
底，入学人数已达 293856 人，入学人数占应扫盲人数 780328 人的
37.7%。大部分县达到了"社社有校"，有的区乡已达到"村村寨
寨有校"。1957 年，全州共组织 110290 人入学，其中常年学习的有
5770 人。[①] 声势浩大的扫盲运动在一定程度上达到了业余文化知识
普及的目的。

---

① 黔南布依族苗族自治州史志编纂委员会编：《黔南布依族苗族自治州志》第 15 卷
"教育志"，贵州人民出版社 1996 年版，第 423 页。

（二）思想政治教育

在改造落后乡村运动中，国家继续加强对农民的教育动员工作。在1954年8月1日的《中共中央关于改造落后乡工作的指示》中，中共中央强调："在反封建补课斗争中必须适时地向乡村干部及广大农民深入宣传党在过渡时期的总路线、总任务及各项具体政策，将群众从反封建的政治觉悟提高到社会主义的政治觉悟水平上来。"[①] 中共都匀地委也强调："在贯彻民族政策、阶级路线基础上，实时地向广大群众宣传总路线，进行社会主义、爱国主义教育和粮食统购统销以及生产政策教育，借以进一步提高农民政治觉悟，提高群众革命警惕，锋芒对准敌人。"[②] 因此，在落后乡改造中，阶级观念、社会主义、共产主义、爱国主义、集体主义等思想贯彻于整个改造进程中。

新中国成立初期，国家对农民教育动员的效果还是十分显著的，通过一个强有力的中央政权将原来松散的农村社会重新凝聚起来，进而通过社会主义改造，将农村社会各阶层都纳入"集体化"的生产生活网络之中，国家权力从此在乡村社会中彻底贯通，由国家主导的利益分配秩序正式确立，农村最终成为高度统一的集权化社会。

农民的教育动员调整了国家与农民之间的关系。国家对农民教育动员的过程是政治社会化过程不断实现的过程。政治社会化是指个体逐步获得现有政治制度所接受和认可的政治观念、政治信念、政治行为的过程。[③] 国家对农民的教育动员，不仅提高了他们的参政意识，更重要的是提升了国家和农民之间的融合度，增加了农民对新政权的认同感。

国家对农民的教育动员还改变了国家和农村社会之间的关系。

---

① 中共中央：《关于改造落后乡工作的指示》（1954年8月1日），黔南州档案馆：1-1-229。

② 中共都匀地委：《关于改造落后乡工作计划》（1955年9月24日），黔南州档案馆：1-1-407。

③ 马和民、高旭平：《教育社会学研究》，上海教育出版社1998年版，第272页。

国家通过对农民的教育动员，加强了国家和乡村社会的联系，有助于国家权力向乡村社会渗透，改变了过去由乡绅控制农村的局面，建立了中国共产党领导下的一种崭新的农村社会。美国学者苏黛瑞在论述国家与社会之间的关系时说："改革是弱化而不是强化了国家与社会的分离。"① 也就是说，变革可以密切国家和农村社会之间的关系，国家对农民的教育动员可以说是从根本上改变了国家和农村社会之间的关系。

国家对农民教育动员还协调了国家和教育之间的关系。美国教育社会学家柯林斯把韦伯那种现在社会越来越演变为"科学层"了的社会运用于讨论国家科层制与教育的关系，提出了国家与教育之间关系的三种类型。新中国成立初期，中国的教育与国家关系应该属于柯林斯提出的国家和教育关系的第三种（教育与国家控制的关系强），即国家对教育进行更深入、更激烈的控制。因为中国共产党和政府运用其巨大的控制协调能力，把经济发展的需要与教育制度体制紧密结合起来，使教育成为国家政权中的一部分，这种能力大大超过了前人。在这种关系的指导之下，国家可以根据具体国情的需要调整教育发展的方针。②

二　乡村基层政治精英的思想再造

在马克思主义经典理论框架内，财产的多少是划分革命动力和阶级的重要标准，而在中国的革命实践中，思想意识成为中国革命者判断革命与否和阶级成分的重要标准。新中国成立以后，知识分子群体③和资本家群体④思想的改造，都反映了思想意识在中国革命中的被重视程度。相对而言，农民的思想改造更为重要，中国革命

① 祝君灵：《中国研究：美国政治学界的几种新视角》，《国外社会科学》2004年第2期。

② 李飞龙：《新中国成立初期国家对农民的教育动员与政治整合》，《淮北师范大学学报》（哲学社会科学版）2011年第5期。

③ 谢涛：《20世纪90年代以来关于建国初知识分子思想改造运动研究综述》，《党史研究与教学》2002年第5期。

④ 冯筱才：《身份、仪式与政治——1956年后对资本家的思想改造》，《华东师大学报》（哲学社会科学版）2012年第1期。

本质上是一场农民的革命，中国的改造更多的是农民思想的改造，尤其是中国的小农拥有传统的私有心理，以及长期以来形成的对他人的普遍不信任的心态，如何从思想上彻底解决这一问题，从而鼓励他们走上合作化的道路，对社会主义改造来说尤为关键。为此，黔南地区的"批判富农思想"运动，不仅表现在行为上，更体现在对乡村基层政治精英思想的再造上。

（一）身份的认定：主人还是敌人

对社会个体进行政治身份的划定是中国革命的特殊产物。国家通过将"社会主人"与"阶级敌人"相对立的政治思想意识灌输到农村的公共管理与空间话语的表达中[①]，实现了乡村基层政治精英身份的认定，在"思想排队"中被划入第三类的农村党员、团员、基层干部、积极分子直接被定性为富农思想，甚至是阶级敌人。一旦被加上身份的标签，日常生活中的各种政治、经济、社会资源都将受到极大的限制，独山县麻万合作社主任莫金有（党员）的富农思想被称为"已经到登峰造极的地步，并且是屡经教育，仍不悔改"。在"思想排队"中被划入第三类之后，态度就立即发生转变，自己认为是这次思想批判中教育了他，并表示"如果党再不提出批判富农思想，我明年恐怕就不会在党内了"。说明了其在"思想排队"中被划入第三类之后的担心与恐惧。独山县打羊乡行政组长韦开龙因为被误认为是黑市交易，遭到群众围攻追问了两个晚上，如果不是后来查清并不是他从事黑市交易，可能这种追问还会继续。[②]被认定为富农思想严重的乡村基层政治精英，将会长期受到强大的思想压力和物质资源的限制。

在国家集权之中，农村社会也并非被动地接受国家意识形态的灌输和政治经济政策的推行，农民也试图通过自身的行为来实现身份认定之后的改变，一旦身份被认定为"富农思想"后，他们就会

---

① 马维强：《红与黑：集体化时代的政治身份与乡村日常生活——以平遥双口村为中心的考察》，《开放时代》2011 年第 8 期。

② 中共独山县委：《关于开展群众性的批判富农思想运动的报告和今后意见》（1955 年 12 月 7 日），黔南州档案馆 5－1－64。

通过日常生活的社会活动来冲淡甚至改变自身的身份认定，党员莫金有就是在被认定为"富农思想"后，实现自身态度的巨大转变。都匀县迎恩乡党员王泽培等三人的"富农思想"被树立为典型，称其为"走富农路线，侵犯贫农利益，带头闹粮"；社主任陈德林被批判请雇工、放高利贷。① 这些乡村基层政治精英在受到批判以后，立即进行自我保护性的顺从，强烈进行自我批判，深入地剖析自己的"富农思想"及其危害。在农村日常生活中，国家嵌入的这种身份认定制度对农村社会的基本价值判断、日常生活习惯，以及道德观念等都形成了巨大的冲击，将国家赋予政治意义植根于乡村基层政治精英的身份认定之上，主人还是敌人也就成为农村日常生活中极为重要的一部分。

（二）发家致富的趋利：日常行为还是政治错误

费孝通对乡村社会"熟人社会""差序格局"等特征的表述概括了传统乡村社会的本质，农民已经习惯了在"面子"社会中生活，乡村的行为习惯和思维特征成为固定生活模式。在这一生活模式下，农民为了实现生活质量的改善和生产资料的积累，必然抓住生活中每一个细节之处，以获取诸多小利。如果生活和生产的积累到达一定程度，农民就会购置土地、雇用工人、从事副业生产，甚至放贷。在"批判'富农思想'"的运动中，这些行为就被定性为走资本主义道路，通过"思想排队"等形式的教育和宣传，乡村基层政治精英逐渐认识到这些行为不再是传统社会的盈利取巧，而是两种路线之间的斗争，甚至是敌我矛盾。乡村基层政治精英在"沉痛的悔恨自己为什么会染上'富农思想'"的同时，也对这种盈利取巧的行为有了更加清醒的认识，这种行为不再是传统的日常生活的普通行为，而是一种政治错误。

在黔南"批判'富农思想'"的文献中，大量出现关于乡村基层政治精英"痛改前非"的案例，纷纷表态自己对中央政策的拥

---

① 中共都匀县委农工部：《都匀县迎恩乡开展反富农思想斗争的专题报告》（1955年10月31日），黔南州档案馆：5－1－74。

护，对"富农思想"的"憎恨"。都匀县凤麓乡党员广文英（"思想排队"中排在第三类）在运动后激动地说："我们经过批判'富农思想'，才认识到毛主席的指示是合理的。对照党员八项条件，我们过去好像忘了，如去年的闹粮我们党员思想都被闹乱了……这种'富农思想'如不克服，我们就要走到死路上去。"① 新隆乡农民普遍反映："幸好这一反，不然，新地主又不知出现多少啦！"团员罗国兴（贫农）说，"这次'反富农'比读十年书还教乖人。"合作社主任黎朝阳（雇工、团员）在对比以前给地主当雇工的悲惨事情，现在又请地主给自己当雇工的事实之后，流着泪说："要不是党教育得快，我快死亡了，还不晓得信哩！"在"思想排队"中被划入第三类的党员江永明，在痛悔自己富农思想的同时，决心当好合作社主任，用实际行动回答党的关怀。并且揭发了富农石荣祥投机套购，破坏统购统销的一系列事实。大量乡村基层政治精英都沉痛地批判了自己的"富农思想"，痛悔自己为什么会上"富农思想"的当。把以前闹粮的内心话都向党作了交代，下定决心保证以后正常执行"三定"政策。如连续三年对统购有抵触的上中农合作社委员杨某某表示："过去不错已错，保证卖清，保证不闹。"并下决心打通思想来弥补过去的损失。党支部支委周永华在批判自己的"富农思想"后，很痛悔很激动地说："昨天不算，从今天起，我立志做个新人。"并保证加强学习，防止"富农思想"的再侵蚀。②

我们不太清楚这些乡村基层政治精英讲述这些语言时，是否真正地认识到社会主义的合作化运动需要广大的农民包括自己在内做出牺牲，但可以肯定的是被划为带有严重"富农思想"的乡村基层政治精英承受了巨大的思想压力，也真切地感受到发家致富的趋利已经等同于走资本主义道路，生活在一个建设社会主义如火如荼的中国农村，再拥有这种行为和思想肯定会将自己置于一个非常危险

---

① 都匀地委工作组：《关于都匀一区纸房、凤麓两乡开展批评富农思想情况的报告》（1955年12月1日），黔南州档案馆：5-1-64。

② 新隆乡工作组：《县委农村工作部批转新隆乡开展反"富农思想"斗争的报告》（1955年12月21日），黔南州档案馆：5-1-88。

的境地。相比较生活水平的提高、生产资料的积累与被划定为带有"富农思想"及其带来的严重后果,孰轻孰重,理性的小农会有清晰的认识。

(三)开展反省:批判与自我批判

由于黔南地区属于新解放区,之前的整党、整风、整社并没有涉及"富农思想"的批判。乡村干部参与"三整"的过程就是自我解剖,揭发他人,并受到他人包括干部和群众在内的检举、揭发、批判和上级鉴定,以及写检查、下决心、制订工作计划的思想斗争和行为实践过程。过关会、揭盖子会议、与群众见面会、积极分子座谈会、洗澡会、整党会议、支部鉴定会、学习班等都是反省机制运行的外在表现形式。[①]黔南地区"批判'富农思想'"运动中"富农思想"影响严重的乡村基层政治精英就要经历这种过程进行思想的再造。

在"批判'富农思想'"运动中,采取了自上而下和自下而上批判与自我批判方式,针对乡村固有的"各人打扫门前雪,莫管他人瓦上霜"的农民心态,开展了社干与社干、社员与社员的相互批判。在此过程中,出现了大量揭发的案例,如新隆乡贫农陆玉清谈到国家救济发放时,强烈批判支委索国安的徇私舞弊行为,当场指责支委"有钱人请你们当官的吃饭,不该救济也得救济。我没有钱请你们,该救济也不得救济了"。表明了他对合作社社会救济分配的不满。甚至出现了家庭和家族内部的互相揭发,真正做到打破了亲人、家族的"面子观点"、"撕破了脸皮",金科寨索绍全的母亲开始不承认有"富农思想",在大会上其子索正乾(党员)就当面揭发她不该有粮而去闹粮的事实,"我早就劝过你,有粮不该要粮,你偏不信我的话,这不是'富农思想'是哪样?"从而掀起了其他农民对其母亲的批判。[②]独山县新平乡团员杨幕陶揭发她父亲5次

---

①　邓宏琴:《反省:集体化时代塑造乡村干部群体的运作机制——以山西长治张庄为考察中心》,《开放时代》2009年第12期。

②　新隆乡工作组:《县委农村工作部批转新隆乡开展反"富农思想"斗争的报告》(1955年12月21日),黔南州档案馆:5-1-88。

卖粮给富农，而不卖给国家；打羊乡团员岑应培揭发他叔父邀集6户农民商讨瞒产。① 此种亲朋好友之间的揭发行为十分普遍。

不仅是各种各样的会议，乡村基层政治精英写检查书、制订工作计划，都是乡村干部缓解自身不利地位的重要手段。这种反省行为，强化了自身对国家政策和自身利益的关系认识，逐步促使乡村基层政治精英的思想纳入国家发展的轨道，国家也通过乡村基层政治精英的思想再造，强化对乡村社会控制的过程。如果不进行批判和自我批判式的反省，只能被纳入走资本道路的范畴，都匀地委就认为："少数富裕农民，虽经教育，仍不省悟，检查'富农思想'，向往资本主义道路；不过他们在群众中已是越来越多地失去同情者了。"② 这部分富裕农民的结局也可预料。

通过批判与自我批判，不仅揭发了一批存在严重"富农思想"和行为的乡村基层政治精英，也涌现了一批新的积极分子，他们很快就成为调整合作社干部的补充力量。批判与自我批判式反省使乡村基层政治精英更加明晰了资本主义道路与社会主义道路的区别，也使决策者区分了党员、团员、积极分子和合作社干部的好与坏，从而实现了乡村基层政治精英的思想再造，为最终实现和巩固合作化运动打下了坚实的基础。

---

① 中共独山县委：《关于开展群众性的批判"富农思想"运动的报告和今后意见》（1955年12月7日），黔南州档案馆：5-1-64。

② 同上。

结　语

一　改造落后乡村运动

从 1954 年开始到 1956 年结束的改造落后乡村运动仅仅是 20 世纪 50 年代诸多政治运动中的一次而已，其开始是以"土改补课"为起点，却以合作化运动的结束为终点，其中的特点为新中国成立以后历次政治运动所具有，对此问题的考察，具有从特殊到普遍的意义。改造落后乡村运动主要是继续解决农民的土地问题，继续打击地富势力和培育新型乡村政治精英，最终为合作化运动的顺利推进铺平道路。

（一）平均地权与经济发展

改造落后乡村运动主要是继续解决农民的土地问题，进一步达到平均土地的目的。问题在于，这种平均地权能不能促进生产力的发展。毫无疑问，平均地权使一部分无地少地的农民快速取得了前所未有的土地，生产积极性有了很大的提升，从而促进了生产力的发展。不过，也有论者认为，这种土地过于碎片化的现象对生产的发展并没有促进作用，小农经营的单位面积收入倒不一定低，但劳动生产效率低下是肯定的。陈翰笙就认为，每个集约农业的土地单位的净收入要多于每个粗放农业的土地单位，但是，如把每个土地单位的生产成本和劳动力计算在内，那就不难证明，较大规模的农业要比较小规模的农业优越。[①] 也正因为如此，大农场经营是中国农业生产的必然出路。冯静远认为，尽管现阶段小农经营仍占优

[①]　陈翰笙：《解放前的地主与农民——华南农业危机研究》，中国社会科学出版社1984 年版，第 14 页。

势，但一旦大农场经营出现，采用机器生产，成本低廉而产品优良，具有垄断市场的力量，小农经营不能与之竞争，必然趋于没落。①

　　实际上，中国共产党人有着较为清晰的认识。毛泽东领导的中国共产党人意识到，中国是一个农业大国，农民占人口的绝大多数，而中国的革命本质上是农民的革命。因此，通过农民革命来建立和巩固新中国，首先就要取得农民的信任和拥护，消灭各种形态的地方主义，建立起全国统一的合法化政权。这对新解放区来说，首要的任务就是进行土地改革，满足农民对土地的需要，赋予他们对土地的产权。正是在此意义上，罗兹曼认为，土地改革的意义在于扩大政治支持基础。② 费正清也给予相似的结论，"这次政治的主要成就在政治方法，旧势力被剥夺了经济财富，其中有些人被处死，作为一个阶级，它已威风扫地"。③ 这些实践使农民相信，中国共产党既是一种令人生畏的力量，也是富裕生活的提供者。这大大增强了国家政策在农民中的说服力。

　　（二）政治运动与新精英的发动和更迭

　　在政治运动中，中国乡村的政治运动往往是来自中央的强大权威，是一个自上而下的国家权力推进。改造落后乡村运动就是以1954年8月1日中共中央发布的《关于改造落后乡工作的指示》作为开始，到1955年9月24日中共都匀地方委员会发布《关于改造落后乡工作计划》进入高潮。在指示中，这种运动具有明显的意识形态色彩。在运动过程中，工作队作为政治运动的上级机关和权力化身，到乡村中以后，工作队往往和村民同住同吃同劳动，采用访贫问苦、扎根串联等形式，了解实情、动员群众并发现和扶持积极分子、运动骨干。打击的对象首先是地主和富农，甚至还要打击一

---

　　① 冯静远等：《农村经济及合作》，黎明书店1935年版，第110页。转引自李金铮《中国近代乡村经济史研究的十大论争》，《历史研究》2012年第1期。

　　② 吉尔伯特·罗兹曼：《中国的现代化》，江苏人民出版社1995年版，第370页。

　　③ 费正清等：《剑桥中华人民共和国史》，上海人民出版社1990年版，第91—92页。

些原有乡村政治精英中阶级成分不好的骨干，选拔和任用一批新的对国家权力具有较强认同感的新型乡村政治精英。这些乡村政治精英的来源首先是乡村社会中的积极分子，其次是乡村教师和复员军人，相对具有较高文化知识和见识的群体。

伴随着乡村政治运动的多次发动，乡村政治精英也会发生更迭。在土地改革中选拔的乡村政治精英，到改造落后乡村运动中，就有多人被清除。黔南地区的改造落后乡村运动总是伴随着整党整团、整顿基层组织同时进行，都匀县在改造落后乡村运动中，就更换社主任 16 人、撤销 7 人，更换乡干部 30 人，支书 20 人。① 政治精英的更迭有多种类型②，冯军旗认为，毛泽东时代的政治精英更迭是运动型精英更替，其主要是通过政治运动来发现、培养和选拔精英并实现精英之间的轮替和更换。不过，他也指出，这种运动型精英更替颠覆了村庄政治秩序，破坏了村庄权力结构，并且在干部和群众之间埋下仇恨。③ 其实，乡村社会不能建立在互相仇恨的基础上，但强调阶级差异却正好鼓励大家互相仇恨。"旧干部的权力被收回，另外提拔了一批贫农坐上了这些位子。这批'纯无产阶级'的教育程度和投机性格，比起其前任其实没什么两样……他们抓权和壮大自己声势的种种途径，和旧干部如出一辙……所以又开始另一轮暴力的循环，村里的仇恨情绪也加深。"④ 诸多乡村社会的矛盾都是由于这种过于频繁的政治精英更迭造成的。

---

① 中共都匀县委：《都匀县委关于党代会上进行反"富农思想"批判小结》（1955年11月5日），黔南州档案馆：1-1-429。
② 从长远的历史视角来看，政治精英更替主要有下列类型：（1）革命型精英更替。其主要手段和方式是通过暴力革命，一个精英集团打垮另一个精英集团，从而实现大规模的整体精英转型，国共两党内战是这种类型，各种形式的政变也是这种类型。（2）选举型精英更替。通过定期和有序的选举，实现政务官类型精英的更替，西方国家的民主选举为这种类型提供了范例。（3）制度型精英更替。通过任期制和年龄限制等制度规定，实现精英的按部就班、循序渐进进行更替，中国当下的实践为这种类型的范例。
③ 冯军旗：《政治运动与精英更替》，《江汉论坛》2012年第1期。
④ 黄树民：《林村的故事——1949年后的中国农村变革》，生活·读书·新知三联书店2002年版，第42—43页。

（三）合作化运动的推动力

关于合作化运动的推动力，周晓虹曾经的观点较为全面。他认为，国家通过向互助组或合作社提供农业贷款、新式农具、良种以及日常生活用品等稀缺资源的经济性调控，通过划分阶级成分、使用"积极分子"和"落后分子"的标签等政治性压力，通过强大的宣传手段和动员技巧，直接或间接地诱发小农入社动机。[①] 周晓虹的分析是对 1953—1956 年中国农村的总体描述，虽然他没有指出确实存在这样一场运动，使中国乡村快速进入到合作化中，但对整个合作化运动的推动力，从政治压力、经济刺激和心理调适都做了详细分析。在改造落后乡村运动中，国家通过向互助组和合作社提供贷款、新式农具和优良品种，这些都是没有参加合作社的农民所不能得到的；通过打击地主、富农和反革命分子，一场又一场的斗争会以后，农民清晰地认识到思想落后和思想积极的差别，有的甚至表现出更为激进的言行，通过各种各样的会议和宣传媒介给予落后分子以强大的舆论压力，最终迫使合作化运动在落后乡村成为现实。

需要指出的是，在改造落后乡村运动后期，合作化已经成为改造的重要指标。对改造的质量，1955 年，中共都匀地委要求："一是把封建阶级和反革命分子的高涨气焰打下去，做到该捕的捕，该关的关，为充分发动群众扫除障碍。二是群众发动到 85% 以上，树立以贫农为主的政治优势，发展与互助合作运动相适应的党团组织。三是完成落后乡改造同一时期的各项工作任务。四是完成初级合作化，在有条件的县份要求完成社会主义改造的高级社。"[②] 这些规定使合作化运动成为改造落后乡最重要的标准，甚至可以说改造落后乡村运动的后期工作就是围绕合作化运动而开展的。最终改造落后乡村运动成为合作化运动最为直接的推动力。

---

① 周晓虹：《1951—1958：中国农业集体化的动力——国家与社会关系视野下的社会动员》，参见周晓虹、谢曙光主编《中国研究》，社会科学文献出版社 2005 年版。

② 中共都匀地委：《地委于三个月来改造落后乡工作情况的报告》（1956 年 1 月 20 日），黔南州档案馆：1 - 2 - 150。

二　国家权力、乡村社会与农民私人生活

恩格斯曾经说过："国家是社会在一定发展阶段上的产物；国家是承认：这个社会陷入了不可解决的自我矛盾，分裂为不可调和的对立面而又无力摆脱这些对立面。而为了使这些对立面，这些经济利益互相冲突的阶级，不致在无谓的斗争中把自己和社会消灭，就需要有一种表面上凌驾于社会之上的力量，这种力量应当缓和冲突，把冲突保持在'秩序'的范围以内；这种从社会中产生但又自居于社会之上并且日益同社会相异化的力量，就是国家。"[1]恩格斯这个国家的定义不仅表达了国家是阶级统治的工具，同时指明了国家还要从事公共事物的管理。

传统的乡村社会是一个相对封闭的乡村共同体。不过，近代以来，随着基层市场的加强和影响，乡村之间的联系不断增多，开放度也越来越大。对此方面的主要观点有：一是平野义太郎提出的村落共同体假设。他认为，中国乡村社会的基本结构单元是具有封闭、内聚特征的村落。[2]二是施坚雅提出的基层市场共同体假设。他认为，单纯的村落无论是从结构上还是功能上都是不完全的，构成中国乡村社会基本结构单元的应该是以基层集镇为中心，包括大约 18 个村庄在内的，具有正六边形结构的基层市场共同体。[3]不过，黄宗智并不这么认为，他把这两者的对立总结为西方形式主义与日本实体主义的取向之争，并把这个争论的原因归结为中国南北方经济商品化发展水平的不同、宗族势力强弱的差异以及南北方村落居住形式的差别，并通过引入马克思主义的阶级关系分析，从商品化发展的角度探讨了中国乡村社会结构的变迁问题。[4]杜赞奇则从国家政权建设的角度，探讨了随着国家政权力量的渗入，乡村社

---

[1]　恩格斯：《家庭、私有制和国家的起源》，载《马克思恩格斯选集》第 4 卷，人民出版社 1995 年版，第 170 页。

[2]　平野义太郎：《会、会首、村长》，《支那惯性调查汇报》，第 1—2 号，1944 年。

[3]　施坚雅：《中国农村的市场和社会结构》，中国社会科学出版社 1998 年版。

[4]　黄宗智：《华北的小农经济与社会变迁》，中华书局 2000 年版；黄宗智：《长江三角洲小农家庭与乡村发展》，中华书局 2000 年版。

会权力结构的变迁，并提出了一个更具有综合性的分析模式，即权力的文化网络。① 上述观点都具有典型的代表意义。实际上，从外延上看，乡村共同体基本具有以下几个特征：（1）基层共同体是一种社会群体，这种社会群体是一种实体，而不是类别群体。（2）基层共同体有比较明确的边界，这个边界是自然形成的，同时受到特定的行动和制度的强化；这个边界既是现实的边界，同时也存在于人们的意识当中。共同体成员的个人意识、需求和活动边界与共同体的边界高度重合。共同体的对外交往是有限的，并且是高度集中的，但是，基层共同体受到外部世界的认可，并具有共同的对外行动。（3）基层共同体具有内聚性，群体成员具有很强的集体认同感。共同体内部成员之间相互熟悉，内部具有密切的人际关系和频繁的人际交往，共同体是群体成员主要的社会活动和社会交往的边界。② 但无论如何，新中国成立以后的乡村社会已经不再是那个传统的共同体了，而是受到了国家权力的强有力干涉。

甚至私人生活领域都受到了国家权力的控制。在现代化的国家中，理想状态下的私人生活领域既不受公众监督，也不受国家权力干预的那部分个人生活。私人领域实现的关键依赖家庭，因为家庭有权通过对外关闭、自成一体的特殊保护，实现其个人成员不受国家的侵犯。③ 这个领域直接受私人或者私人间的兴趣爱好、情感友谊、承诺信誉、习惯等非行政性调节。④ 国家的权力与私人领域是相对独立的两个王国。

在中国历史上，追溯基层社会与国家权力的关系问题，先秦的血缘群体与地缘组织的交融、秦汉豪民社会、隋唐士人演进、宋元

---

① 杜赞奇：《文化、权利与国家——1900—1942年的华北农村》，江苏人民出版社1996年版。

② 刘玉照：《村落共同体、基层市场共同体与基层生产共同体——中国乡村社会结构及其变迁》，《社会科学战线》2002年第5期。

③ 阎云翔：《私人生活的变革：一个中国村庄里的爱情、家庭和亲密关系（1949—1999）》，上海书店出版社2006年版，第12页。

④ 高兆明：《公共权力：国家在现时代的历史使命》，《江苏社会科学》1999年第4期。

明清社会控制方式转换、近代绅士与乡村秩序等问题都是基层社会与国家权力关系的体现。可以确定的是，在传统的乡村社会，国家与私人领域基本上是两个相对独立的王国。不过，在新中国成立后，国家和社会之间"强国家、弱社会"的状态得以长期保持，私人生活领域受到国家权力的严重制约，使私人生活领域留下了诸多国家意志的痕迹。

仅是离婚问题就能反映出国家权力、乡村社会与私人生活的关系。离婚属于私人生活领域的范围。不过，新中国成立以后，这种既不受公众监督也不受国家权力干预的私人生活领域并没有出现。1950 年的《中华人民共和国婚姻法》和此后几年的宣传和执行婚姻法运动，使夫妻双方建立了完全合法的平等关系；妇女被鼓励走出家庭，参加到生产中去，妇女的经济地位也随之提高。在此过程中，国家权力不断渗透到私人生活领域之中。美国学者詹姆斯·R.汤姆等人在此基础上，认为中国共产党试图通过明确地反对家庭权威来使家庭的传统权力中性化。[①] 虽然这种判断有待进一步肯定，但毫无疑问，新中国成立初期的国家权力已经渗透到了农民的私人生活之中，大量封建婚姻的解体就证明如此。"大跃进"时期，国家权力对农村社会的社会动员发挥到极致，劳动力的大量需求使更多的妇女走出家庭，公共食堂、幼儿园、敬老院的创办使得家庭的结构和功能都发生了重大的变化。不过，随即而来的三年自然灾害迫使大量农民开始远离家乡，寻找可以生活之地。在这一时期，农民私人生活遭到国家权力的破坏十分严重。1962 年以后，国家权力开始减弱对私人生活领域的干预，家庭的一些功能得到恢复，农村社会中出现了相对稳定的局面。不过，在人民公社的管理体制下，生产队取代了家庭行使组织生产的功能，国家严格的户籍制度限制人口流动，农民极低的生活水平和繁忙的劳动，使农民被束缚在土地上，加之复杂的婚姻调节机制，诸多体现国家意志的政策措施，

---

① 詹姆斯·R. 汤姆、布兰特利·沃马克：《中国政治》，江苏人民出版社 2004 年版，第 141 页。

都严重影响着农民的私人生活领域。在"四清"和"文化大革命"中，国家进一步批判传统特权，鼓励青年人的独立性。不过，应该指出的是，私人生活领域受到的影响远小于 20 世纪 50 年代，詹姆斯·R. 汤姆等也认为，在"文化大革命"中，尽管家庭内部紧张关系在恶化，但其家庭基本类型仍遵循 60 年代初期开始确立的倾向。①

总体来看，改革开放前，中国的国家与农村社会属于典型的"强国家、弱社会"关系，美国学者戴维斯等在研究中国的国家与婚姻家庭关系时就指出，中国的国家权力和政策推动了社会转型，而不是社会转型推动了国家政策。② 在这种"强国家、弱社会"的关系中，包括离婚在内的私人生活领域受到行政性政策的严重影响。此时，在打破了传统的以血缘关系为基础的社会等级过程中，家庭内部的权利变化最为明显，父母的权力、权威和地位逐渐下降，年轻一代的地位不断上升，日渐独立自主，使得原本以家庭为核心的婚姻观念受到严重的冲击，国家权力不断对私人生活领域进行渗透，使得农村的家庭不再成为主导私人生活的介质，也不再保护个人成员不受国家权力的侵犯。直至改革开放，随着人民公社的解体，1979 年实行、1984 年作为长期政策固定下来的家庭联产承包责任制的建立，家庭才成为最基本的生产和消费单位。在这种情况下，家庭作为保护个人权利介质的功能得以发展，私人生活领域也日渐被提到一个更高的位置上。

三　民族地区的社会改造

新中国成立以来，党和国家对民族地区进行积极而有效的治理，形成了一系列已经被证明行之有效的民族政策，这些民族政策主要包括：（1）民族平等、民族团结是党和国家最根本的民族政策；（2）民族区域自治制度，中国共产党人根据国情和党对马克思主义

---

① 詹姆斯·R. 汤姆、布兰特利·沃马克：《中国政治》，江苏人民出版社 2004 年版，第 142 页。

② Deborah Davis and Stevan Harrell, *The Impact of Post – mao Reform on Family Life*, *Chinese families in the Post – mao era*, Berkeley：University of California Press，1993，p. 5.

的理解以及处理国内民族问题的基本原则制定的基本政策；（3）大力培养少数民族干部是党和国家民族政策的重要内容，是解决民族问题的关键；（4）加速民族地区经济发展是党和国家民族政策十分重要的内容，也是实现各民族共同繁荣的根本途径；（5）民族教育发展、民族文化发展的政策是党和国家民族政策的重要组成部分；（6）尊重少数民族的语言问题、风俗习惯和宗教信仰是针对民族问题三大敏感因素，体现民族平等、民族团结原则的重要民族政策；（7）民族识别政策、少数民族人口发展政策等。

　　实际上，因为中国地域广阔，民族众多，上述民族政策具体实施的情况都十分复杂，也需要研究者对其进行细致的考察，仅新中国成立初期国家对民族地区的改革就分为多种情况。新中国成立以后，国家根据各民族的社会特点和实际情况，参考各少数民族的意愿和各民族上层爱国人士的意见，制定了一系列适合各民族地区实际的民主改革政策。在地主阶级占统治地位的少数民族农业区实行与汉族相同或大体相同的民主改革。在少数民族牧区，则采取了积极而慎重的方针，实行了比农业区更为缓和的民主改革政策，对牧主不进行激烈的斗争，不划分阶级，不没收、分配牧主的牲畜，只是废除牧主、头人的封建特权和封建剥削，实行牧场共有、自由放牧、牧工牧主两利，帮助贫苦牧民发展生产。在云南边疆的傣族、哈尼族等地区主要是依靠和团结各族人民和其他各阶层人民，团结和教育与群众有联系的民族上层人士，采取自上而下的和平协商和自下而上的发动群众相结合的方式，有步骤、有分别地废除封建剥削制度。大小凉山彝族地区则在废除奴隶制度的同时实行民主改革。西藏地区的民主改造则是结合宗教寺庙和反分裂国家进行。此外，在独龙族、怒族、傈僳族、景颇族、佤族、布朗族、德昂族、拉祜族、基诺族、鄂伦春族等保留着原始公社制度的民族地区，则实行直接过渡到社会主义社会的民主改革。

　　在民主改革完成以后，社会主义改造工作接踵而来，国家又将民族地区的社会主义改造分为多种类型。第一种是与汉族地区的社会经济发展基本相同的少数民族地区，在1953年前后完成了民主改

革后，通过合作化道路，变土地的农民所有制为集体所有制，到
1956 年基本完成社会主义改造，贵州地区基本上都属于这种类型。
第二种是民主改革前还处于奴隶制经济发展阶段的彝族地区，从
1956 年 2 月到 1958 年春完成了民主改革后，基本上同时完成了社
会主义的改造。第三种是还保留着原始公社残余的部分少数民族地
区，在有步骤、有区别地废除各种剥削因素和特权，以及消除原始
落后因素的基础上，建立了互助合作组织，直接向社会主义过渡，
完成时间在 1958 年前后。内蒙古和新疆地区是在完成民主改革后于
1958 年完成了对牧业经济的社会主义改造，青海、甘肃、四川等省
的牧区由于民主改革起步较晚，也是在民主改革过程中完成了社会
主义改造。西藏的情况比较特殊，直到 1959 年以后才进行了民主改
革，紧接着进行了社会主义改造。

　　在上述民族改革和社会主义改造中，贵州甚至整个西南民族地
区的改革与改造理念就被显现出来。除极个别民族地区以外，在民
主改革和社会主义改造中，贵州都实行了和汉族相同或相似的治理
手段。但是，贵州的民族特点却十分突出，有些地区阶级分化不明
显，如《关于贵州少数民族地区社会改革问题的初步意见》就记
载：新中国成立初期少数民族对汉人的疑惧和顾虑，并未消除；少
数民族内部的阶级分化（农民对地主的对立），并不完全像汉族中
的阶级对立那样厉害；少数民族之间，如苗族、彝族、回族之间，
存在着隔阂与成见；一个少数民族内部，又还有村落之间或姓氏之
间的派别斗争。[1] 比如，苗族绝大多数都是租种汉、彝、壮、傣等
族的土司、地主的土地，这是苗族地区封建阶级形态的主体。这些
苗族人数不多，占有土地也很少，发展十分困难。[2] 黔东南的上江、
下江（今从江县）两厅与广西融县交界的一些苗族一直聚居在偏僻

---

　　[1]　《关于贵州少数民族地区社会改革问题的初步意见》（1950 年 11 月），转引自马
玉华《建国初期贵州咸宁民族杂居区的社会改革》，《云南师范大学学报》（哲学社会科
学版）2011 年第 5 期。
　　[2]　伍新福、龙伯亚：《苗族史》，四川民族出版社 1992 年版，第 561 页。

山区，直至辛亥革命前后，阶级分化仍不明显。[①] 另外一些地区，在农奴制和封建地主所有制的黔西北彝族、苗族聚居的少数民族地区，土地基本为土目和新兴的封建地主所有，黔西北的彝族苗族聚居的区乡，土地基本上为土目所有。土目除占有大量土地和生产资料外，还占有丫头、娃子等私有财产，他们可随心所欲地将其赠送、陪嫁、买卖。土目家中还有私人武装，压迫民众。[②] 可以说，民族地区的情况十分复杂，过于单一化的改革路径会对民族地区文化多元化带来不良的影响。

在民族地区社会改革和改造的过程中，要遵循"慎重稳进的方针"，也就是说，在政策上，要更宽松一些；在时间上，要更长一些；在方法和步骤上，要更稳妥一些。既要考虑到经济体制改革和政治体制改革的配套，又要考虑到民族地区民众的接受程度，在党和国家的领导下，充分调动各族人民的积极性，团结一切可以团结的力量，顺利完成社会制度、政治体制和文化建设方面的变革。总之，提升民族地区民众的物质生活水平和精神生活境界才是衡量改革的标准。

---

① 伍新福、龙伯亚：《苗族史》，四川民族出版社 1992 年版，第 562 页。
② 杨昌儒、孙兆霞、金燕：《贵州民族关系的构建》，贵州人民出版社 2010 年版，第 390 页。

参考文献

一 资料

[1] 地委农村工作部:《地委农村工作部批转都匀县委关于加强对落后乡村(即三类村)改造工作的领导意见》(1954年10月12日),黔南州档案馆:5-1-94。

[2] 都匀地委工作组:《关于都匀一区纸房、凤麓两乡开展批评富农思想情况的报告》(1955年12月1日),黔南州档案馆:5-1-64。

[3] 都匀县农村工作部:《都匀县二区迎恩乡阶级变化情况》(1955年12月7日),黔南州档案馆:5-1-93。

[4] 费孝金平县概况编写组:《金平苗族瑶族傣族自治县概况》,云南民族出版社1990年版。

[5] 贵州民族研究所、贵州民族研究学会:《贵州民族地区脱贫之路调查专辑》,1996年。

[6] 贵州省档案馆编:《解放初期贵州土地改革档案文献选编》,贵州人民出版社2011年版。

[7] 贵州省都匀市史志编撰委员会编:《都匀市志》(上),贵州人民出版社1999年版。

[8] 贵州省福泉县地方志编撰委员会编:《福泉县志》,贵州人民出版社1992年版。

[9] 贵州省龙里县地方志编撰委员会编:《龙里县志》,贵州人民出版社1995年版。

[10] 贵州省瓮安县地方志编撰委员会编:《瓮安县志》,贵州人民出版社1995年版。

［11］国家农业委员会办公厅编：《农业集体化重要文件汇编（1949—1957）》上册，中共中央党校出版社 1982 年版。

［12］《回顾贵州解放》（一），贵州人民出版社 1982 年版。

［13］黄道霞主编：《建国以来农业合作化史料汇编》，中共党史出版社 1992 年版。

［14］农业部计划司编：《中国农村经济统计大全（1949—1986）》，中国农业出版社 1989 年版。

［15］彭泽益编：《中国近代手工业史资料（1840—1949）》第二卷，中华书局 1962 年版。

［16］黔南布依族、苗族自治州史志编纂委员会编：《黔南布依族、苗族自治州志》第 4 卷"民族志"，贵州民族出版社 1993 年版。

［17］黔南布依族苗族自治州《概况》编写组编：《黔南瑶族简介》第 9 辑，贵州人民出版社 1983 年版。

［18］黔南布依族苗族自治州概况编写组：《黔南布依族苗族自治州概况》，贵州民族出版社 1985 年版。

［19］《黔南布依族苗族自治州 1949—1961 年农业生产情况统计资料》，黔南州档案馆：58 - 2 - 78。

［20］黔南布依族苗族自治州史志编纂委员会编：《黔南布依族苗族自治州志》第 15 卷"教育志"，贵州人民出版社 1996 年版。

［21］黔南布依族苗族自治州史志编纂委员会编：《黔南布依族苗族自治州志》第 8 卷"气候志"，贵州民族出版社 1994 年版。

［22］黔南布依族苗族自治州志、黔南布依族苗族自治州编撰委员会编：《黔南布依族苗族自治州志》，贵州人民出版社 2007 年版。

［23］黔南苗族布依族苗族自治州史志编撰委员会编：《黔南布依族苗族自治州志》第 15 卷"农业卷"，贵州人民出版社 1998 年版。

［24］黔南州布依族苗族自治州史志编纂委员会：《黔南布依族苗族自治州志》第 40 卷"党群志"，贵州人民出版社 2003 年版。

[25] 瓮安县计划委员会：《解放十年国民经济发展情况统计资料》
（1959 年 12 月 10 日），黔南州档案馆：55 - 1 - 77。

[26] 新隆乡工作组：《县委农村工作部批转新隆乡开展反富农思想斗
争的报告》（1955 年 12 月 21 日），黔南州档案馆：5 - 1 - 88。

[27] 佚名：《荔波县志资料稿》（手稿），潘一志重编，1954 年，
油印本。

[28] 中共从江县委：《改造落后乡情况总结与今后意见》（1956 年
4 月 6 日），黔南州档案馆：5 - 1 - 93。

[29] 中共从江县委农村工作部：《改造山区生产报告》（1955 年 1
月 20 日），黔南州档案馆：5 - 1 - 93。

[30] 中共丹寨县委：《丹寨县委关于改造落后乡工作总结报告》
（1956 年 3 月 31 日），黔南州档案馆：5 - 1 - 94。

[31] 中共都匀地委：《对改造落后乡工作的指示》（1955 年 10 月
26 日），黔南州档案馆：1 - 1 - 407。

[32] 中共都匀地委：《各县党代会情况第一次简报》（1955 年 11
月 2 日），黔南州档案馆：1 - 1 - 429。

[33] 中共都匀地委：《关于当前改造落后乡工作几点意见》（1955
年 11 月 21 日），黔南州档案馆：1 - 1 - 407。

[34] 中共都匀地委：《关于福泉和平乡改造落后乡工作中建立农业
社的情况报告》（1955 年 12 月 8 日），黔南州档案馆：1 -
1 - 407。

[35] 中共都匀地委：《关于改造落后乡工作计划》（1955 年 9 月 15
日），黔南州档案馆：5 - 1 - 64。

[36] 中共都匀地委：《关于改造落后乡工作计划》（1955 年 9 月 24
日），黔南州档案馆：1 - 1 - 407。

[37] 中共都匀地委：《关于加强边沿区工作消灭三类村的几点意
见》（1954 年 4 月 1 日），黔南州档案馆：1 - 1 - 258。

[38] 中共都匀地委：《关于开展批判富农思想的情况报告》（1955
年 12 月 13 日），黔南州档案馆：5 - 1 - 64。

[39] 中共都匀地委：《关于落后乡改造工作中发生连续死人事件的

通报》（1955 年 11 月 21 日），黔南州档案馆：5－1－64。

[40] 中共都匀地委：《关于落后乡连续死人事件的第二次通报》
（1955 年 12 月 25 日），黔南州档案馆：5－1－64。

[41] 中共都匀地委：《关于农村工作情况报告》（1953 年 10 月 23
日），黔南州档案馆：55－1－133。

[42] 中共都匀地委：《关于三个月以来改造落后乡工作情况的报
告》（1956 年 1 月 20 日），黔南州档案馆：1－2－150。

[43] 中共都匀地委：《关于无偿农具发放工作的报告》（1953 年 10
月 20 日），黔南州档案馆：5－1－138。

[44] 中共都匀地委：《关于中心八县改造落后乡工作会议情况报
告》（1955 年 10 月 17 日），黔南州档案馆：1－1－407。

[45] 中共都匀地委：《落后乡改造工作简报》（1955 年 12 月 20
日），黔南州档案馆：1－1－407。

[46] 中共都匀地委办公室：《关于各县开展批评富农思想所揭发检
查的富农思想情况汇集》（1955 年 11 月 27 日），黔南州档案
馆：1－1－366。

[47] 中共都匀地委农村工作部：《地委农村工作部批转省财经委党
组〈关于对做好 1955 年上半年银行农业贷款工作的几点意
见〉》（1955 年 2 月 4 日），黔南州档案馆：5－1－62。

[48] 中共都匀地委农村工作部：《关于对高山地区生产改造的情况
报告》（1955 年 2 月 27 日），黔南州档案馆：5－1－52。

[49] 中共都匀地委农村工作部：《关于落后乡村改造经费数字分配
的通知》（1955 年 4 月 1 日），黔南州档案馆：5－1－64。

[50] 中共都匀地委农村工作部：《关于追加分配农业互助组织、落
后乡改造经费的通知》（1955 年 9 月 22 日），黔南州档案馆：
5－1－64。

[51] 中共都匀地委农村工作部：《贵州省供销合作社都匀专区办事
处指示》（1955 年 1 月 17 日），黔南州档案馆：5－1－62。

[52] 中共都匀地委研究室：《都匀纸房乡王家司村生产情况调查表
各阶层生产调查》（1953 年 2 月 18 日），黔南州档案馆：55－

1 – 77。

［53］中共都匀地委研究室：《解放前后经济情况变化典型户调查
户》（1953 年 2 月 18 日），黔南州档案馆：55 – 1 – 77。

［54］中共都匀地委政策研究室：《目前农村卖青苗、借高利贷等初
步解决情况报告》（1954 年 8 月 23 日），黔南州档案馆：5 –
1 – 38。

［55］中共都匀地委政策研究室：《农村各阶层情况》（1953 年 8 月
11 日），黔南州档案馆：5 – 1 – 38。

［56］中共都匀地委政策研究室：《平塘新平乡关于解决落后寨的工
作情况简报》（1954 年 4 月 27 日），黔南州档案馆：5 – 1 – 38。

［57］中共都匀地委政策研究室：《迎恩乡彰冠堡农业生产合作社解
决"保产或收入可能减少户"的报告》（1954 年 7 月 6 日），
黔南州档案馆：5 – 1 – 38。

［58］中共都匀县委：《关于党代会上进行反富农思想批判小结》
（1955 年 11 月 5 日），黔南州档案馆：1 – 1 – 429。

［59］中共都匀县委：《关于四区潘洞乡（四村）三类村工作简报》
（1954 年 5 月 8 日），黔南州档案馆：5 – 1 – 94。

［60］中共都匀县委农村工作部：《云朵生产农业合作化经过整顿变
三类社为二类社》（1955 年 4 月 29 日），黔南州档案馆：5 –
1 – 94。

［61］中共都匀县委农工部：《迎恩乡开展反富农思想斗争的专题报
告》（1955 年 10 月 31 日），黔南州档案馆：5 – 1 – 74。

［62］中共独山县委：《关于开展群众性的批判富农思想运动的报告
和今后意见》（1955 年 12 月 7 日），黔南州档案馆 5 – 1 – 64。

［63］中共独山县委：《关于县第八次党代会议情况向地委的简报》
（1955 年 11 月 10 日），黔南州档案馆 1 – 1 – 429。

［64］中共独山县委农村工作部：《改造落后乡工作简报》（1955 年
11 月 5 日），黔南州档案馆：5 – 1 – 77。

［65］中共福泉县委农村工作部：《福泉县 1955 年改造落后乡工作
计划》（1955 年 4 月 16 日），黔南州档案馆：5 – 1 – 67。

［66］ 中共福泉县委农村工作部：《福泉县改造落后乡工作总结报告》（1955 年 9 月 30 日），黔南州档案馆：5 - 1 - 67。

［67］ 中共贵定县委组织部、中共贵定县委党史研究室、贵定县档案馆：《中国共产党贵州省贵定县组织史料（1935—1987）》，内部资料，1991 年。

［68］ 中共贵州省都匀市委党史研究室：《中共都匀市历史（1931—1978）》第一卷，贵州人民出版社 2006 年版。

［69］ 中共惠水县委组织部、中共惠水县委党史研究室、惠水县档案馆：《中国共产党贵州省惠水县组织史料（1935—1987）》，内部资料，1991 年。

［70］ 中共荔波县委：《第二期改造三类村工作总结报告》（1955 年 3 月 11 日），黔南州档案馆：1 - 1 - 471。

［71］ 中共荔波县委：《关于改造落后乡工作总结》（1956 年 4 月 16 日），黔南州档案馆：5 - 1 - 93。

［72］ 中共荔波县委：《王蒙三类村工作情况简报》（1955 年 10 月 10 日），黔南州档案馆：1 - 1 - 471。

［73］ 中共荔波县委农村工作部：《关于瑶麓乡 3 个月来"土改"工作的情况报告》（1955 年 12 月 20 日），黔南州档案馆：5 - 1 - 67。

［74］ 中共麻江县委政策研究室：《关于岩寨乡农业生产中几个政策的检查报告》（1953 年 8 月 4 日），黔南州档案馆：5 - 1 - 38。

［75］ 中共黔南州委党史研究室编：《中共黔南州历史大事记（1930—1989）》，1996 年。

［76］ 中共三都县委农村工作部：《孟明乡改造工作总结报告》（1955 年 12 月 12 日），黔南州档案馆：5 - 1 - 94。

［77］ 中共天津市委党史研究室、天津市档案局编：《天津土地改革运动》，天津人民出版社 1998 年版。

［78］ 中共中央文献研究室编：《建国以来重要文件选编》第 1 册，中央文献出版社 1992 年版。

［79］ 中共中央文献研究室编：《建国以来重要文件选编》第 5 册，

中央文献出版社 1993 年版。

[80] 中共中央文献研究室编：《建国以来重要文献选编》第 7 册，
中央文献出版社 1993 年版。

[81] 中共中央中南局农村工作部办公室：《中南区 35 个乡 1953 年
农村经济调查》，载《农村经济调查选集》，湖北人民出版社
1956 年版。

[82] 中国科学院民族研究所、广西少数民族社会历史调查组：《广
西隆林苗族社会历史调查报告》，1964 年。

[83] 中国科学院民族研究所、贵州少数民族社会历史调查组编：
《苗族简志》（第二次讨论稿），1959 年。

[84] 中国少数民族社会历史调查资料丛刊修订编辑委员会编：《四
川省苗族傈僳族傣族白族满族社会历史调查》，民族出版社
2009 年版。

[85] 中国社会科学院、中央档案馆编：《1949—1952 年中华人民
共和国经济档案资料选编》农村经济体制卷，社会科学文献
出版社 1992 年版。

[86] 中华人民共和国国家统计局编：《我国的国民经济建设和人民
生活》，统计出版社 1958 年版。

[87] 中央档案馆编：《解放战争时期土地改革文件选编》，中共中
央党校出版社 1981 年版。

[88]《中共中央关于改造落后乡工作的指示》（1954 年 8 月 1 日），
黔南州档案馆：1 - 1 - 229。

二　专著

[1] 艾森斯塔得：《帝国的政治体系》，贵州人民出版社 1992 年版。

[2] 爱米尔·杜尔凯姆：《自杀论》，浙江人民出版社 1988 年版。

[3] 薄一波：《若干重大决策与事件的回顾》（上卷），中共中央党
校出版社 1991 年版。

[2] 卜凯：《中国农家经济》，商务印书馆 1936 年版。

[3] 布罗代尔：《15 至 18 世纪物质文明、经济和资本主义》，生
活·读书·新知三联书店 1992 年版。

［4］陈翰笙：《解放前的地主与农民——华南农村危机研究》，中国社会科学出版社 1984 年版。

［5］陈吉元等：《中国农村社会经济变迁（1949—1989）》，山西经济出版社 1993 年版。

［6］德怀特·希尔德·珀金斯：《中国农业的发展（1368—1968）》，上海译文出版社 1984 年版。

［7］邓子恢：《邓子恢文集》，人民出版社 1996 年版。

［8］邓子恢：《邓子恢自述》，人民出版社 2007 年版。

［9］董必武：《论社会主义民主和法制》，人民出版社 1979 年版。

［10］杜润生主编：《中国的土地改革》，当代中国出版社 1996 年版。

［11］杜赞奇：《文化、权力与国家——1900—1942 年的华北农村》，江苏人民出版社 1995 年版。

［12］费孝通、张之毅：《云南三村》，社会科学文献出版社 2006 年版。

［13］费孝通：《费孝通文集》第四卷，群言出版社 1999 年版。

［14］费正清：《剑桥中国晚清史》（上卷），中国社会科学出版社 1993 年版。

［15］费正清：《剑桥中华民国史》（第二部），上海人民出版社 1992 年版。

［16］冯静远等：《农村经济及合作》，黎明书店 1935 年版。

［17］弗里曼、毕克伟、赛尔登：《中国乡村、社会主义国家》，社会科学文献出版社 2002 年版。

［18］付春：《民族权利与国家整合》，天津人民出版社 2007 年版。

［19］韩丁：《翻身：中国一个村庄的革命纪实》，北京出版社 1980 年版。

［20］韩丁：《深翻：中国的一个村庄的继续革命纪实》，国际文化出版公司 2008 年版。

［21］韩敏：《回应革命与改革：皖北李村的社会变迁与延续》，江苏人民出版社 2007 年版。

[22] 亨廷顿：《变化社会中的政治秩序》，生活·读书·新知三联书店 1989 年版。

[23] 胡必亮：《中国村落的制度变革与权力分配》，山西经济出版社 1996 年版。

[24] 怀特：《街角社会——一个意大利贫民区的社会结构》，商务印书馆 1994 年版。

[25] 黄树民：《林村的故事：1949 年后的中国农村变革》，生活·读书·新知三联书店 2002 年版。

[26] 黄宗智：《长江三角洲小农家庭与乡村发展》，中华书局 1992 年版。

[27] 黄宗智：《华北的小农经济与社会变迁》，中华书局 1986 年版。

[28] 吉尔伯特·罗兹曼：《中国的现代化》，江苏人民出版社 1995 年版。

[29] 江帆：《生态民俗学》，黑龙江人民出版社 2003 年版。

[30] 克鲁克夫妇：《十里店（2）：中国一个乡村的群众运动》，北京出版社 1982 年版。

[31] 梁漱溟：《梁漱溟全集》，山东人民出版社 1990 年版。

[32] 林尚立：《当代中国政治形态研究》，天津人民出版社 2000 年版。

[33] 林耀华：《凉山彝家》，云南人民出版社 2003 年版。

[34] 凌志军：《历史不再徘徊：人民公社在中国的兴起和失败》，人民出版社 1997 年版。

[35] 刘芳：《枧槽高山苗：川滇黔交界处民族散杂区社会文化变迁个案研究》，中央民族大学出版社 2006 年版。

[36] 马和民、高旭平：《教育社会学研究》，上海教育出版社 1998 年版。

[37] 马若孟：《中国农民经济——河北和山东的农民发展（1890－1949)》，江苏人民出版社 1999 年版。

[38] 米格代尔：《农民、政治与革命——第三世界政治与社会变革

的动力》，中央编译出版社 1996 年版。

［39］莫曰达编：《我国农业合作化的发展》，中国统计出版社 1957
　　　年版。

［40］潘乃谷、马戎：《社区研究与社会发展（中）》，天津人民出
　　　版社 1996 年版。

［41］庞守兴：《困惑与超越：新中国农村教育忧思录》，广西师范
　　　大学出版社 2003 年版。

［42］施坚雅：《中国农村的市场和社会结构》，中国社会科学出版
　　　社 1998 年版。

［43］唐力行：《商人与中国近世社会》，浙江人民出版社 1993
　　　年版。

［44］涂尔干：《社会分工论》，生活·读书·新知三联书店 2000
　　　年版。

［45］王邦佐等：《执政党与社会整合：中国共产党与新中国社会整
　　　合实例分析》，上海人民出版社 2007 年版。

［46］王海光：《旋转的历史：社会运动论》，上海人民出版社 1995
　　　年版。

［47］王沪宁：《当代中国村落家族文化——对中国社会现代化的一
　　　项探索》，上海人民出版社 1991 年版。

［48］王瑞芳：《土地制度变动与中国乡村社会变革——以新中国成
　　　立初期"土改"运动为中心的考察》，社会科学文献出版社
　　　2010 年版。

［49］王先明：《走近乡村——20 世纪以来中国乡村发展争论的历
　　　史追索》，山西人民出版社 2012 年版。

［50］王跃生：《社会变革与婚姻家庭变动：1930—1990 年的冀南
　　　农村》，生活·读书·新知三联书店 2006 年版。

［51］文公直：《中国农民问题的研究》，上海三民书店 1929 年版。

［52］吴毅：《村治变迁中的权威与秩序——20 世纪川东双村的表
　　　达》，中国社会科学出版社 2002 年版。

［53］伍新福、龙伯亚：《苗族史》，四川民族出版社 1992 年版。

［54］西奥多·舒尔茨：《改造传统农业》，商务印书馆 1987 年版。

［55］西德尼·塔罗：《运动中的力量：社会运动与斗争政治》，凤凰出版传媒集团、译林出版社 2005 年版。

［56］希尔斯：《论传统》，上海人民出版社 1991 年版。

［57］徐勇：《徐勇自选集》，华中理工大学出版社 1999 年版。

［58］亚历山大、邓正来：《国家与市民社会》，上海人民出版社 2006 年版。

［59］阎云翔：《私人生活的变革：一个中国村庄里的爱情、家庭与亲密关系（1949—1999）》，上海书店出版社 2006 年版。

［60］杨昌儒、孙兆霞、金燕：《贵州民族关系的构建》，贵州人民出版社 2010 年版。

［61］杨奎松：《谈往阅今——中共党史访谈录》，九州出版社 2012 年版。

［62］杨尚昆：《杨尚昆回忆录》，中央文献出版社 2001 年版。

［63］伊格尔斯：《二十世纪的历史学：从科学的客观性到后现代的挑战》，辽宁教育出版社 2003 年版。

［64］于建嵘：《岳村政治：转型期中国乡村政治结构的变迁》，商务印书馆 2001 年版。

［65］曾芸：《二十世纪贵州屯堡农业与农村变迁研究》，中国三峡出版社 2009 年版。

［66］詹姆斯·C. 斯科特：《弱者的武器》，译林出版社 2007 年版。

［67］詹姆斯·R. 汤姆、布兰特利·沃马克：《中国政治》，江苏人民出版社 2004 年版。

［68］詹姆斯·S. 科尔曼：《社会理论的基础》（上），社会科学文献出版社 1999 年版。

［69］詹姆斯·斯科特：《农民的道义经济学：东南亚的反叛与生存》，译林出版社 2001 年版。

［70］张静：《建国初期长江中下游地区乡村地权市场探微》，中国社会科学出版社 2011 年版。

［71］张乐天：《人民公社制度研究》，上海人民出版社 2005 年版。

［72］张闻天：《张闻天文集》第四卷，人民出版社 1997 年版。

［73］张一平：《地权变动与社会重构——苏南土地改革研究（1949—1952）》，上海世纪出版集团 2009 年版。

［74］赵鼎新：《社会与政治运动讲义》，社会科学文献出版社 2006 年版。

［75］中国社会科学院科研局组织编写：《陈翰笙集》，中国社会科学出版社 2002 年版。

［76］周平：《民族政治学导论》，中国社会科学出版社 2001 年版。

［77］周晓虹、谢曙光：《中国研究》第一期，社会科学文献出版社 2005 年版。

［78］周晓虹：《传统与变迁——江浙农民的社会心理及其近代以来的嬗变》，生活·读书·新知三联书店 1998 年版。

［79］朱启臻等：《社会心理学原理及其应用》，中国社会科学出版社 2000 年版。

［80］庄孔韶：《银翅：中国的地方社会与文化变迁》，生活·读书·新知三联书店 2000 年版。

三　论文

［1］常明明：《二十世纪五十年代贫农合作基金贷款的历史考察》，《中共党史研究》2010 年第 12 期。

［2］常明明：《土改后农业技术改进初探》，《中国经济史研究》2010 年第 4 期。

［3］常明明：《云南德宏傣族景颇族自治州傣族地区和平协商土地改革研究》，《中国经济史研究》2011 年第 4 期。

［4］陈廷煊：《1953—1957 年农村经济体制的变革和农业生产的发展》，《中国经济史研究》2001 年第 1 期。

［5］邓宏琴：《反省：集体化时代塑造乡村干部群体的运作机制——以山西长治张庄为考察中心》，《开放时代》2009 年第 12 期。

［6］冯军旗：《政治运动与精英更替》，《江汉论坛》2012 年第 1 期。

［7］冯筱才：《身份、仪式与政治——1956 年后对资本家的思想改造》，《华东师大学报》（哲学社会科学社版）2012 年第 1 期。

［8］高兆明：《公共权力：国家在现时代的历史使命》，《江苏社会科学》1999 年第 4 期。

［9］郭德宏：《旧中国土地占有状况及发展趋势》，《中国社会科学》1989 年第 4 期。

［10］贺雪峰：《生活与乡村治理研究》，《读书》2006 年第 11 期。

［11］黄道炫：《1920—1940 年中国东南地区的土地占有——兼谈地主、农民与土地革命》，《历史研究》2005 年第 1 期。

［12］黄宗智：《认识中国——走向实践的社会科学》，《中国社会科学》2005 年第 1 期。

［13］李飞龙：《20 世纪 50 年代农民业余文化教育述论》，《当代中国史研究》2009 年第 3 期。

［14］李飞龙：《20 世纪 60 年代前期北京郊区农民收入分析》，《中国经济史研究》2011 年第 1 期。

［15］李飞龙：《建国初期农村传播媒介述论》，《古今农业》2009 年第 1 期。

［16］李金铮：《20 年来中国近代乡村经济史研究的新探索》，《历史研究》2003 年第 4 期。

［17］李金铮：《内生与延续：近代中国乡村高利贷习俗的重新解读》，《学海》2005 年第 5 期。

［18］李金铮：《土地改革中的农民心态：以 1937—1949 年的华北乡村为中心》，《近代史研究》2006 年第 4 期。

［19］李金铮：《中国近代乡村经济史研究的十大论争》，《历史研究》2012 年第 1 期。

［20］李里峰：《"运动"中的理性人——华北土改期间各阶层的形势判断和行为选择》，《近代史研究》2008 年第 1 期。

［21］李里峰：《工作队：一种国家权力的非常规运作机制——以华北土改运动为中心的历史考察》，《江苏社会科学》2010 年第 3 期。

［22］李里峰：《土改结束后的乡村社会变动——兼论从土地改革到集体化的转化机制》，《江海学刊》2009 年第 2 期。

［23］李里峰：《土改中的诉苦：一种民众动员技术的微观分析》，《南京大学学报》（哲学·人文科学·社会科学版）2007 年第 5 期。

［24］刘玉照：《村落共同体、基层市场共同体与基层生产共同体——中国乡村社会结构及其变迁》，《社会科学战线》2002 年第 5 期。

［25］马俊亚：《近代淮北地主的势力与影响——以徐淮海圩寨为中心的考察》，《历史研究》2010 年第 1 期。

［26］马维强：《红与黑：集体化时代的政治身份与乡村日常生活——以平遥双口村为中心的考察》，《开放时代》2011 年第 8 期。

［27］马玉华：《建国初期贵州咸宁民族杂居区的社会改革》，《云南师范大学学报》（哲学社会科学版）2011 年第 5 期。

［28］满永：《政治与生活：土地改革中的革命日常化》，《开放时代》2010 年第 3 期。

［29］苏少之：《新中国土地改革后农村新富农经济的经营结构与经营方式》，《中国经济史研究》2007 年第 2 期。

［30］孙立平：《实践社会学与市场转型过程分析》，《中国社会科学》2002 年第 5 期。

［31］孙晓莉：《中国现代化进程中的国家与社会走向》，《教学与研究》2000 年第 8 期。

［32］王环环：《乡村基层政治运作：以开会为视角的分子》，《社会主义研究》2011 年第 1 期。

［33］王瑞芳：《"李四喜思想"讨论：建国初期中共教育农民的尝试》，《史学月刊》2006 年第 9 期。

［34］王瑞芳：《农村土改后恶风陋俗的革除与新民俗的形成》，《当代中国史研究》2009 年第 1 期。

［35］王瑞芳：《土改后的中国富农：从保存、限制到消灭》，《河

南社会科学》2004 年第 5 期。

[36] 王瑞芳：《严重的问题是教育农民——建国初期中共克服"李四喜思想"的成功经验》，《当代中国史研究》2006 年第4 期。

[37] 王友明：《解放战争时期中共的土改复查与地权变动——对山东根据地莒南县的个案分析》，《史林》2006 年第 1 期。

[38] 武力：《中国共产党和 20 世纪的三次农民高潮》，《河北学刊》2005 年第 3 期。

[39] 项继权：《短缺财政下的乡村政治发展——兼论中国乡村民主的生成逻辑》，《中国农村观察》2002 年第 3 期。

[40] 谢涛：《1990 年以来关于建国初知识分子思想改造运动研究综述》，《党史研究与教学》2002 年第 5 期。

[41] 辛逸：《农村人民公社所有制述论》，《山东师大学报》2001年第 1 期。

[42] 行龙：《二十年中国近代社会史研究之反思》，《近代史研究》2006 年第 1 期。

[43] 雅克·勒高夫：《新史学》，《史学理论》1987 年第 1 期。

[44] 杨奎松：《关于战后中共和平土改的尝试与可能问题》，《南京大学学报》（哲学社会科学版）2007 年第 5 期。

[45] 杨奎松：《新中国土改背景下的地主问题》，《史林》2008 年第 6 期。

[46] 曾彦修：《才德反差巨大的康生》，《炎黄春秋》2009 年第2 期。

[47] 张鸣：《华北地区土地改革运动的运作（1946—1949）》，《二十一世纪》2003 年 4 月号。

[48] 张晓琼：《建国初期党在西南边疆少数民族地区的分类指导政策》，《云南民族大学学报》（哲学社会科学版）2010 年第4 期。

[49] 张一平：《近代租佃制度的产权结构与功能分析——中国传统地权构造的再认识》，《学术月刊》2011 年第 10 期。

［50］张一平：《苏南土改后的农村生产要素流动》，《中国农史》2008 年第 2 期。

［51］周本贞：《1949—1957 年西南少数民族地区社会治理问题研究》，《云南师范大学学报》（哲学社会科学版）2012 年第 1 期。

［52］祝君灵：《中国研究：美国政治学界的几种新视角》，《国外社会科学》2004 年第 2 期。

四　报刊和其他

［1］《1956 年国务院政府工作报告》，《人民日报》1956 年 6 月 16 日。

［2］《报纸上的镇压反革命宣传》，《人民日报》1951 年 3 月 25 日。

［3］《全国多数省市实现高级形式的农业合作化》（1956 年 10 月 28 日），《人民日报》1956 年 10 月 28 日。

［4］《山东文登地委关于改造落后村的情况报告》（1953 年 5 月），《西南工作》1953 年第 174 期。

［5］《中共中央关于改造落后村工作的指示》（1953 年 6 月），《西南工作》1953 年第 174 期。

［6］《中华人民共和国户口登记条例》，《人民日报》1958 年 1 月 10 日。

［7］陈志武：《不想谈政治但又离不开政治的生活》，《南方都市报》2009 年 3 月 22 日。

［8］廖鲁言：《三年来土地改革运动的伟大胜利》，《人民日报》1952 年 9 月 28 日。

［9］刘少奇：《关于土地改革问题的报告》，《人民日报》1950 年 6 月 30 日。

［10］刘新成：《日常生活史：一个新的研究领域》，《光明日报》2006 年 2 月 14 日。

［11］毛泽东：《按语：山西崞县是怎样进行土地改革的?》，《人民日报》1948 年 3 月 24 日。

［12］史纪言：《访问太行太岳根据地》，《人民日报》1951 年 12 月

9 日。

［13］谢觉哉：《关于人民民主建政工作报告》，《新华日报》1950
年 10 月号。

［14］新华社：《无产阶级文化大革命是共产主义运动和社会主义革
命的伟大创举，毛主席同百万群众共庆文化大革命毛主席和
林彪周恩来等同志接见了学生代表，并检阅了文化大革命大
军的游行》，《人民日报》1966 年 8 月 19 日。

［15］杨善华、刘小京：《日常生活：农村社会学研究的切入点》，
《中国社会科学报》2009 年 8 月 6 日。

后　记

　　2011年，在黔南州中医院岳母的病床前，趁爱人照顾的空隙，我来到黔南州档案馆查阅档案。在并没有很强目的的查阅中，我找到关于黔南地区改造落后乡村的大量资料。在考察前人的研究成果后，惊喜地发现此方面的研究还未有专门讨论，甚至都很少提及。不过，此时我仍未能确定这场运动到底是地方的特殊性案例还是全国的普遍性运动。在给素未谋面的满永博士写邮件请教后，他证明在其研究的安徽省临泉县也有此方面的资料。同时，在网上我找到了陕西省岐山县的档案目录，其中也有改造落后乡村的资料，其他地方志也有记载。至此，才确定这是一场全国性的政治运动，只是由于黔南地区山高路远、地广人稀，才导致黔南的三类村较多。本书的部分内容已发表于《现代哲学》《当代世界社会主义问题》《东岳论丛》等刊物上。

　　由于身处学术并不发达、地理位置相对偏远的贵州，学术交流和学习的机会并不容易。所以，我抓紧每次机会向知名学者请教。2011年，在中国社会科学院近代史研究所和河南大学历史文化学院联合举办的"中国近代乡村研究的理论与实证"会议期间，我向南开大学的李金铮教授请教基层档案资料何以读出特殊性的问题。2013年，在牛津大学和上海交通大学历史系联办的"新中国基层档案收集、整理与研究"研读班上，我向当时讲座的南京大学马俊亚教授请教西南地区社会治理的主要思想和线索。每一次学习的机会，都加深了我对西南地区和贵州的理解。

　　在书稿撰写和修改的过程中，得到了许多师友的帮助，在此表示感谢。首先感谢的是我硕士生导师、陕西师范大学历史文化学院黄正林教授，从 2003 年开始，黄老师就开始对我的学术研究进行指导，这十多年从未间断，许多学术上的困惑我从不客气地向黄老师请教，黄老师每次都倾囊相授。在十多年的交往中，黄老师对我的关心和照顾已经超过了师生的范畴。我还要感谢我的博士生导师李东朗教授，每次到北京，我都是带着诸多问题去，有时候我自己都会觉得太过烦琐，甚至无知，李老师都是知无不言。我还要感谢同学徐峰、王栋亮、徐锋华、卢忠民、赵森、佘湘、李庄、廖胜平等的帮助，这些硕士、博士同学在毕业多年后，还奋斗在学术的道路上，虽然成绩有大有小，但追求学术的心都是一致的。

本书的出版要感谢贵州财经大学经济学院院长常明明教授付出的辛劳，从 2010 年我来贵州以后，常教授就一直对我照顾有加，他对 20 世纪 50 年代乡村借贷和农家收支的研究在国内很有影响。感谢贵州财经大学票据馆馆长梁宏志教授的大力支持，使得我有时间专门从事文字工作。对他们的远知卓识和辛勤劳动表示感谢和致敬。

此外，我要感谢我的家人，有一对和睦的婆媳关系，以致后院永久太平；有一双懂事的儿女（悠然、悠远），他们健康活泼；有支持和帮助我多年的姐姐、姐夫一家。其实，都是一家人，原本如此。

最后，需要强调的是，本书的选题和构思虽然较早，但由于自己天资愚钝、根基浅薄，其中还有很多不成熟之处需要进一步修改和完善。如有机会，将作提升。

2016 年 4 月 25 日于鹿冲关路

时户外艳阳高照